海南省哲学社会科学 2010 年规划课题 (HNSK 10-94)
国家自然科学基金资助项目 (41461024) 及其配套资助项目
海南师范大学学术著作出版资助项目
海南师范大学经济与管理学院理论经济学重点学科资助项目
海南师范大学教授(博士)科研启动资助项目

中美西部开发比较研究
——基于资源和产业开发的视角

ZHONGMEI XIBU KAIFA BIJIAO YANJIU | 李敏纳 蔡 舒 张慧蓉 ◎著

经济管理出版社
ECONOMY & MANAGEMENT PUBLISHING HOUSE

图书在版编目（CIP）数据

中美西部开发比较研究——基于资源和产业开发的视角/李敏纳，蔡舒，张慧蓉著.
—北京：经济管理出版社，2018.12
　ISBN 978-7-5096-6058-4

　Ⅰ.①中… Ⅱ.①李…②蔡…③张… Ⅲ.①西部经济—区域开发—对比研究—中国、美国 Ⅳ.①F127 ②F171.24

中国版本图书馆 CIP 数据核字（2018）第 300967 号

组稿编辑：申桂萍
责任编辑：高　娅
责任印制：黄章平
责任校对：王淑卿

出版发行：经济管理出版社
　　　　　（北京市海淀区北蜂窝 8 号中雅大厦 A 座 11 层　100038）
网　　址：www.E-mp.com.cn
电　　话：（010）51915602
印　　刷：北京玺诚印务有限公司
经　　销：新华书店
开　　本：720mm×1000mm/16
印　　张：18.25
字　　数：308 千字
版　　次：2019 年 5 月第 1 版　2019 年 5 月第 1 次印刷
书　　号：ISBN 978-7-5096-6058-4
定　　价：68.00 元

·版权所有　翻印必究·
凡购本社图书，如有印装错误，由本社读者服务部负责调换。
联系地址：北京阜外月坛北小街 2 号
电话：（010）68022974　邮编：100836

前 言

美国西部开发是在市场经济背景下进行的,采取的是市场导向型开发模式,虽然也留下了一些教训,但是取得了巨大成功。而始于20世纪末的中国西部大开发是在中国社会主义市场经济体制框架初步确立的背景下进行的,不能也不可能采用过去计划经济主导的开发模式,必须遵循市场经济规律,需要学习美国经验和吸取美国教训。系统比较美国建国以来的西部开发与始于20世纪末的中国西部大开发的异同,总结美国西部开发的经验和教训,查找中国西部开发问题,对于深入推进中国西部大开发的实践具有决策参考价值,对于学界深化中美西部开发比较研究、中美西部史研究和区域开发研究均具有积极的意义。

目前,中美西部开发方面的研究成果颇为丰硕,但其中对中美西部开发进行直接比较研究的成果较为少见,中美西部开发比较研究仍是一个有待深化的研究领域。本书在借鉴前人研究成果的基础上,选择中美西部开发的重点内容,基于资源和产业开发这一视角,对中美西部开发进行比较研究,可在一定程度上弥补现有研究的不足。

本书的研究内容主要涉及以下四个方面:

第一,中美西部土地资源开发比较分析。阐述美国开启西部土地资源开发进程的两大土地法令、西部土地资源开发方式及其对西部开发的推动作用,以及中国西部土地资源开发的主要做法和问题,在此基础上,比较两者的异同,探讨对深入推进中国西部土地资源开发的启示。

第二,中美西部人口资源开发比较分析。阐述中美西部人口资源开发的主要做法,比较两者的异同,探讨对深入推进中国西部人口资源开发的启示。

第三,中美西部水资源开发比较分析。阐述美国西部水资源开发的过程与中国西部水资源开发的主要做法,比较两者的异同,探讨对深入推进中国西部水资源开发的启示。

第四，中美西部产业开发比较分析。阐述美国西部产业开发的过程及经验和教训，以及中国西部产业开发的成效及主要问题，继而探讨美国西部产业开发经验和教训对深入推进中国西部产业开发的启示。

本书的研究获得了以下主要结论：

美国西部开发模式是市场导向型的，始于20世纪末的中国西部大开发是在中国社会主义市场经济体制框架初步确立的背景下进行的，与美国西部开发总体上具有可比性，深入推进中国西部大开发不能照搬美国的做法，但需要借鉴美国经验和吸取美国教训，尽快走出一条既符合中国国情又充分借鉴国际经验的中国特色市场导向型西部大开发之路。

美国西部土地资源开发、人口资源开发、水资源开发和产业开发是美国西部开发的重点内容，对美国西部开发的成功起了显著的推动作用；中国西部大开发时间不长，其最终的成功有赖于西部土地资源开发、人口资源开发、水资源开发和产业开发的深入推进。

中美西部土地资源开发的背景和目标有相似之处，面临的土地资源基础、土地生态环境与社会制度环境有所不同，开发手段各有侧重，开发机制有本质差异，解决中国西部土地资源开发存在的问题，深入推进中国西部土地资源开发，不能完全照搬美国的做法，但美国的经验和教训，在当今中国奉行"创新、协调、绿色、开放、共享"五大发展理念的宏观背景下，仍具有借鉴和警示意义。①中美西部土地资源开发都是在发展市场经济背景下进行的，都面临开发初期西部与东部土地资源分布与发展很不平衡的现实，美国西部土地资源开发的目标在于推进其他要素向西部合理流动，为缩小西部同东部之间的发展差距，实现区域协调发展乃至国家现代化，创造条件或奠定基础，中国西部土地资源开发的目标与之类似。②美国西部在开发之初基本处于原始状态，人口稀少、地域广阔，许多地方土地资源条件比东部好，相对而言，中国西部土地资源开发的土地资源基础较薄弱；美国是资本主义国家，中国是社会主义国家，这决定了美国可以将西部国有土地私有化，中国必须维护土地所有权的公有性质。③在美国西部土地资源开发中，法律手段起统领作用，经济手段是与法律手段有机结合的主要开发手段，行政手段起辅助作用，而中国西部土地资源开发侧重于行政手段，经济手段不足，法律手段弱化。④美国西部土地资源开发机制是政府与市场有机结合型的，中国西部土地资源开发机制是中央政府—地方政府主导型的。⑤目前，中国西部土地资源开发存在一些问题，深入推进中国西部土地资源开发，需要以美国西部土地资源开发的经验和教训为鉴，统筹兼顾土地资源的利用与保护，以健全的土地法律统领土地资源开发过程，充分发挥市场机制的基础性作用，构建土地资源开发中合理的中央政府—地方政府分权关系。

中美西部人口资源开发的背景和目标相似，面临的人口资源基础与自然和文化环境不同，开发的手段和机制有所差异，深入推进中国西部人口资源开发不能完全照搬美国的做法，但美国政府利用市场机制促进人口西移和提高西部人口素质等方面的经验，对于解决中国西部人口资源开发存在的问题，深入推进中国西部人口资源开发，具有借鉴意义。①中美西部人口资源开发都是在受到西部人口资源约束的背景下进行的，目标都在于为西部开发提供智力支撑。②美国西部在开发之初人烟稀少，没有文明历史，是未开垦的处女地，自然环境好于中国西部，文化为移民文化，而中国西部在大开发之初人口数量不少，但人口整体素质偏低和结构不尽合理，生态环境脆弱，人口承载能力较弱，文化环境复杂，人口资源开发的难度相对较大。③在中美西部人口资源开发中，政府都发挥了不可替代的作用，美国政府综合运用多种手段，但以法律手段和经济手段为主，中国采用行政手段和经济手段，但以行政手段为主。④在美国西部人口资源开发中，政府行为与市场机制有机结合，而中国西部人口资源开发以政府为主导。⑤目前，中国西部人口资源开发尚处于中低层次阶段，西部人口资源状况仍不能很好地适应西部大开发的需要，解决中国西部人口资源开发存在的问题，深入推进中国西部人口资源开发，必须借鉴美国西部人口资源开发中政府利用市场机制促进人口西移和提高西部人口素质等方面的经验，构建政府引导下以市场为主体的西部人才吸纳利用机制，引导西部教育发展与西部大开发密切结合，激励组织和个人给西部教育捐资和投资，并健全西部人口资源开发政策实施的法律保障。

中美西部水资源开发的背景、目标和手段都有相似之处，但开发的水资源基础和社会制度环境、开发过程中建立的西部水资源管理体制和水权制度及对水资源的保护力度和开发利用效益都有差异，深入推进中国西部水资源开发，为西部大开发提供水资源保障，需要学习和借鉴美国西部水资源开发的成功经验。①中美西部水资源开发都是在发展市场经济的背景下进行的，在开发初期都面临东西部地区间经济发展和水资源分布很不平衡及西部水资源时空分布不均的问题，都以为西部开发乃至国家经济长期可持续发展提供必要的水资源支撑为目标，均综合运用法律手段、经济手段和行政手段进行西部土地资源开发管理。②美国西部在开发之初基本上处于原始状态，一些地方水资源条件比东部好，且由于西部经济活动稀疏，水生态环境没有遭到破坏，不存在水质性缺水问题，而中国西部大开发时，西部已有悠久的历史，经济发展已具备一定的基础，西部水生态环境已经遭到了一定程度的破坏，西部不少地方面临资源性缺水和水质性缺水双重问题，中国西部水资源开发的水资源基础相对薄弱。③中国西部水资源开发的社会制度环境与美国也有所不同，中国必须维护水资源所有权的公有性质。④美国西部逐步建立了各州自行立法管理为主与联邦政府直接参与和监督协调相结合的较完善的水资源管理体制，形成了以水权许可、水权转让和交易、水权中介公司和完善的水法律体系为特点的现代水权管理制度，而中国西部水资源管理体制的条块分割影响了西部水资源的合理开发和有效配置，以取水许可制度为核心的行政主导的水权初始分配体系虽便于国家更好地分配和保护现有资源，但不可避免地具有行政手段的固有缺陷。⑤美国西部开发中对水资源的保护力度相对较大，水资源开发利用效益相对较高。⑥需要学习和借鉴美国的成功经验，进一步理顺水资源管理体制，进一步健全水法律法规体系，逐步建立适合国情和西部区情的水市场。

美国西部产业开发以美国建国、内战、"二战"为分界点分为产业初步开发、产业综合开发和产业深度开发三个阶段，美国西部产业开发的成功为包括中国西部地区在内的欠发达地区产业开发积累了丰富的经验，尽管初期以拓荒农业发展为主的粗放式开发造成了较为严重的环境影响，而中国西部产业开发还存在诸多问题，深入推进中国西部产业开发，需要以美国经验和教训为鉴。①从美国建国到内战结束是美国西部产业初步开发时期。在此时期，美联邦政府和州政府通过推进西部新州建立和土地的分配、向西部移民、推动西部交通基础设施建设与促进农业教育科技发展等一系列措施，对西部进行了以农业发展为主的初步开发，带来了西部农业的拓荒式发展、采矿业的粗放式经营、以轻纺工业为主的制造业的起步和交通运输业的逐步发展。②从内战结束到"二战"前是美国西部以工业和交通运输业为主的产业综合开发时期。在此时期，政府在交通基础设施建设、移民和土地使用等方面实施了更优惠、更开放的法规政策和措施，使工业化快速推进，农业机械化、商品化和专业化高速发展，旧西部地区发展成为美国的"小麦王国"和"棉花王国"，远西部地区采矿业发展和矿业城镇建设推动了畜牧业和种植业的进一步发展，新西部大草原逐步发展成为"畜牧王国"和重要的大农业基地，而工业化的纵深推进和农业的进一步发展又推动西部交通运输业大规模发展、全国统一市场的形成和服务业的逐步繁荣。③"二战"爆发以来，美国西部产业开发进入了以高科技产业发展为主的产业深度开发时期。在此期间，美国政府陆续出台相关法规和优惠政策，促进西部产业结构的调整和优化升级，使西部国防工业和新兴高科技工业开始兴起，传统工业部门得以改造和提升，现代农业逐步发展，而服务部门空前发展。④美国西部产业开发的经验是，交通运输业是重要依托，农业始终处于基础地位，教育、科技和信息对产业开发起促进作用，开发产业选择因时因地制宜。⑤美国西部产业初步开发时期的产业开发由于缺乏相应的法律法规和政策约束，具有原始性和粗放性，给资源和环境带来了较严重的破坏，应该引以为戒。⑥目前，中国西部产业开发存在着开发层次较低、农业基础地位仍然不稳固、矿业竞争力和可持续发展能力较弱、制造业发展水平明显偏低、第三产业发展层次较低、产业之间的关联性较弱等问题。⑦解决中国西部产业开发存在的问题，要以美国经验和教训为鉴，在建立西部较为发达的交通运输体系的前提下，扎扎实实推进西部农业产业化经营，提升西部矿业竞争力和可持续发展能力，稳步推进高新技术产业发展，并在保持社会公益性服务业快速发展的前提下，大力发展营利性服务业，增强产业之间的关联性。

  本书取得了以下两个方面的新进展：一是较系统地展示了美国建国以来的西部开发和始于20世纪末的中国西部大开发中土地资源开发、人口资源开发、水资源开发和产业开发的历史进程或主要做法，丰富了中美西部史研究、中美西部开发比较研究和中国西部开发研究等方面的成果，为区域开发理论研究的深化和拓展提供了史料支持。二是较系统地比较了中美西部土地资源开发、人口资源开发、水资源开发的异同，总结了美国西部开发的一些经验和教训，查找了中国西部土地资源开发、人口资源开发和水资源开发与产业开发存在的问题，为深入推进中国西部大开发的实践提供了一定的决策依据。

目 录

第一章 导 论 ·· 1
  第一节 研究背景和意义 ··· 1
    一、研究背景 ··· 1
    二、研究意义 ··· 5
  第二节 研究内容和方法 ··· 7
    一、研究内容 ··· 7
    二、研究方法 ··· 8
  第三节 中美西部开发概述 ·· 10
    一、美国西部开发概述 ··· 10
    二、中国西部开发概述 ··· 12
  第四节 中美西部地区和西部开发时期的界定 ···································· 19
    一、本书所研究的美国西部地区 ·· 19
    二、本书所研究的中国西部地区 ·· 22
    三、本书所研究的美国西部开发时期 ·· 24
    四、本书所研究的中国西部开发时期 ·· 26

第二章 国内外研究现状述评 ·· 27
  第一节 美国西部开发研究 ·· 27
    一、国外学者对美国西部开发的研究 ·· 27
    二、国内学者对美国西部开发的研究 ·· 32
  第二节 中国西部开发研究 ·· 39
    一、关于中国西部开发的综合性研究 ·· 39
    二、关于中国西部开发的专项研究 ··· 42

第三节　中美西部开发比较研究 ································· 48
　一、对中美西部开发的综合比较研究 ······························· 48
　二、对中美西部开发的单项比较研究 ······························· 50
　三、针对中美西部具体区域的开发比较研究 ··················· 51
第四节　总体评价 ·· 52
第五节　本章小结 ·· 53

第三章　中美西部土地资源开发比较分析 ································· 54
第一节　美国西部土地资源开发 ·· 55
　一、开启西部土地资源开发进程的两大土地法令 ············· 55
　二、1862年前以出售为主的土地资源开发方式 ················· 56
　三、1862年后至20世纪30年代前以赠予为主的土地资源开发
　　　方式 ··· 61
　四、20世纪30年代以来以保护和综合利用为主的土地资源开发
　　　方式 ··· 65
　五、土地资源开发对西部开发的推动作用 ························· 68
第二节　中国西部土地资源开发 ·· 71
　一、西部土地生态建设的大力推进 ····································· 73
　二、基本农田保护和耕地占补平衡制度 ····························· 75
　三、森林、草原、湿地等生态功能区的生态效益补偿工作 ··· 76
　四、对西部开发建设用地的保障或优惠措施 ····················· 76
　五、土地资源开发存在的问题 ··· 78
第三节　中美西部土地资源开发的异同 ··· 82
　一、开发的背景和目标有相似之处 ····································· 82
　二、开发的土地资源基础有所不同 ····································· 83
　三、开发的社会制度环境有所不同 ····································· 84
　四、开发的手段各有侧重 ··· 84
　五、开发的机制有本质的差异 ··· 86
第四节　对深入推进中国西部土地资源开发的启示 ····················· 87
　一、以美国教训为戒统筹兼顾土地资源的利用与保护 ······ 88
　二、以健全的法律统领土地资源开发过程 ·························· 88

三、充分发挥市场机制在土地资源开发中的基础性作用 ……………… 90
　　　四、构建土地资源开发中合理的中央政府—地方政府分权关系 ……… 90
　第五节　本章小结 …………………………………………………………… 91

第四章　中美西部人口资源开发比较分析 ………………………………… 93
　第一节　美国西部人口资源开发 …………………………………………… 94
　　　一、以移民和土地方面的法规和政策吸引国内外移民到西部定居 …… 94
　　　二、采取多种方式筹集西部教育发展所需的资金 …………………… 96
　　　三、据产业发展需要有针对性地扶持西部教育发展 ………………… 98
　　　四、重视并发挥人才对科技进步的推动作用 ………………………… 100
　第二节　中国西部人口资源开发 …………………………………………… 101
　　　一、制定西部教育发展和人才开发政策 ……………………………… 101
　　　二、对西部基础教育进行投资倾斜和行政帮扶 ……………………… 101
　　　三、大力支持西部发展职业教育和普通高等教育 …………………… 102
　　　四、加强西部人才的培养、选拔、激励和吸引工作 ………………… 103
　　　五、对西部地区开展智力支援 ………………………………………… 103
　第三节　中美西部人口资源开发的异同 …………………………………… 104
　　　一、开发的背景和目标有相似之处 …………………………………… 104
　　　二、开发的人口资源基础不同 ………………………………………… 104
　　　三、开发的自然环境和文化环境不同 ………………………………… 105
　　　四、开发的手段和机制有明显的差异 ………………………………… 106
　第四节　对深入推进中国西部人口资源开发的启示 ……………………… 108
　　　一、构建政府引导下以市场为主体的西部人才吸纳和利用机制 …… 109
　　　二、引导西部教育发展与西部开发密切结合 ………………………… 110
　　　三、激励组织和个人给西部教育捐资和投资 ………………………… 112
　　　四、健全西部人口资源开发政策实施的法律保障 …………………… 113
　第五节　本章小结 …………………………………………………………… 114

第五章　中美西部水资源开发比较分析 …………………………………… 116
　第一节　美国西部水资源开发 ……………………………………………… 117
　　　一、20世纪30年代以前主要服务于灌溉目标的开发 ………………… 117

中美西部开发比较研究

　　二、20世纪30~60年代多目标和综合性的开发 …………………… 123
　　三、20世纪70年代以来以水资源和环境保护为主要目标的开发 … 128
第二节　中国西部水资源开发 ………………………………………… 136
　　一、建立水法律法规体系 ……………………………………………… 137
　　二、实行分级管理和分流域管理相结合的体制 …………………… 139
　　三、大力建设水利基础设施 ………………………………………… 140
　　四、实行总量和定额管理相结合的制度 …………………………… 142
　　五、实行取水许可并有偿使用的制度 ……………………………… 142
　　六、实施水资源保护和水污染治理措施 …………………………… 143
第三节　中美西部水资源开发的异同 ………………………………… 145
　　一、开发背景、目标和手段有相似之处 …………………………… 145
　　二、开发的水资源基础和社会制度环境有差异 …………………… 150
　　三、水资源管理体制和水权制度有差异 …………………………… 151
　　四、水资源保护力度和开发利用效益有差异 ……………………… 154
第四节　对深入推进中国西部水资源开发的启示 …………………… 158
　　一、进一步理顺水资源管理体制 …………………………………… 159
　　二、进一步健全水法律法规体系 …………………………………… 159
　　三、逐步建立适合国情和西部区情的水市场 ……………………… 163
第五节　本章小结 ……………………………………………………… 167

第六章　中美西部产业开发比较分析 …………………………………… 169
　第一节　美国西部产业开发 …………………………………………… 170
　　一、从建国到内战结束以农业发展为主的产业初步开发 ………… 170
　　二、从内战结束到"二战"前以工业和交通运输业为主的产业
　　　　综合开发 ………………………………………………………… 176
　　三、"二战"爆发以来以高科技产业发展为主的产业深度开发 … 184
　　四、美国西部产业开发的经验和教训 ……………………………… 190
　第二节　中国西部产业开发 …………………………………………… 197
　　一、中央政府的西部产业开发政策 ………………………………… 197
　　二、产业开发成效 …………………………………………………… 205
　　三、产业开发存在的主要问题 ……………………………………… 216

目 录

  第三节 美国西部产业开发经验和教训对中国西部产业开发的启示 … 226
   一、以农业开发带动其他产业开发 227
   二、努力提升矿业竞争力和可持续发展能力 231
   三、稳步推进高新技术产业发展 232
   四、大力发展营利性服务业 234
  第四节 本章小结 236

第七章 结 语 239
  第一节 研究结论 239
  第二节 研究取得的新进展 247
  第三节 研究中的不足 248
  第四节 需要进一步研究的问题 248

参考文献 249

后 记 278

第一章 导 论

第一节 研究背景和意义

一、研究背景

(一) 美国西部开发是世界欠发达区域开发的成功典范

开发是人类文明发展的一个永恒主题,每一个民族和文明从兴起到成熟的过程中都伴随着区域开发。从古希腊和罗马时期的海外殖民活动、十字军在地中海的殖民活动等到近现代加拿大的崛起与开发、澳大利亚大陆的开发及俄罗斯对西伯利亚的开发等莫不如此,只不过各国采取的开发方式和开发对象不一(余安娜,2006)。开发落后地区,不仅能促进经济的快速增长,而且能促进经济结构的调整升级,优化国家经济格局,推动国家经济现代化。纵观世界历史,许多国家为实现国民经济的全面、快速发展,缩小区域发展差距,都曾在一定历史时期对欠发达地区进行过大规模的开发。在世界区域开发史中,美国西部开发规模大、持续时间长,促进了美国资本主义工业化和美国近代农业革命,对于美国的经济、政治、文化和社会意识形态发展,乃至对美国成为世界性强国都产生了巨大影响,可以说是世界欠发达区域开发的成功典范。

从1783年美国获得独立战争胜利以来,美国就不断对西部领土进行扩张和开发,最终从大西洋沿岸的狭长地带扩展为濒临太平洋和大西洋的大国。最初为一片蛮荒之地的美国西部，在经过大规模的开发之后，一跃成为了经济发达、人口密集的繁华地区，成为了美国"新经济"的增长中心。美国西部开发活动涉及采矿业、农业、工业、交通运输业等诸多行业，它从原材料、资金、市场等方面为美国的工业化奠定了雄厚的基础，促进了美国工业布局的西移和美国东西部之间合理分工合作格局的形成，最终推动美国超过英法等老牌资本主义国家而跃居世界首位，成为后来居上的典型。从宏观的历史视角来看，没有成功的西部开发，就不可能有今天全面繁荣的美国。"一部美国史大部分可以说是对大西部的拓殖史。"（Turner，1976）美国著名历史学家特纳（Frederick Jackson Turner）所开创的"边疆史学"的兴盛就充分说明了这一点，它的重大意义就在于美国从理论上确认了西部开发对于美国国家成长的关键意义（丁力，2007）。对美国的西部开发，我国著名美国史专家杨生茂（1984）这样评价："一个国家以这么短的时间，开发了这么一大片广大土地，这无疑是一篇壮丽的史诗。这种现象在历史上，虽不能说是绝后的，但可以说是空前的。"

（二）中国西部大开发事关中国特色现代化建设全局

中国西部地域广阔，在历史上曾是中华文明的发祥地，有过辉煌的发展史，但随着朝代的变迁、频繁的战乱，特别是生态环境的破坏，经济重心逐渐向东向南转移（杨露，2005）。到封建社会中后期，尤其是到了近代，中国西部地区经济远远落后于东部地区。在近代历史上，曾经出现过若干次西部开发的热潮，虽为西部经济发展起过积极的作用，但由于开发过程表现出周期性的大起大落，都未能促成西部经济持续发展，更未解决我国经济均衡发展的问题（韦伟，2006）。到新中国成立时，中国现代工业在国民经济中占很小比重，而现代工业中又主要是轻工业，且这些轻工业集中分布在沿海地区。微弱的中国工业过度集中于东部沿海地区，不利于资源优化配置，也对国家经济安全产生了不利影响。为改变这种状况，新中国成立以后至改革开放前，中国对西部进行了两次大规模的开发，第一次是中国国民经济和社会发展"一五"计划时期以156项建设项目为核心对西部地区的建设，第二次是"三五"时期开始的以"三线"建设为核心而进行的开发（吴江，2003）。应该说，这两次西部开发，通过强有力的国家计划，集中有限的人力、物力和财力布局工业，使西部初步建立了现代工业，极大地改变了西部的落后面貌，有效地缩小了东部

第一章 导 论

与中西部地区之间的发展差距，但由于这是在计划经济体制框架中进行的，在投资和融资、调动各方面的积极性和创造经济效益等方面，都不适应市场经济发展的要求，且在较大程度上牺牲了东部乃至全国的经济效益，因而与中国近代的西部开发一样，未能取得很理想的效果。特别是以"三线"建设为核心的第二次西部开发，不论是与新中国成立以来的各个历史时期相比，还是与同时期的东部地区经济建设相比，经济效益都是比较低的。原因在于"三线"建设的核心是国家的国防安全，不能将经济建设放到主要地位，实行靠山、分散、隐蔽、大分散、小集中的工业布局原则，违反了经济发展规律，造成经济效益低下。从区域发展战略的角度来看，这两次西部开发体现的是公平优先的区域均衡发展战略，这一战略虽然适应了当时的国际国内形势，但脱离了发展和效率的主题，片面强调公平目标下区域之间的平衡，使该战略最终不可能推动区域走向共同富裕的现代化道路。

20世纪70年代末，中国开始推进改革开放，实施"效率优先、兼顾公平"的区域非均衡发展战略，并确立了中国现代化建设"三步走"战略目标。改革开放以来，在邓小平同志"两个大局"战略思想的指导下，中国的经济政策向东部倾斜，中国经济快速发展，中国现代化建设成效显著。到20世纪末，中国现代化建设前两步战略目标已经实现，达到总体小康水平，进入了全面建设小康社会，加快推进社会主义现代化的新的发展阶段。

然而，随着改革开放的推进，西部与东部地区的经济差距逐渐拉大①。1999年，全国GDP为81910.9亿元，西部与东部地区GDP分别为15354.02亿元和49610.95亿元，分别占全国的18.74%与60.57%，西部与东部GDP占全国比重的差距为41.86%；同年，全国人均GDP为6534元，西部12个省区②平均人均GDP为4445元，仅为全国人均GDP的68.03%，而东部11省区平均人均GDP为13084元，为全国人均GDP的200.24%，西部与东部间人均GDP差距为8639元③。中国是一个社会主义大国、一个发展中国家，西部约占中国国土面积的2/3，人口约占全国总人口数的1/4，与发达的东部地区相

---

① 本书在做地区比较分析时，将东部地区的范围界定为北京、天津、河北、辽宁、上海、江苏、浙江、福建、山东、广东和海南11个省区，则其余的20个省区（不含台湾、香港和澳门）统称为中西部地区或内陆地区。
② 本书所言省区包括省、自治区和直辖市。
③ 根据《中国统计年鉴》（2000）中相关数据整理而得。

比，自然资源丰富、市场潜力大、人口稀少、经济落后。过大的东西部差距及东西部差距的长期扩大，是中国经济社会发展的极不稳定因素，也会制约东部地区乃至全国国民经济的可持续发展，影响建设中国特色社会主义事业发展的全局，不利于实现共同富裕这一中国特色现代化的根本目标。

面对日趋严重的东西部差距扩大问题，为落实科学发展观，促进区域协调发展，全面建设小康社会及实现共同富裕目标，世纪之交，党中央和国务院审时度势，做出了对西部进行新中国成立以来第三次大规模开发的重大决策。西部大开发是一项规模宏大的系统工程，是促进东西部等地区协调发展、全面建设小康社会、确保现代化建设第三步战略目标胜利实现的重大部署，是加强民族团结、保持社会稳定和边疆安全的战略举措，有利于推动经济结构的战略性调整，促进区域经济协调发展，有利于改善全国的生态状况，为中华民族的生存和发展创造更好的环境，是中国实现社会主义现代化的必要前提，事关中国现代化建设全局。西部大开发总的战略目标是，缩小中国东西部地区经济、社会发展的差距，使中国国土经济与社会平衡发展和全面发展（杜朝阳等，2013），亦即，经过几代人的艰苦奋斗，到 21 世纪中叶全国基本实现现代化时，从根本上改变西部相对落后的面貌，显著地缩小地区发展差距，努力建成一个经济繁荣、社会进步、生活安定、民族团结、山川秀美、人民富裕的新西部。

在 2010 年中国西部大开发战略实施 10 周年之际，中共中央、国务院召开西部大开发工作会议，启动新一轮的西部大开发。胡锦涛主席在会上指出，西部大开发事关我国改革开放和社会主义现代化建设全局，事关国家长治久安，事关中华民族的伟大复兴，今后 10 年是深入推进西部大开发承前启后的关键时期。

（三）深入推进中国西部大开发需要加强中美西部开发比较研究

中国西部大开发是在中国社会主义市场经济体制框架初步确立的背景下做出的重大决策，不能也不可能采用过去的计划经济主导的西部开发模式，必须遵循市场经济规律，必须适应新时代中国特色社会主义市场经济发展的要求。然而中国虽然已经摈弃了计划经济模式，但仍不可否认地受着计划经济模式的影响，中国社会主义市场经济体制框架还有待完善。这决定了中国西部大开发的成功必然经历长期曲折的过程，也决定了中国实施西部大开发必须要有新的思路和科学的理论和实践经验的指导，需要探寻新的路径。

古人云："以铜为鉴，可以正衣冠；以人为鉴，可以明得失；以史为鉴，可以知兴替。"在当今中国区域发展严重不平衡、经济全球化进程加快等复杂的国内国际环境下，中国西部大开发是一项复杂而艰巨的工程，需要汲取历史上开展过区域开发的国家的经验（张永恒、张娟，2005）。在世界区域开发史上，中美两国的西部开发都令世人瞩目。美国是市场经济国家，已成功开发了落后的西部。美国西部开发作为一个重要的历史事件，是值得和应当借鉴的，因而也是应该深入研究的。

美国西部开发模式是在市场经济背景下，通过各种措施利用市场机制促进美国西部经济社会发展的区域开发模式（吴江，2003），而世纪之交开始的中国西部大开发，是在中国社会主义市场经济体制框架初步确立的背景下进行的。这是中国西部开发与美国西部开发具有可比性的基础。此外，虽然时代背景的巨大差异使中美西部开发呈现出不同的特点，但两者都是以现代化为目标，在许多具体环节上具有相似性，而且中国西部与美国西部在地理位置、地形地貌、自然资源和人文环境等方面有不少相似之处，中国东西部发展的巨大差距现状也与美国开发西部之初发展水平东高西低的状况相似。这些决定了美国西部开发对中国西部大开发具有重要的借鉴价值。进行中美西部开发比较研究，据以探究中美西部开发的历史，比较中美西部开发的异同，把握中国西部开发存在的现实问题，有助于获得对于中国西部大开发有借鉴意义的美国西部开发的经验和教训。

目前，有一些学者研究中国西部开发或美国西部开发，形成了不少研究成果。其中，在美国西部开发研究方面，不乏对美国西部开发经验教训的总结及其对中国启示的探讨；在中国西部开发研究方面，涉及对包括美国西部开发在内的国外区域开发经验的借鉴。但总的来说，目前学术界关于中美西部开发比较方面的直接研究成果相对稀少，这不利于在深入推进中国西部大开发的进程中充分借鉴美国西部开发的历史经验。

二、研究意义

包括中美西部开发在内的区域开发，既是一个理论问题，也是一个亟须在实践中深入的现实问题。中国西部地域辽阔，自然资源丰富，经过10余年的大开发，发展速度不断加快，经济社会发展取得了巨大成就，但由于受地理区位、基础设施、市场发育程度、体制和机制等方面因素的制约，目前西部的发展仍然比较滞后，中国西部大开发仍任重道远。这对区域开发理论与实践研究提出了新的要求，即理论研究要有新视角和新思考，实践研究要有新突破。美国西部开发是世界欠发达区域开发的成功典范。它山之石，可以攻玉。本书选择中美西部开发比较这一研究视角，具有重要的理论意义和实践意义。

（一）理论意义

本书的研究有以下两个方面的理论意义：

（1）对中美西部土地资源开发、人口资源开发、水资源开发和产业开发的比较研究，涉及中美西部开发的历程、中美西部开发过程中遇到的问题及对待问题的态度和解决问题的方法，有助于我们更加完整地了解中美西部开发的全貌，更加全面地把握中美西部开发的历史轨迹，有利于丰富中美西部史的研究。

（2）回顾中美西部开发历史，从资源开发和产业开发两个层面和多个方面对中美西部开发进行比较分析，全面总结美国西部主要资源开发和产业开发的经验和教训，探讨其对深入推进中国西部大开发的启示，有利于弥补中美西部开发比较研究和中国西部开发研究的薄弱环节，可为中美西部开发比较研究、中国西部开发研究和区域开发研究的深化和拓展提供史料支持。

（二）实践意义

本书对中美西部开发进行资源开发和产业两个层面和多个方面的比较，系统梳理和总结了美国西部开发中的经验和教训，查找我国西部大开发在资源开发和产业开发方面存在的问题，可为我国尽快走出一条既符合中国国情又充分借鉴西部开发的国际经验的有中国特色的市场导向型西部大开发之路，提供决策参考。具体体现在以下几个方面：

（1）对中美西部土地资源开发、人口资源开发和水资源开发进行比较研究，从中获取对深入推进中国西部土地资源开发、人口资源开发和水资源开发的启示，可为中国西部大开发中选择突破资源瓶颈的科学路径提供一定的依据。

（2）对中美西部产业开发进行比较，明确美国西部产业开发的过程和经验教训，找出中国西部产业开发存在的主要问题，探讨美国西部产业开发经验和教训对深入推进中国西部产业开发的启示，可为中国西部大开发中确立产业开发重点及推进次序提供一定的依据。

（3）对中美西部主要资源开发和产业开发进行比较分析，可展示中美西部开发中的政府作用，可为中国西部大开发中进一步规范政府行为、健全市场机制提供一定的依据。

（4）对中美西部主要资源开发和产业开发进行比较分析，涉及美国西部开发中环境保护方面的失误及其应对措施，可为中国西部大开发中确立科学的资源开发和环境保护方面的法规和政策提供一定的依据。

第二节 研究内容和方法

一、研究内容

区域开发是对特定区域的自然、经济和社会资源进行综合利用，在不损害生态与环境效益的基础上，求得最大的经济发展和社会进步（张敦富，1998），是人类运用区域发展理论作用于区域发展的过程（叶裕民，2000）。区域开发的核心是区域经济开发。区域经济开发是对区域内的资源进行组织、开发及合理利用并接受区域外部的要素投入，促进区域经济社会全面发展的过程（杨庆媛、王锡桐，2002）。其本质是使自然资源、人力资源等要素在区域空间上以产业为载体有机结合，优化配置，发挥最大生产潜能的过程。因此，区域经济开发的主要内容为资源开发与产业开发，而资源开发和产业开发中均包含政府作用，都会在空间上体现出来。基于此，结合美国西部开发的重点内容，本书基于资源和产业开发视角，对中美西部开发进行比较研究，研究内容主要涉及中美西部土地资源开发比较分析、人口资源开发比较分析、水资源开发比较分析和产业开发比较分析。具体内容分七章。

第一章为导论，阐述本书的研究背景、研究意义及研究内容和方法，概述中美西部开发，并对中美西部地区和西部开发时期进行界定。

第二章为国内外研究现状述评，在综述美国西部开发研究、中国西部开发研究及中美西部开发比较研究三方面文献的基础上，阐述中美西部开发比较研究的进展与不足。

第三章为中美西部土地资源开发比较分析，阐述美国开启西部土地资源开发进程的两大土地法令、西部土地资源开发方式及其对西部开发的推动作用及中国西部土地资源开发的主要做法和存在的问题，在此基础上，比较两者的异同，探讨对深入推进中国西部土地资源开发的启示。

第四章为中美西部人口资源开发比较分析，阐述中美西部人口资源开发的主要做法，比较两者的异同，继而探讨对深入推进中国西部人口资源开发的启示。

第五章为中美西部水资源开发比较分析，阐述美国西部水资源开发过程与中国西部水资源开发的主要做法，比较两者的异同，探讨对深入推进中国西部水资源开发的启示。

第六章为中美西部产业开发比较分析，阐述美国西部产业开发的过程及经验教训、中国西部产业开发的成效及存在的主要问题，探讨美国西部产业开发经验和教训对深入推进中国西部产业开发的启示。

第七章为结语，阐述本书研究所获得的主要结论、取得的新进展、研究中的不足和需要进一步研究的问题。

二、研究方法

本书在借鉴前人研究成果的基础上，采用文献研究法、历史分析法、比较分析法及规范分析与实证分析相结合、定性分析与定量分析相结合、静态分析与动态分析相结合的方法展开研究。主要方法如下：

（一）文献研究法

中美西部开发均为庞大的系统工程，中美西部开发比较研究必须依托诸多方面的文献资料，以便在研究中充分吸收和借鉴前人的研究成果，并在前人研究的基础上取得新的进展。基于此，在本书的研究过程中，收集和研读了大量以中国西部和美国西部为主题的期刊论文、硕博论文和著作，并从美国西部开发研究、中国西部开发研究及中美西部开发比较研究三个方面对相关文献资料进行梳理和分析，从中了解中美西部开发的历史进程、主要开发内容和主要做法等，为确立本书的研究框架和进行比较分析提供了依据或奠定了基础。

（二）历史分析法

由于中美西部开发都是一个长期的历史过程，在不同的开发阶段，开发的方式和特点等都会有差异，在开发过程中出现的事实特别是矛盾或问题也总是有其历史根源，本书的研究采用了历史分析法。一是在分析中美西部土地资源开发、人口资源开发、水资源开发和产业开发的做法或方式时，先在文献研究的基础上尽可能划分开发阶段，然后把不同开发阶段加以联系和比较，以把握实质。二是在阐述具体的开发事实特别是矛盾或问题时，注重追根溯源，弄清来龙去脉。

（三）比较分析法

比较分析法是本书研究所采用的主要方法之一。在中美西部土地资源开发、人口资源开发和水资源开发比较分析方面，本书从开发的背景、目标、基础、环境、手段、机制、体制或制度等方面分析开发的异同，从中获取对深入推进中国西部相关资源开发的启示。在中美西部产业开发比较分析方面，本书以美国西部产业开发的经验和教训为参照，对照中国西部产业开发存在的主要问题，探讨对中国西部产业开发的启示。出于分析的需要，本书在一些部分涉及对中美西部与东部的横向比较分析。

（四）其他分析方法

本书还采用了规范分析与实证分析相结合、定性分析与定量分析相结合、静态分析与动态分析相结合的方法。在研究中，既对开发状况进行客观的实证分析，又对开发的方式、做法、过程和经验教训等进行总结或提炼，将规范分析与实证分析相结合；既关注一定时点的开发状态，也关注开发的演进过程，将静态分析与动态分析相结合；既进行定性描述、归纳和总结，也借助于一些统计数据，进行适当的计量分析，将定性分析与定量分析相结合。

第三节 中美西部开发概述

一、美国西部开发概述[①]

美国西部开发实际上在西方航海贸易兴盛及殖民运动兴起后已出现,早期西班牙、法国及英国在大陆西部的殖民活动,都对西部施加了影响,留下了开发的足迹,虽然作用不甚重大,但客观上促进了西部的初步发展,而西进运动掀起的移民高潮和西部开发高潮则是在美国建国后兴起的,当然对美国西部的开发起了重要和关键作用(徐吉福,2010)。

18世纪以前,英国在北美大西洋沿岸建立了13个殖民地。1776年7月4日,英属北美殖民地代表在费城(位于宾夕法尼亚州)召开了第二次大陆会议,通过了《独立宣言》,正式宣布建立美利坚合众国。此时的美国只是13个濒临大西洋沿岸的英属殖民地,只拥有大西洋沿岸到阿巴拉契亚山脉面积为369000平方英里的地带。此时的美国西部(被称为老西部)的地域范围只局限在大西洋沿岸瀑布线以西到阿巴拉契亚山以东的狭长地带。在美国建国之前,虽然已有一些殖民地居民越过了阿巴拉契亚山,但终究因山脉的阻挡和1763年英王的《敕令》[②]而没有形成规模开发。美国建国后,根据1783年签订的英美《巴黎和约》,美国西部边界推进到密西西比河,许多居住在原北美13个州的殖民地居民便越过阿巴拉契亚山,向西去抢占土地,从而揭开了绵延了100多年的"西进运动"的序幕(高路、葛方新,2000)。美国西进运动和领土扩张是交织在一起的,在西进运动过程中,西部得到开发,大大促进了

---

① 本部分综合了葛承群(2000a)、欧阳国华(2003)、张友伦(2005)、余永跃(2003)和荣(2006)等的相关研究内容。

② 发布于1763年10月7日,由英国国王乔治三世赢得七年战争,从法国手上获得新法兰西后发布。该敕令的目的是利用监控西部边疆的土地收购、殖民和毛皮贸易以稳定与原住民部族的关系及更有效地管治庞大的美洲领土。这个敕令实质上禁止了美洲殖民在阿巴拉契亚山脉以西的地方购买土地或定居,但当时已经有相当数量的殖民者在这些地方拥有土地,所以此敕令的发布令这些人相当不满,是导致美国独立战争的原因之一。

美国经济的发展。

首批越过阿巴拉契亚山向西迁移的早期移民，在该山脉以西的五大湖周围地区发现大片土质松软、土壤肥沃、日照充足、适宜耕种的土地，便在这里种植小麦和玉米等，发展农业。

1803年，美国政府利用拿破仑在战争中的困境，购得路易斯安那广大平原①，美国的西部边界扩大到落基山脉。密西西比河到落基山脉之间的地带被称为"新西部"，阿巴拉契亚山脉到密西西比河之间的地带则被称为"旧西部"。密西西比河流域包括全部"旧西部"和"新西部"的东部地区。1800年，移居密西西比河流域的人口已达64万人。密西西比河流域的开发以种植业为主，但北部和南部的经济和社会制度差别很大，北部实行自由劳动制度，南部则实行奴隶制。这一差别是酿成美国南北战争（美国内战）的重要原因。19世纪20年代，密西西比河东岸的路易斯安那、密苏里、阿肯色先后建州，密苏里州成为"通往新西部的门户"。19世纪30年代，西进移民的前锋就跨过了密西西比河。

1845年，美国不顾墨西哥政府的强烈反对，将面积达27.6万平方英里的得克萨斯占为己有，得克萨斯成为美国的第28个州。1846年，美英双方达成协议，以北纬49°为界线，以南的俄勒冈地区划归美国（俄勒冈于1859年作为美国的第32个州加入联邦）。此后，美国又通过战争夺取新墨西哥、加利福尼亚、内华达等地。至此，美国的西部边境推移到太平洋沿岸，美国将国土面积扩展为3026798平方英里，成为一个横跨北美大陆的世界大国。从落基山脉到太平洋沿岸的广袤地带被称为美国历史上的"远西部"。

密西西比河流域的土地被西进的移民占据完毕后，开发者们并没有循序渐进地向毗邻的流域以西、落基山以东的大草原（现称"西部大草（平）原"，也有人称为"中部大平原"，本书简称"西部大草原"）推进，而是在19世纪40年代穿越了大草原，沿西北部的"俄勒冈小道"和西南部的"加利福尼亚小道"越过落基山，进抵远西部的俄勒冈和加利福尼亚等太平洋沿岸地区。

1848年1月，加利福尼亚地区萨克拉门托附近的萨特锯木场发现黄金。

---

① 其面积比美国现在的路易斯安那州大得多，包括从密西西比河到落基山东麓的广大地带，其北部边界没有确定，后来成为美国和英国的一个争端。

消息传开后,引发了疯狂的淘金热。淘金热揭开了远西部开发的序幕。远西部采矿业的发展对远西部农牧业、交通运输业的发展及城市化进程提出了要求。

为了修筑东西横贯北美大陆的铁路,铁路公司和军队的勘测队于19世纪50年代开始在西部大草原进行实地测量工作,结果发现,这里并非以前人们所说的是"大沙漠",虽然半湿半干的土壤说不上肥沃,但却牧草丰美,而且土地可以自由占领,用来发展养牛业甚至农业,绝非不能居住或开发。

随着密西西比河流域及远西部的土地被占据完毕,美国人开始向堪萨斯城至落基山之间的大草原地带迁移。1869年,第一条横贯北美大陆的铁路在犹他州的普罗蒙特里接轨。此后不久,又有另外4条横贯大陆的铁路建成,西部各州也相继修建了与这些干线相连的支线。这些铁路的建成沟通了东西部的经济联系,使美国形成了全国性的统一市场,为大草原的畜牧业产品提供了广阔的国内市场,也为全国各地的移民进入大草原提供了便利,从而加快了西部大草原的开发。

1890年,美国人口普查局正式宣布,美国未开发土地大多已被定居者占领,所以不能说还存在边疆地带了（所谓"边疆地带"是指每平方英里6人以下的地区）。这个宣告,标志着美国西进运动的结束。但西部实际上还有很大的吸收力,还可以继续大量地接收东部和外国的移民；至于远西部的真正开发,则是在20世纪最初二三十年才进行的（何顺果,1984）。因此,19世纪末美国西进运动结束时,美国西部开发并没有结束,而是进入了西部工业化和城市化全面推进的阶段。

二、中国西部开发概述

纵向上,中国西部受历代中央政权一贯采取的移民屯垦、兴修水利、适度赋役等政策影响,它是在不断开发和发展的,它的生产力水平也在不断提高,并曾在汉唐时期出现过辉煌的历史。横向上看,中国东西部发展逐渐呈现差异,特别是明清以后直至民国时期,中国西部已明显落后于东部地区。新中国成立后,西部被赋予新的历史使命,改革开放前的两次西部开发在一定程度上促进了西部的经济增长,21世纪初实施的西部大开发,即新中国成立后的第三次西部开发将给西部经济带来前所未有的机遇和挑战（余永跃,2003）。

第一章 导论

(一) 中国历史时期的西部开发①

历史时期的西部开发以移民屯田为模式，走的是粗放农业道路，在一定程度上促进了当地社会经济的发展，促进了对外交流的发展，如汉朝通西域，开辟了"丝绸之路"，带来的最大效应就是开辟了唐朝的繁荣发展道路。但开发的主要原因是基于国家安全的考虑，其军事和政治意义重大，经济和环境意义却难以一言以蔽之。开发与气候变化相叠加，很容易出现生态环境退化的结果，一时的繁荣之后却可能带来长期的环境恶化与民生凋敝，中国西北地区许多农区和牧区的沙漠化过程演变即如此。

中国历史上经营西域卓有成效的是汉、唐、清三朝，唐借鉴汉代的经验，经营西域发展到了一个崭新的阶段（欧阳国华，2003）。国内的研究者们一般都粗线条地将中国历史时期的西部开发划分为秦汉时期、隋唐时期和明清时期三个阶段。

秦汉时期的西部开发，大约始于春秋时期的秦国，《左传·襄公十四年》记载了"秦人贪于土地，逐诸戎于瓜州"。《华阳国志·蜀志》记载了"以张若为蜀国守，戎伯尚强，乃移秦民万家实之"。至秦始皇统一六国之后，有了更大规模的移民，其中在秦始皇三十六年（公元前211年），"迁北河、榆中三万家，拜爵一级"②。屯田是汉代经营西域的基本政策，汉代的西部开发规模比前朝盛大得多，影响也深远得多。特别是西汉时期，西域气候温暖湿润，屯田有肥美的土地做基础，西域屯田达50多万亩，解决了数十万人的供需问题。不过，到了东汉时期，西域气候转向寒冷，水资源供给不利，自然灾害发生频度加大，加之北方的匈奴人内迁，原来的屯民有所流失，农耕界线内缩，而在东部则出现了中原人南下的移民浪潮。

隋代的西北疆界扩展到且末，西南疆界则止于云南大理一带。唐朝在国力最强盛时，领土西至咸海，北至贝加尔湖和叶尼塞河中游，为当时世界上无与伦比的大国。在拓疆扩土、置州设县的同时，隋唐王朝都采取了积极的移民屯垦政策，并兴修水利和设置国家监牧区，开发区域在隋代主要在长城以北和河西走廊地区，唐代屯田范围则扩展到今新疆、青海及云南一带（吴宏岐，

---

① 本部分根据何彤慧等（2006）的论文《历史时期中国西部开发的生态环境背景及后果——以毛乌素沙地为例》及久玉林（2003）的论文《中美西部开发比较研究》中的相关内容整理得到。

② 《史记》卷六《秦始皇本纪》。

2002），最西可达碎叶水（今楚河），仅新疆地区的屯垦人数就达到 5 万人，耕地约 3.33 万亩（王乃昂等，2002），既巩固了西部边防也就地解决了军队的粮食供给问题。

明得河西、划嘉峪关而守，不暇经营关外。明朝开发西部的范围比汉唐要小得多，西未出嘉峪关，北未出明长城一线，但却推行了严格的卫所制度，在边地广事屯田，"寓兵于农，有事则战，无事则耕"①，解决边防驻军的粮饷问题。清代一统中国以后，疆域博大，今天的西部地区尽收其中。清前期在西北少数民族地区推行禁垦政策，但中期以后随着人口的快速增加，便一改初衷，倡导"借地养民"政策，在西北地区大规模实行屯田、屯牧、移民，从而进入了历史时期大开发的高潮，结果达到了"荒地尽垦"和"野无旷土"的地步。明清时期是有名的小冰期，气候干冷，这一时期在西北地区大规模移民屯田，虽然大大地促进了这一地区政治、军事、经济、文化的发展，但却使西北地区面临生态环境恶化与民生凋敝的威胁。

（二）20 世纪初到新中国成立前的中国西部开发②

20 世纪初，由于自然地理环境和战乱等因素的影响，中国西部是一个经济相当落后的地区。中国的工业和城市大都集中于东部沿海地区，到抗战爆发前的 1937 年，全国拥有一定规模的厂矿（拥有劳动力在 30 名工人以上）3935 家，其中分布于西南和西北地区的只有 237 家，占总数的 6.03%，西部资本额仅占全国资本总额 4.04%（陈真，1961）。当时全国共有城市人口 3101 万，城市化水平为 6.7%，广大的西南、黄河中上游及西北地区的城市人口仅为 10.1 万、8.9 万和 7.2 万，而其城市化水平分别只有 3.0%、4.8% 和 3.4%，远低于长江中下游 8.7%、东南沿海 7.1% 的水平（靳润成，1999）。

20 世纪以来，中国对西部进行的有组织的大规模开发可以追溯到抗日战争时期。西部地区是抗日战争中巩固的大后方，为坚持抗战并取得最后胜利做出过重大贡献。随着中国东部沿海大片经济较发达的地区相继沦陷，国民政府迁都重庆，沦陷区的大批厂商也被迫内迁。据不完全统计，抗日战争时期内迁的工厂达 1500 家，工人达 10 万多人（靳润成，1999）。厂矿的内迁奠定了西

---

① 《续资治通鉴》卷 214。
② 本部分综合了李昌新（2002）、吴江（2003）等的相关研究内容。

部工业起步的基础。同时，国民政府制定了一系列相关法律法规，采取低息贷款等政策鼓励民间投资建厂于西部，并实行战时经济政策，大力发展以军工为主的重工业，在陕甘宁边区，以"发展经济，保障供给"为方针的大生产运动蓬勃展开，西部经济获得了空前的大发展。为运送战略物资，国民政府投巨资发展交通。据统计，抗战期间共修筑铁路 1653 多公里，新建公路 11675 公里，改善公路 88901 公里，先后建成了湘桂、滇缅、黔桂、叙昆、宝天等铁路及湘桂、滇缅、川陕、川兰、兰新等干线公路，西部"蜀道难，难于上青天"的状况有了初步改善（金士宣，1986；许涤新，1993）。交通的进步带动了以四川为中心的西部工业的发展，到 1945 年，大后方的工厂发展到约 6000 家，资本总额近 85 亿元，仅重庆就拥有工厂 1690 家，工人 10 万余人，占国统区总数的 1/3（靳润成，1999）。

抗战胜利后，大部分内迁厂矿迁回，西部地区又重返贫穷落后状态。1949 年新中国成立时，约占全国总面积 60% 的西南、西北地区铁路总长仅为全国的 3%（丛树海、张析，1999），贵州、云南、甘肃、宁夏、新疆、青海、西藏等省区甚至没有铁路，全国一半以上的县不通公路，西南、西北地区公路里程仅占全国的 25.6%（丛树海、张析，1999）。全国工业的 70% 以上集中于占国土面积 12% 的东部沿海，面积占国土 45% 的西北和内蒙古广大地区工业产值仅占全国的 3%，面积占国土 23% 的四川、云南、贵州和西藏工业产值仅占全国的 6%（惠中，1999），西部仍停留在以自给自足为主的传统农业社会。

（三）新中国成立以后的中国西部开发①

新中国成立以后进行了两次大规模的西部开发，现在对西部进行的开发实际上是新中国成立以来对西部地区进行的第三次大规模开发。第一次是"一五"时期以 156 项建设项目为核心对西部地区的建设。第二次是"三五"时期以"三线"建设为核心而进行的开发。这两次西部开发都是在传统的计划经济体制下通过强有力的国家计划实现的。第三次西部开发采取的不再是计划经济模式，而是市场经济模式（吴江，2003）。

1. 新中国成立以后的第一次西部开发

在"一五"时期，中国政府考虑到资源和国防安全等因素，把苏联援建

---

① 本部分综合了李昌新（2002）、吴江（2003）等的相关研究内容。

的 156 项工程（实际投入施工 150 个）和其他限额以上项目中的相当大的一部分摆在了工业基础极为薄弱的内地，在内地建设了不少钢铁企业、有色金属冶炼企业、化工企业和机械加工企业。此外，还加强了内地的交通建设，如改造和新建了宝成、兰新铁路（玉门以东）、康藏、青藏、新藏公路等内地一批交通干线和支线。"一五"时期对西部的大规模投资和交通建设，加强了西部同全国的联系，推动了西部的工业化进程，促进了西部的经济发展。1957 年，西北和西南地区工业的产值占国民生产总值的比重第一次超过了农业，达到 52.4%（厉以宁，2000）。西北和西南的城市数量也从 1949 年的 13 个增至 1957 年的 30 个（靳润成，1999）。

2. 新中国成立以后的第二次西部开发

这次西部开发发生在第三个五年计划时期，以"三线"建设为核心。所谓"三线"，是指由沿海、边疆地区向内地收缩划分的三道线。相对于位于沿海和边疆的国防前线的"一线地区"，"三线地区"位于中国腹地，离海岸线最近的在 700 公里以上，距西面国土边界上千公里，四面分别有青藏高原、云贵高原、太行山、大别山、贺兰山、吕梁山等连绵山脉做天然屏障，在准备打仗的特定形势下，是较理想的战略后方，其大致是以甘肃省的乌鞘岭以东、山西省雁门关以南、京广铁路以西和广东省韶关以北的广大地区，具体范围包括四川、贵州、云南、陕西、甘肃、青海、宁夏七省区的全部或大部分地区及河南、湖北、湖南、山西四省的西部地区，共约 318 万平方公里，占全国土地面积的 1/3（吴江，2003）。20 世纪 60 年代中期，在美国对中国实行军事和经济封锁、中苏对立已发展到了相当严重的地步及印度政府乘机向中国提出领土要求并派部队入侵中国的国际形势下，中国政府以苏联在"二战"期间在后方没有建立战略基地而受到希特勒攻击的教训为戒，做出了备战备荒、建设"三线地区"的战略决策。1966 年第三个五年计划伊始，"三线"建设全面展开。1965~1975 年的 11 年间累计向"三线"地区投资 1173.41 亿元，"三线"建设投资额占全国基本建设投资的比重高达 40%以上（马泉山，1998）。仅 1965~1971 年向三线地区搬迁的工厂即达 350 个（祝慈寿，1990）。1966~1976 年，全国交通建设以西南和西北地区为重点，修建了贵昆、成昆、湘黔、襄渝和兰青等铁路干线，建成了从云南下关至西藏芒康的滇藏公路等。到 1976 年，京广线以西地区的铁路线总长上升到占全国总长的 1/4，公路里程占全国的比重也上升到 33%（丛树海、张析，1999），较大地改变了西部交通闭塞的状况。大量资金流入和交通的发展使西部经济增长速度快于东部和中部,1953~1978年,西部(10省区)、东部、中部GDP年增长率相对比为6.18∶5.75∶5.73(张云龙,2000),东西部差距明显缩小。

3. 新中国成立以后的第三次西部开发——正在进行的西部大开发

20世纪70年代末,中国工业化自身的趋势性力量开始显示出来,计划经济体制的弊端开始暴露。在国家安全和政治独立已经实现和巩固的情况下,中共十一届三中全会正式提出把工作重点转移到社会主义经济建设上来,确定实行改革开放政策,决心解决当时存在的国民经济比例严重失调问题。改革开放初期,以邓小平为核心的党中央,从国情出发,确立了中国经济发展和现代化建设分"三步走"的战略:第一步,实现国民生产总值比1980年翻一番,解决人民的温饱问题;第二步,到20世纪末,使国民生产总值比1980年翻两番,人民生活达到小康水平(总体小康);第三步,到21世纪中叶,人均国民生产总值达到中等发达国家水平,人民生活比较富裕,基本实现现代化。"三步走"的发展战略在区域发展次序方面体现为邓小平同志关于中国现代化建设"两个大局"的战略思想,即东部沿海地区率先对外开放,使之较快地先发展起来,这是一个大局,中西部地区要顾全这个大局;当发展到一定时期,比如20世纪末全国达到小康水平时,就要拿出更多的力量帮助中西部地区加快发展,这是另一个大局,东部沿海地区也要服从这个大局。经过全党和全国各族人民的共同努力,"三步走"发展战略的实施取得了明显的成效。第一步目标在20世纪80年代末基本实现,第二步目标也已在1995年提前完成,达到总体小康水平。20世纪末,中国进入了全面建设小康社会、加快推进社会主义现代化的新的发展阶段。与此同时,中国的产业布局呈现出显著的自东向西逐级衰减的梯度分布态势,东部地区的优势得以较好发挥,经济增长迅速,但中西部与东部地区发展的差距迅速扩大,且呈现日趋加剧态势。过大的区域差距成为经济社会发展的极不稳定因素,也会制约东部地区乃至全国国民经济的可持续发展。

世纪之交,在国际政治、经济环境较为宽松,中国改革开放20年取得丰硕成果,中国社会主义市场经济体制框架初步确立的大背景下,在面临世界新技术革命、国际经济一体化和我国即将加入世贸组织的巨大机遇下,党中央和国务院审时度势,据邓小平同志"两个大局"的战略思想,做出了对西部进行新中国成立以来第三次大规模开发的重大决策。

1999年6月9日,江泽民同志在中央扶贫开发会议上指出:"现在,加快中西部地区发展步伐的条件已经具备,时机已经成熟……在继续加快东部沿海地区发展的同时,必须不失时机加快西部地区的发展。"1999年8月,朱镕基总理先后赴西部六省区实地考察和调研。1999年9月,中共十五届四中全会通过的《中共中央关于国有企业改革和发展若干重大问题的决定》中,明确提出国家要实施西部大开发战略。1999年11月15日至17日,中央经济工作会议具体部署了2000年的经济工作,其中一项就是"抓住时机,着手实施西部地区大开发战略"。2000年3月,朱镕基总理明确指出:"实施西部大开发战略,加快中西部地区的发展,是党中央贯彻邓小平关于中国现代化建设'两个大局'战略思想,面向新世纪做出的重大决策。这对于扩大内需,推动国民经济持续增长,促进各地区经济协调发展,最终实现共同富裕,加强民族团结,维护社会稳定和巩固边防,具有十分重要的现实意义。"2000年1月,国务院成立国务院西部地区开发领导小组,并召开西部地区开发会议,研究加快西部地区发展的基本思路和战略任务,部署实施西部大开发的重点工作。2000年10月,国务院发布了《关于实施西部大开发若干政策措施的通知》,中共十五届五中全会通过的《中共中央关于制定国民经济和社会发展第十个五年计划的建议》进一步强调:"实施西部大开发战略、加快中西部地区发展,关系经济发展、民族团结、社会稳定,关系地区协调发展和最终实现共同富裕,是实现现代化建设第三步战略目标的重大举措。"至此,新中国成立以来的第三次西部开发(中国西部大开发)进入全面实施阶段。

中国西部大开发总体规划可按50年划分为三个阶段(苗旸,2010)。一是奠定基础阶段(2001~2010年)。这一阶段的重点是,调整结构,抓好基础设施、生态环境和科技教育等基础建设,建立和完善市场体制,培育特色产业增长点,以使西部投资环境得到初步改善,生态环境恶化的状况得到遏制,使经济运行步入良性循环,经济增速达到全国平均水平。二是加速发展阶段(2011~2030年)。在前一阶段建设成就的基础上,巩固提高基础建设,培育特色产业,实施经济的产业化、市场化、生态化和专业化,推动经济增长水平上一个新台阶。三是全面推进现代化阶段(2031~2050年)。在一部分率先发展地区增强实力、融入国内国际现代化经济体系自我发展的基础上,着力加快边远山区、落后农牧区开发,普遍提高西部人民的生产、生活水平,全面缩小差距。

国家计委和国务院西部开发办制定的《"十五"西部开发总体规划》提出了"十五"时期西部开发的主要任务,即加快基础设施建设、加强生态建设和环境保护、巩固和加强农业基础地位、积极调整产业结构、加快发展科技教育。

2007年3月，国务院批准实施《西部大开发"十一五"规划》。这一规划重点部署了社会主义新农村建设、基础设施建设、特色优势产业发展、重点区域发展、生态建设、环境保护和资源节约、基础公共服务、人才队伍建设、扩大对内对外开放等重点任务。

2010年6月，党中央、国务院制定《关于深入实施西部大开发战略的若干意见》，对实施新一轮西部大开发进行部署安排，力争再用10年时间，使西部综合经济实力上一个大台阶，基础设施更加完善，现代产业体系基本形成，建成国家重要的能源基地、资源深加工基地、装备制造业基地和战略性新兴产业基地，使人民生活水平和质量上一个大台阶，加快推进以保障和改善民生为重点的社会建设，基本公共服务能力与东部地区差距明显缩小，生态环境保护上一个大台阶，重点生态区综合治理取得积极进展，森林覆盖率逐步提高，生态环境恶化趋势得到遏制。

2010年7月5日至6日，在中国西部大开发战略实施10周年之际，中共中央、国务院在北京召开西部大开发工作会议，谋划西部未来大发展，要求站在新的历史起点上，再次布局西部地区发展，开展新一轮的西部大开发。会议强调，目前西部仍然是中国全面建设小康社会的难点和重点。未来政策的着力点则是充分发挥西部自身优势的同时，着力解决西部经济结构不合理、自我发展能力不强、基础设施落后等现实问题。因此，西部大开发新的举措在开发的目标定位、开发方式与路径及开发政策措施等方面，与以往有较大的不同。开发的目标定位将更多着眼于提高西部的自我发展能力和促进全国的可持续发展上。

第四节　中美西部地区和西部开发时期的界定

一、本书所研究的美国西部地区[①]

由美国西部开发简史可知，美国西部是一个动态概念，美国建国后不断地

---

① 本部分综合了余安娜（2006）等的研究成果。

推动领土向西部扩张,将国土从大西洋沿岸扩展到了太平洋沿岸,美国西部地域范围随着美国由东向西的不断拓殖而变化,形成了与不同发展阶段相对应的"老西部""中西部""旧西部""新西部"和"远西部"等不同的称谓。1776年,美国宣布独立时,只拥有大西洋沿岸到阿巴拉契亚山脉之间的狭长地带,此时的美国西部被称为老西部。美国建国后,据1783年英美签订的《巴黎和约》的规定,美国的西部边界由阿巴拉契亚山脉延伸到密西西比河,扩大的西部地域被称为中西部。1803年,美国购得路易斯安那广大平原,将西部边界扩大到落基山脉。19世纪20年代,密苏里州被吸纳为西部除路易斯安那州和阿肯色州以外的第三个州,并且成为"通往新西部的门户",由此,美国便有了"旧西部"和"新西部"的说法。"旧西部"即为阿巴拉契亚山脉到密西西比河间的地带。"新西部"为密西西比河到落基山脉之间的地带。19世纪10年代,美国强购了东、西佛罗里达。1845年,美国兼并得克萨斯。1846年,美国从英国手中争夺到了俄勒冈、华盛顿、爱华达、怀俄明诸州的土地。1846~1848年,美国又通过美国与墨西哥之间的史称"美墨战争",吞并了现今的加利福尼亚、亚利桑那、内华达、新墨西哥和科罗拉多州,将西部边境推移到太平洋沿岸。从落基山脉到太平洋沿岸的广袤地带成为美国的"远西部"。

关于美国西部的地域范围,由于过去长期没有做出明确的界定,所以至今仍然存在种种不同的说法(张友伦,2005),具体如下:

(1)美国史学界关于西部的定义大体上有"阿巴拉契亚山以西说""密西西比河以西说""西经98度线以西说"(徐欣,2005)。将阿巴拉契亚山脉以西所有地区都包括在西部范围内,这是相对于美国最初独立时的13个殖民地而言的,是广义的西部概念。将密西西比河作为西部的东段边界,西部始于南、北达科他、内布拉斯加、堪萨斯、俄克拉荷马和得克萨斯州,涵盖在这一线上的和这一线以西的各州,包括北达科他、南达科他、内不拉斯加、堪萨斯、俄克拉何马、得克萨斯、蒙大拿、怀俄明、科罗拉多、新墨西哥、亚利桑那、犹他、爱达荷、华盛顿、俄勒冈、内华达和加利福尼亚州(以下简称加州)。这是狭义的美国西部概念。

(2)美国民间有今天的西部和历史上的西部之分(徐欣,2005)。现在美国人一般把旧西部和新西部统称为中西部,而西部主要指远西部(和荣,2006)。亦即,今天的美国西部是指今天美国地图的西部11个州,被美国人自己称作"远西部"的地方。历史上的"美国西部"随着边疆的西扩而不断变化,如果按照美国建国时的地图算,"美国西部"几乎包含现在70%以上的美国国土。

(3) 当今美国政府统计部门将西部分成山区州和太平洋州（含阿拉斯加、夏威夷）（陈奕平,2002）。按目前美国国情普查局的划分,美国全国有4个大区9个分区,即东北区（含新英格兰和中大西洋2个分区）、中北区（含东中北部和西中北部2个分区）、南部区（含南大西洋、东中南部和西中南部3个分区）和西部区（含山区和太平洋沿岸2个分区）。按照这一划分,当今美国社会经济统计中的西部地区是指北起蒙大拿南至新墨西哥一线以西的地区,包括蒙大拿、怀俄明、科罗拉多、新墨西哥、亚利桑那、犹他、爱达荷、华盛顿、俄勒冈、内华达、加利福尼亚、阿拉斯加和夏威夷共计13个州。但人们对这种划分存在异议。因为从自然条件来看,从达科他到得克萨斯之间的大草原应属于西部,不应被排除在西部之外。

(4) 美国学术界和大多数人都认为西经98度是美国东西部的分界线（张友伦,2005）。这条线和50厘米雨量线大致相当,线以西是干旱和半干旱地区,线以东是雨量充沛和比较充沛地区。按照这一划分标准,美国西部地区的范围涉及亚利桑那、加利福尼亚、科罗拉多、爱达荷、堪萨斯、新墨西哥、蒙大拿、内华达、犹他、华盛顿、怀俄明、北达科他、内布拉斯加、南达科他、俄克拉荷马、俄勒冈、得克萨斯17个州,为干旱和半干旱地区。

按照现今美国西部地域的概念,美国西进运动乃至整个西部开发时期所涉及的许多地区都不属于西部地区。本书所研究的是西部开发,必须把美国旧西部、新西部和远西部都包括在内。因此,本书所研究的美国西部地区,其地域范围沿用历史上的广义西部概念,是指阿巴拉契亚山脉以西至太平洋沿岸的广大地区,由阿巴拉契亚山脉与密西西比河流域之间的旧西部、落基山与密西西比河之间的新西部及落基山到太平洋沿岸的远西部三个地区组成,其中旧西部和新西部统称为中西部,不包括阿拉斯加和夏威夷。

具体地说,本书所研究的美国西部地区范围涉及35个州,包括旧西部和新西部的缅因、佛蒙特、俄亥俄、印第安纳、伊利诺伊、威斯康星、密歇根州（密歇根州）、明尼苏达、西弗吉尼亚、肯塔基、田纳西、亚拉巴马、佛罗里达、密西西比、路易斯安那、阿肯色、密苏里、爱荷华、艾奥瓦（或衣阿华或爱我华或爱阿华）、北达科他、南达科他、内布拉斯加、堪萨斯、俄克拉荷马和得克萨斯24个州及远西部的蒙大拿、怀俄明、科罗拉多、新墨西哥,亚利桑那、犹他、爱达荷、华盛顿、俄勒冈、内华达和加利福尼亚 11 个州，不包括阿拉斯加和夏威夷 2 个州与美国独立时的新罕布什尔、马萨诸塞、罗得岛、康涅狄格州、纽约、宾夕法尼亚、新泽西、特拉华（瓦）、马里兰、弗吉尼亚、北卡罗来纳、南卡罗来纳和佐治亚 13 个州（本书称其为美国东部地区）。美国各州的具体位置如图 1-1 所示。

图 1-1　美国各州位置图

注：美国除了上述 50 个州外，还有华盛顿哥伦比亚特区（美国首都），不属于任何一个州，位于弗吉尼亚州与马里兰州之间。

资料来源：百度知道。

二、本书所研究的中国西部地区[①]

从中国西部开发简史部分可看出，在不同时期的中国西部开发中，西部地区范围不尽相同。本书将在阐述新中国成立以来学术界对西部地区的划分、国家经济发展过程中西部地区范围变化的基础上，明确界定本书所研究的中国西

---

① 本部分综合了冯振环（2003）博士学位论文《西部地区经济发展的脆弱性与优化调控研究》中的相关内容。

第一章 导 论

部地区。

学术界对中国西部地区的划分存在争议。新中国成立以来，伴随国家对区域资源的开发，自然科学和人文社会科学工作者对中国的区划方案进行了较为系统的研究，形成了中国自然地理区划、中国经济区划和中国自然—人文区划。在自然地理区划中，西部地区的主体为干旱的西北内陆和高寒的青藏高原，边缘为干湿过渡的草原区和三大自然区过渡的西南地区。在中国经济区划和中国自然—人文区划中，不同的学者针对不同的需要，对中国西部地区的划分差异比较大。其主要分歧在那些东西跨度或南北跨度比较大的省区，是归属于东部还是西部，甚至独立为中部；另一个分歧则表现在少数民族地区和经济发达地带内的相对落后省区的归属问题。

新中国成立以来，中国经济发展过程中西部地区的范围是变化的。新中国成立初期，中央把全国划分为6个行政管理区，当时"西北局"辖陕西、甘肃、宁夏、青海、新疆，"西南局"辖四川（含重庆）、云南、贵州和西藏。1956年，毛泽东主席在《论十大关系》中，使用沿海和内地提法，分析中国经济发展的不平衡。在中国国民经济和社会发展"六五"计划中，又区分出少数民族地区，于是形成沿海、内地和少数民族地区的划分方案（刘再兴，1995）。20世纪80年代中期，为适应改革开放和社会主义现代化建设的需要，"七五"计划首次提出了东部、中部、西部三大地带的划分，制定了梯度发展战略。其中，东部地区包括辽宁、河北、北京、天津、山东、江苏、上海、浙江、福建、广东、广西和海南12个省区；中部地区包括黑龙江、吉林、内蒙古、山西、河南、安徽、湖北、湖南、江西9个省区；西部地区包括陕西、甘肃、宁夏、青海、新疆，四川（含重庆）、云南、贵州和西藏9个省区（重庆现已从四川中分出成为直辖市，三大地带中的西部地区实际上包含10个省区）。三大地带中，西部区的范围包括新中国成立初期划分的西北局和西南局的行政范围。"八五"计划中没有继续使用这种划分，而是提出正确处理资源富集地区与加工工业集中地区的关系及正确处理沿海与内地、经济发达地区与经济不发达地区的关系。在"九五"计划中，又划分了七大综合经济区，其中西北经济区包括陕西、甘肃、宁夏、青海、新疆和内蒙古西部，西南经济区包括重庆、贵州、云南、西藏、广西、海南和广东西部。"十五"计划明确把内蒙古和广西两个少数民族自治区与"七五"时期确定的西部地区，共同归并在西部大开发的区域范围内，从而形成了大西部地区。其原因在于，广西、内蒙古两个自治区尽管地处东、中部，但同属于少数民族地区，经济发展水平相对落后，并在地理位置上临近西部地区，历史上就与西部地区有着广泛而密切的联系，其区域经济和社会文化特点也与西部具有很大的相似性，有必要执行与西部地区相同的政策。

根据国办发［2001］73 号《关于西部大开发若干政策措施的实施意见》，本书所研究的中国西部地区，是指包括广西和内蒙古在内的大西部地区或广义的西部地区，具体包括陕西、甘肃、宁夏、青海、新疆、四川、重庆、云南、贵州、西藏、广西和内蒙古 12 个省区。这些省区的共同特征是，生态环境脆弱，经济发展比东部沿海地区滞后，少数民族集聚。中国大西部地区介于东经 73°25′~126°04′和北纬 20°54′~53°23′，跨越 52 个经度和 32 个纬度，国土面积广阔，占全国总面积的 71.5%。受纬度带谱和垂直带谱的影响，西部地区自然环境特征总体表现为类型齐全、复杂多变、脆弱敏感，较为脆弱的环境基底使生态环境更容易遭受破坏，因而威胁到自然生态系统和人类社会的可持续发展（李菲，2011）。

三、本书所研究的美国西部开发时期

目前，学术界关于美国西部开发时期的界定没有取得共识。大致有以下几类观点：

其一，马克斯·韦伯（1978）等主要按照美国"边疆史学派"的观点，以美国西进运动中边疆停止推进的时间点作为划分标准线，将美国西部开发时期限定于 18 世纪末至 19 世纪末整个 100 年左右的时间段。

其二，主要以西部地区的经济产业变迁特点为标准，将美国西部开发时期界定为从美国建国开始到 20 世纪 80 年代前后。相关阐述主要有：美国西部开发从美国建国开始，到 20 世纪 70 年代，前后持续了近 200 年时间（葛承群，2000）；美国西部大开发始于 18 世纪 80 年代，止于 20 世纪 80 年代前后（连蕙，2000）；美国的西部开发，从 1776 年美国独立战争胜利以后一直延续到 20 世纪 60 年代，大约经历了 200 多年（久玉林，2003；杨露，2005）。

其三，认为美国的西部开发是一个长期和持续发展的过程。早在美国建国之前，美利坚民族就开始向北美大陆西部扩张，但直到美国建国之后，美国的西进运动才变得更加积极和有计划，而且一直持续到现在（苗旸，2010），即将美国西部开发时期界定为从美国建国（或更早的时期）开始直到目前，如乔木（2002）这样阐述美国西部开发时期："美国西部开发兴起于独立战争前后，历经农业、工业、科技开发三个阶段，直到现在，贯穿着美国历史发展的全过程。"

其四，认为美国西部开发在时间上不连续。美国的西部开发由于战争等原因的影响，在时间上并不是连续的，而是跳跃式的（谢善高，2002）。严金明（2001）、闫芳（2003）等认为，美国西部有两个大规模开发期，一是1860~1890年，这一时期开发西部的主要动力来源于皮货贸易、土地投机及奴隶主庄园的扩张，这30年间，美国人占据了4.3亿英亩土地，耕种了2.25亿英亩，并且在西部土地上成立了10个新的州；二是1930~1970年，自罗斯福新政以来，美国政府陆续出台相关法规，成立专门机构，加大对西部财政补贴和资金投入，实行各种优惠政策，进行流域综合治理，大力发展军工企业、高新技术产业，极大地改变了西部的经济结构，使美国经济中心逐步西移，东西部经济发展趋于平衡。陈奕平（2002）则强调，美国历史上先后出现了两次西部大开发浪潮，第一次西部大开发始于18世纪末，高潮出现在19世纪中后期，表现为土地投机、土地开垦、修建西部铁路、西部矿产开采和西部新兴城市的出现，第二次西部开发在"二战"后全面启动，高潮出现在20世纪六七十年代，并仍在继续，第二次西部大开发触发了美国历史上另一次人口迁移浪潮，人口迁移浪潮反过来又促进了西部开发。

其五，有学者从自己研究的侧重点出发，对美国西部开发时期做出了不同的界定。如吴江（2003）认为，美国对其西部的大规模开发，准备于19世纪四五十年代，开始于南北战争时期，完成于20世纪中叶，前后经历了100多年时间。

从严格意义上说，美国西部开发时期是一个包含美国西进运动时期在内的一直持续到现在的一个很长的历史时期。早在美国建国之前，美国西部开发就开始了。至于美国西部开发究竟始于何时，需要依据相关史料。在美国建国前，有关西部开发的记载很少，因为建国前人们的活动范围主要在阿巴拉契亚山以东至大西洋沿岸地区，西部只有印第安人的部落和为数不多的猎人、毛皮商人和拓荒者，西部的移民定居点少之又少，十分分散，没有形成片区规模。这时期关于西部的描述多是某些人的亲身经历或道听途说的一些惊险故事，并没有多大的史料价值。美国建国后，随着东部人口的膨胀及可耕地面积的缩小，不少人往西部迁移，西进运动开始，政府派了许多探险家去西部探险，如杰斐逊时期的刘易斯—克拉克探险，这些探险活动都被整理成书并公开发表，这些资料成为有关美国西部开发的第一批有价值的史料（徐吉福，2010）。

考虑到美国建国前西部开发方面的记载很少且没有多大的史料价值，本书将美国西部开发时期界定为美国建国后至目前，即1776年以来的时期①。

四、本书所研究的中国西部开发时期

如前所述，中国西部开发是一个长期的历史过程，从秦汉时期到隋唐时期、明清时期，再到民国时期和新中国成立之后，中国西部已经过数千年的开发。在不同的历史时期，中国西部开发的内容、特点和效果不尽相同。历史上的西部开发主要出于军事和政治目的，新中国成立后的前两次西部开发也带有很强的政治和军事性质，且都是在计划经济体制框架中进行的，不适应市场经济发展的要求，因而均未能取得理想的效果。2000年开始实施的中国西部大开发呈现与社会主义市场经济发展要求相适应的、与过去历次西部开发极为不同的特点。而美国是市场经济国家，美国西部开发作为世界欠发达区域开发的一个成功的典范，其经验和教训对中国目前正在进行的西部大开发具有重要的借鉴价值。

考虑到本书是对中美西部开发进行比较研究，而比较的前提是两者具有一定的可比性，本书在研究中将不考虑2000年以前的中国西部开发，即本书将中国西部开发时期界定为2000年以来的中国西部大开发时期。

---

① 1776年7月4日美国宣布独立，即为美国建国之时。

第二章 国内外研究现状述评

对中美西部开发进行比较研究,必然涉及对美国西部开发的研究和对中国西部开发的研究及对美国西部开发与中国西部开发的比较。对中美西部开发相关文献进行回顾,把握美国西部开发的主要做法、取得的经验和教训及中国西部开发的进展,有助于正确确立本书的研究框架。因而,本章在对美国西部开发、中国西部开发与中美西部开发比较三个方面的文献进行综述的基础上,阐述中美西部开发比较研究的进展与不足。

第一节 美国西部开发研究

国外对美国西部开发的研究时间较早,加上史料丰富,研究深度领先于国内。

一、国外学者对美国西部开发的研究[①]

对于美国西部开发的研究在美国大致起于19世纪30年代,历经了"生源论""西进史学"和"西部史学"三个阶段(李昌新,2002)。在"生源论"阶段,人们描述美国西部历史时只是将其作为东部甚至欧洲历史的延展和派生。1893年美国著名史学家特纳(Turner)在美国历史协会的年会上以《边疆在美国历史中的意义》(*The Frontier in American History*)(收于《美国历史上

[①] 本部分综合了高芳英(2008)等的相关研究成果。

的边疆》）为题的报告，宣告了边疆学说的正式形成（张友伦，2005）。这一学说主要研究边疆的向西部开拓及其在美国历史上的重大作用（被称为西进史学），但较少论述美国西部自身的发展变化（李昌新，2002）。1931年，著名史学家沃尔特·P. 韦布出版《大平原》（*The Great Plains*），打破特纳学说的旧框架，开展西部地区史研究，标志着美国西部史学的开端。1965年，厄尔·波默罗伊（Earl Pomeroy）出版了《太平洋坡地：加利福尼亚、俄勒冈、华盛顿、爱达荷、尤他和内华达史》（*The Pacific Slope: A History of California, Oregon, Washington, Idaho, Utah, and Nevada*）。在书中他一反特纳学派的传统风格，对边疆环境轻描淡写，把西部开拓者的时代和后来的西部城市化和工业化区分开来，重点考察20世纪西部城市人口流动和人口发展的模式，城市化造成的地理和气候变化的结果，西部主要城市在西部金融、工业、商业发展中的作用，科技发展对西部城市交通运输的影响等。波默罗伊的《太平洋坡地》一书的问世标志着美国西部开发研究真正迈向了"西部史学"阶段。从此，学者们越来越多地将西部作为一个有别于东部的独立单元来进行考察研究，从工业化、城镇化、资源开发和环境影响等方面探讨西部的发展历程，或对西部开发进行综合研究。

（一）关于美国西部开发中的工业化和城镇化研究

在美国西部开发的"西部史学"阶段，西部工业化和城镇化的研究成为研究的焦点或亮点。在这方面，杰拉尔德·纳什（Gerald Nash）继承和发展了波默罗伊的观点。1973年，纳什（Nash）出版了《20世纪美国西部：城市绿洲简史》（*The American West in the Twentieth Century: A Short Hisotory of an Urban Oasis*），书中明确地把西部的历史分成殖民时代（1898~1941年）和独立与重心时代（1941~1971年）两个时代，探析了美国西部所有州的发展，认为"二战"①对西部的影响是直接的、巨大的，西部在"二战"前是东部殖民经济和殖民文化的牺牲品，而在"二战"以后转为美国经济和社会文化的先导，其原因在于，西部城市的工业综合设施因战争快速发展，最终促使西部摆脱了它早期的"殖民地"状态，提高了西部的经济文化地位。纳什又在

---

① 第二次世界大战的简称，亦可称世界反法西斯战争，具体期间为1939年9月1日至1945年9月2日。

1985年和1990年分别出版了《美国西部的转型：二战的影响》(*The American West Transformed: The Impact of the Second World War*)和《西部与二战：重塑经济》(*World War II and the West: Reshaping The Economy*)，阐述"二战"是西部发展的转折点，强调因战争需要在西部快速发展的军事工业为西部城市造就了大量工作机会，吸引了大批人口西迁，扩大了西部城市的规模，提升了西部城市的经济地位，特别是军事工业的高科技促使西部多个科技城市的发展，最终，西部因战争从一个不发达地区发展成美国经济和社会文化的重要地区。

在波默罗伊和纳什的影响下，20世纪70年代以来兴起了研究西部工业化和城镇化的热潮，一批有影响的成果涌现。Clair (1977) 的《美国早期的矿业》一书，叙述了从殖民地时期开始直到1975年美国矿业的发现、发展和开采的过程。Paul (2001) 在考察了美国远西部即落基山到太平洋沿岸地区的矿业开采之后，写成了《远西部的矿业边疆 (1848~1880)》，把美国西部的矿业开采分为五个阶段，重点论述了矿业边疆之所以能够拓宽的原因。《落基山的矿业营地：城市边疆》(*Rocky Mountain Mining Camps: The Urban Frontier*) (Smith, 1974)、《美国西部城市：边疆城市规划史》(*Cities of the American West: A History of Frontier Urban Planning*) (Reps, 1979)、《牛镇》(*The Cattle Towns*) (Dykstra, 1983) 等对西部开发初期中矿业城镇、牛镇等某一类城市进行考察研究，阐述了诸多矿业城镇从兴旺到衰落的发展历程，其中提到有许多矿业城镇变成"鬼镇"的现象。罗杰·W. 洛特钦 (Roger W. Lotchin) 1974年发表的《旧金山：一个小村到城市的发展 (1846~1856)》(*San Francisco, 1846~1856: From Hamlet to City*)，冈瑟·巴斯 (Gunther Barth) 1978年发表的《旧金山和丹佛的兴起与城市化》(*Instant Cities: Urbanization and the Rise of San Francisco and Denver*)，卡尔·艾博特 (Carl Abbott) 1983年发表的《波特兰：一个20世纪城市的政治、规划与发展》(*Portland: Politics, Planning, and Growth in a Twentieth-Century City*) (Abbott, 1983)，布拉德福德·勒金汉姆 (Bradford Luckingham) 1989年发表的《菲尼克斯：西南部的大城市史》(*Phoenix: The History of a Southwestern Metropolis*) (Luckingham, 1995) 等是对西部某一个城市的个案研究。还有一些对西部城市进行综合研究的成果。卡尔·艾博特 (Carl Abbott) 1981年出版的《新的城市美国：阳光带城市的成长和政治》(*The New Urban America: Growth and Politics in Sunbelt Cities*)，突出了西部阳光带城市 (指西部和西南部新崛起城市) 的发展特点，对研究西部特别是远西部的城市史做出了重要贡献。1993年，卡尔·艾博特的新作《大都市边疆——当代美国西部城市》（卡尔·艾博特，1998）问世。该书探讨了西部城市崛起的原因和政府的政策，论述了西部城市发展为全国性城市的现象，分析了西部经济与全国经济的关系，是对美国西部城市史多年来研究成果与精华的汇总，被誉为"对美国战后城镇化进程的经典性论述"。2001年罗伯特·瓦斯曼（Robert W. Wassmer）出版的《以经济学家的目光对加利福尼亚和西部大城市扩展的观察》（*An Economist's Perspective on Urban Sprawl: With an Application to Metropolitan Areas in California and the American West*），分析了西部大城市与周边的经济联系。

总的来说，关于美国西部工业化和城镇化的丰富研究成果，阐明了西部城市化是一个变传统乡村社会为现代城市社会的历史过程，揭示了西部城市化过程中反映的美国城市发展新规律——后发城市领先于美国甚至世界城市化的趋势。

（二）关于美国西部开发中的资源环境问题的研究

在美国西部开发过程中，随着工业化和城镇化的推进，美国西部自然资源受到了大规模、高强度的开发，人们利用西部资源生产财富，将自然资源以几十倍、几百倍的效率转化为产品，产生了空前发达的物质生产力，使人们的生存环境和生活质量发生了日新月异的变化，人们由此充分享受到了工业文明和城市文明。然而，随着人们"征服"西部自然能力的提高，科技进步、经济发展和西部人口的数量螺旋式上升，西部出现了空气和水资源污染、野生动物灭绝、生态环境指数下降的危机，这一危机越来越威胁到人们的生存和发展空间。在严酷的现实面前，美国于20世纪六七十年代掀起了大规模的珍惜自然资源、保护自然环境的群众性运动。一些学者带着深深的使命感，重新审视美国西部所走过的发展道路，深刻反思西部发展过程中的生产、生活行为，逐渐认识到，今天西部的各种资源环境问题，从根本上源于过去那种单纯追求经济数量增长、不惜以过度消耗自然资源和损害环境为代价的传统发展模式。基于对美国西部开发过程中人与自然环境关系变迁的仔细考察和潜心研究，20世纪70年代起，一些有关西部资源环境的专著陆续发表，这些著作对启发人们摒弃传统发展模式，走可持续发展道路，有重要影响。

第一部相关著作是沃斯特（Worster）在1979年发表的《尘暴》（*Dust Bowl: The Southern Plains in the 1930s*）。《尘暴》阐述了20世纪30年代发生在美国西

南大平原地区,殃及方圆40万公里的黑色大风雪,将尘暴出现的原因归结为人类破坏轮作制、滥用土地和长期干旱,是人为破坏而非自然的循环,指出尘暴是资本主义生产方式对土地疯狂开发造成的人为性生态灾难。沃斯特(Worster)于1985年发表《帝国的河流》(*Rivers of Empire: Water, Aridity, and the Growth of the American West*)(Worster, 1985),专题研究了西部水利资源的利用。沃斯特认为,西部丰富的水利资源养肥了西部的大资产阶级,政府从20世纪30年代开始,在西部水利区域建造了很多大坝,促使西部许多城市充分利用水利资源发展起来,创造了一个"江河帝国",但由于控制水利资源的人为了获取更多的利益,滥用水利资源,最终形成谁控制水利资源谁就获利的历史局面,使"江河帝国"由盛到衰,反映了美国生态环境的危机。1987年,利默里克(Limerick)发表专著《征服的遗产》(*The Legacy of Conquest: The Unbroken Past of the American West*),把西部的自然资源和自然环境当作美国的历史遗产,基于大量二手资料,专题研究了西部的经济和社会模式,指出在西部开发过程中,从19世纪开始,西部开拓者就滥用土地和其他自然资源,虐待印第安人和西班牙人,这种滥用和虐待的西部经济和社会模式延续到了20世纪并继续影响着当代西部(Limerick, 1987)。Slotkin(1985)的《至关重要的环境:工业时代的边疆神话(1800~1890)》、Smith(1987)的《美国采矿业:工业和环境(1800~1980)》等则详细阐述了美国西部的矿业发展对矿产资源和自然环境的影响。Smith(1987)尤其对加利福尼亚淘金热中的水利采矿造成的破坏有非常翔实的论述,并探讨了造成此现象的深层原因。

20世纪90年代以来,关于美国西部资源环境问题的研究更趋活跃。代表性的研究学者有约翰·沃尔顿(John Walton)、威廉·克罗农(William Cronon)、安德鲁·伊森堡(Andrew C. Isenberg)等。约翰·沃尔顿(John Walton)在1992年发表了《西部时代与水资源战争》(*Western Times and Water Wars*),阐述了加利福尼亚欧文峡谷流域100多年来发生的关于争夺水资源的事件及从开拓者对峡谷土著居民的征服到当代洛杉矶农作经济中水资源枯竭的过程。该著作被评价为从微观世界反映美国西部发展的力作(高芳英, 2008)。威廉·克罗农(William Cronon)于1996年出版了《不凡的土地:重新思考自然中人类的地位》。他认为,无论你居住在城市还是农村,你都无法逃离自然界,但人类并不十分清楚自己在自然中的责任,美国西部环境的变迁有助于我们认清人与自然的关系(Cronon, 1996)。2000年,安德鲁·伊森堡(Andrew C. Isenberg)出版了《野牛的灭绝：1750~1929 环境史》(The Destruction of the Bison: An Environmental History 1750~1920)，指出由于野牛生活的生态环境和社会环境变化，经过一个多世纪，美国西部 3000 万北美野牛只剩 1000 头，美国西部野牛几近灭绝。

(三) 关于美国西部开发的综合性研究

在美国西部开发的综合性研究方面，也有不少研究成果。主要涉及综合性教科书和多学科交叉的综合性著作。在综合性教科书方面，主要有 1982 年雷·艾伦·比林顿 (Ray Allen Billington) 和马丁·里奇 (Martin Ridge) 出版的西部历史教科书《西部的扩张：美国西部史》(Westward Expansion: A History of the American West)、1984 年罗伯特·海纳 (Robert Hine) 出版的《美国西部：西部史解说》(The American West: A Interpretive History) 和 2000 年海纳和约翰·马克·法拉切 (John Mack Faracher) 出版的《美国西部：西部史新解说》(The American West: A New Interpretive History)。在多学科交叉的综合性专著方面，罗德曼·W. 保罗 (Rodman W. Paul) 于 1988 年出版的《远西部和大平原的变迁 (1859~1900)》(The Far West and the Great Plains in Transition 1859~1900)，其研究内容涉及矿业、社会和经济动态、城市化、民族等问题，但其研究的年限较短，只有半个世纪；1994 年，克莱德·A. 米尔纳 (Clyde A. Milner Ⅱ)、卡罗·A. 奥康瑙尔 (Carol A. O'Connor)、马萨·A. 桑威斯 (Martha A. Sandweiss) 出版的《牛津美国西部史》(The Oxford History of the American West)，是近来第一部对复杂、多样化的美国西部进行综合研究的巨作，该书编辑了特纳、韦布等 28 位有影响的学者的论述，涉及的人群多、地理空间广，分析了美国西部自然资源的分布、军事基地代替野牛羊群草原的环境变化和 150 年来家庭西迁对西部的重要影响，讨论了现代西部的城市问题和主要的政治、经济问题，确定了西部在美国经济和世界经济中的角色；2006 年，卡尔·艾博特发表了专著《边疆的过去和未来：科幻与美国西部》，第一次用科幻的理念来重新解读和展望美国西部的过去和未来 (Abbott, 2006)。

二、国内学者对美国西部开发的研究

国内学者对美国西部开发的研究起步较晚。改革开放前的研究成果很少，

第二章 国内外研究现状述评

且侧重于揭露和批判美国西部开发过程中的黑暗面。改革开放后，不少学者认识到了美国西部开发的积极意义，开始从正反两面研究美国西部开发。相关研究的角度和方法多样化、成果颇丰，主要涉及对美国西部开发的总体性介绍和评价及专项研究两大方面，其中专项研究主要涉及土地资源、人力资源和水资源的开发，农业、交通运输和工业等产业开发，城市化和空间开发，政府作用和制度创新或变迁及资源环境问题等失误现象。

（一）对美国西部开发的总体性介绍和评价

这方面的研究成果涉及对美国西部开发的意义、背景、条件、特征、动力、模式等的介绍及经验、教训总结和启示探讨。

（1）对美国西部开发在美国经济发展中的作用及美国西部开发模式和内容等的分析。何顺果（1992）的《美国边疆史——西部开发模式研究》，是国内第一部关于美国西部开发的学术专著。王春法（1990）研究表明，美国西部开发模式就是在大规模人口迁移的基础上，充分利用资本主义工业化所提供的先进物质技术手段，开发各种自然资源、促进美国西部经济发展的一种区域社会经济发展模式，是一个成功的区域经济开发模式。万元坤（2000）对美国西部开发内容进行了系统分析。乔木（2002）介绍了美国的建立、西部开发兴起的历史背景和客观条件及其主要特征，阐述了美国西部三大产业的兴起和迅速发展及其同西部开发的互动关系，以及美国西部开发的主要动力——交通运输革命，评价了西部开发在美国发展史上的重要作用。

（2）对美国西部开发经验教训及其启示的总结和分析。易诚（1994）在分析美国西部开发的历史地位和特点的基础上，提出中国西部开发应当借鉴美国经验，以交通运输业为先导，依据区域优势，确立产业导向，以增长焦点带动区域开发，在国家层面实施财政金融政策倾斜。李其荣（2000）将美国西部开发经验总结为以人口迁移为基础、优先发展交通运输事业、农牧并举、政府参与及城市化带动西部开发，认为消极的教训主要是生态环境的破坏、土地投机和土地垄断使农民饱受盘剥。丁巨胜（2001）将美国西部开发分为三个时期，即农业开发时期（1775年到19世纪中叶）、工业开发时期（19世纪中叶到"二战"结束）、科技开发时期（"二战"结束到20世纪六七十年代），认为美国西部开发的成功经验在于充分发挥政府的作用，将西部开发纳入法制化轨道，坚持市场化原则，重视基础设施建设，以发展带动区域开发，依靠科学技术进步带动开发；而教训则是对生态环境造成了破坏。彭效军（2004）认为，美国西部开发值得我们借鉴的经验主要是，市场机制与政府机制都能够充分发挥作用且两者结合得很好，联邦政府为西部提供了以交通、能源、水利为代表的基础设施，同时也为西部提供了完整的市场经济制度。贺缠生等（2005）主要从资源开发、经济发展和生态环境保护的角度总结美国西部开发的经验与教训，探讨了对中国西部大开发的启示，主张中国应根据实际情况，借鉴美国西部开发的成功经验，趋利避害，以实现资源开发、经济发展、与生态环境保护之间的良性互动，努力使所有居民都能享受到开发所带来的利益。潘悦（2010）将美国西部开发成功的经验总结为联邦土地政策的激励、民间资本的强力推动、交通运输设施先行、产业结构的升级换代和国防建设的刺激。刘克强（2010）认为，美国在整个西部开发过程中特别注重法律的约束、强制作用，以基础设施开发为先导，依靠教育与科技进步，提供开发智力支持，从而取得了惊人的成就，也为我国的社会主义建设提供了启示。

（3）对美国西进运动及其问题及内战①后美国西部开发等的综合性分析。参见张友伦（1984，2005）与徐玮（1985）和董继民（2002）等的研究成果。

（二）对美国西部土地资源开发的研究

关于美国西部土地资源开发，研究成果较多，主要集中在以下两方面：

一方面，周章森（1983）、刘宏谊（1986）、樊亢和贺力平（1988）、洪朝辉（1992）、张友伦（1993a）、黄仁伟（1993）、陈锡镖（1997）、何黎萍（1998）、王旭（2003）、张礼萍（2004）、兰建英（2004）、尹秀芝（2005）、兰伊春（2006，2007）、李美娇等（2015）等学者对美国西部开发中土地资源开发法规和政策进行了研究，他们分析了美国西部公共土地私有化及美国政府相关政策，并对其进行了评价。其中，黄仁伟（1993）著述的《美国西部土地关系的演进——兼论"美国式道路"的意义》，是国内第一部系统论述美国西部土地私有化与农业大发展的专著。由这些成果可知，美国联邦政府的西部土地政策经历了先将西部土地收归国有，再通过出售和赠予等手段将土地转为私有的一个较长时间的演变过程，其主旨就是通过市场途径实施国有土地私有

---

① 美国内战（美国南北战争）是美国南方与北方之间进行的战争，时间为1861年4月至1865年4月。美国独立战争没有解决土地问题，也没有解决奴隶制问题，使得独立后的美国南北方朝着两种不同的经济道路发展，最终导致美国内战的爆发。

化，进而带动西部的全面开发，它刺激了移民的涌入，使庞大的劳动力大军与西部大量自由土地和丰富的自然资源迅速结合，加快了西部的农业开发，促使了横贯大陆铁路的铺设，带动了城市化的高速发展和西部大规模的开发（尹秀芝，2005；兰伊春，2006；李美娇 等，2015）。当然，这一过程中也有一些负面效应，如土地投机和"宅地法"问题等，对于这些问题全面考察是必要的（尹秀芝，2005）。

另一方面，部分学者分析了美国西部土地资源开发带来的资源环境问题及其教训和启示。其中有代表性的成果有：国外学者唐纳德·沃斯特（Donald Worster）在其1979年发表的著作《尘暴》中指出，20世纪30年代发生在美国西南大平原地区的尘暴是资本主义生产方式对土地疯狂开发造成的人为性生态灾难，教训深刻；国内学者严金明（2001）分析了美国早期西部开发对土地资源造成严重破坏的政策原因，阐述了20世纪30年代以后，美国对早期西部开发给土地破坏带来的教训和生态危机的反思和应对举措，并提出美国西部开发的教训给我们四个方面的启示，即对于中国西部土地开发利用，生态建设是核心，规划先行是前提，土地产权制度建设是基础，循序渐进、尊重规律是关键。

（三）对美国西部人力资源开发的研究

国内有少数学者研究了美国西部人口资源开发，希望能对深化中国西部人口资源开发有所启迪。丁平（1999）论述了美国移民政策在近代的演化及移民在美国西部乃至美国历史发展中的作用。陈奕平（2002）分析了"二战"后美国第二次西部开发与人口迁移的关系，认为人口的南迁西移极大地促进了美国西部和南部的发展，并出现了如伯吉斯（Phil Burgess）所说的"人口驱动式增长"现象。欧文福（2005）阐述了美国西部开发中教育和人力资源开发的主要做法，探讨了对中国西部人力资源开发的启示。

（四）对美国西部水资源开发的研究

国内外学者对美国西部水资源开发进行了较广泛的研究。

国外学者主要有以下三个研究视角：一是西部自然环境研究视角，以韦布（Webb）的著作《大平原》（*The Great Plains*）为代表。Webb（1931）基于西部自然环境的独特性，分析联邦政府发展西部土地灌溉的政策。Doppelt 等

(1993）的研究强调流域内水生态系统的综合管理和保护。二是美国政府法规政策研究视角。代表性成果有 Huffman（1953）、Stoevener（1969）、Pisani（1987，1992）等论述了美国西部水资源政策和水法律的演变和现状，并进行了评价。Viessman 等（1985）的研究涉及自然资源管理区的运作。Rogers（1993）探讨了联邦政府在水资源开发和保护中的角色和责任。Trottier（2004）的研究涉及美国西部水资源管理的历史和现实。三是西部区域经济开发研究视角。Teele（1900）介绍了西部缺水地区的水权问题。Paterson（1987）分析了特洛克灌区的历程。EL-Ashry 和 Gibbons（1988）以加利福尼亚州、亚利桑那州、得克萨斯高原、科罗拉多河流域等典型缺水地区作为研究对象，研究美国西部水资源开发。Hundley（1996）从农业灌溉用水的角度分析了美国西部的用水状况。Miller 等（2001）的研究涉及博尔德河谷工程等多目标的水资源工程。

国内学界对美国西部水资源开发问题的研究成果涉及水利资源开发和流域开发（周彬，1986；李文华等，1989；张友伦，2002；刘绪贻等，2002；田琦，2002；张柏山，2004），水资源和水环境保护（徐更生，1987；周军英，1998；周一平，1999；黄贤全等，2001；胡群英，2006；路恩芳，2007；范亚东，2007；美国环境保护局，2010），水战略、法规和政策（阿瑟·林顿等，1983；莫汉德·埃一阿什里，1989；贺缠生等，1998；冯泽峰，1992；王凤春，1999；李可可等，2004；邵自平，2004；邱德华，2004；徐祥民等，2004，2005a，2005b；刘晓佳，2005；郭平，2009；付成双，2011；李印，2012；刘明等，2013；李梦，2014；曾睿，2014）以及美国西部水资源开发历程及其对中国的启示或借鉴意义（魏宗昌，2000；周余华等，2001；李春芳，2006；贺缠生等，2005；郭晶，2010）。

（五）对美国西部产业开发的研究

有一些学者专门研究了美国西部产业开发，研究内容涉及美国西部的农业开发、工业开发、交通运输发展及西部产业开发历史和模式、落后地区产业开发等。

（1）对农业开发的研究。潘润涵和何顺果（1981）、张友伦（1983）、赵小平（1987）、兰建英（2003）、王伟荣（2007）和王储（2008）等研究了美国西部开发与农业发展的美国式道路，王雯（2003）系统阐述了美国西部农业开发的目的和意义，美国西部专业农区的形成和畜牧王国的建立，采矿业、交通运输革命、科技教育对农业开发的影响及农业开发对资源环境的影响及其应对措施。葛承群（2000）、凡夫（2000）、张婧（2000）、杨洪波等（2001）、马丽（2010）、麻永建（2014）等探讨了美国西部农业开发等方面的基本经验及其对中国西部的启示。

（2）对工业开发的研究。王储（2008）与韩承文等（1986）对美国西部开发与其资本主义工业化的关系进行研究。何顺果（1987）、曹学昌（1989）、马志芹（2007）等对美国西部矿业发展的历史和作用等做了研究。

（3）对交通运输发展的研究。刘宏毅（1984）、金泰贤（2001）、黄家城等（2001）、张敏（2005）、黄家城（2005）、荣朝和（2006）及李昌新等（2007）研究了美国西部开发中的交通运输发展。其中，张敏（2005）较系统地研究了美国横贯大陆铁路铺设的历史背景、建成原因及历史影响，为中国目前正在推进的西部大开发提供了一些有益的经验与借鉴。

（4）对产业开发其他方面的研究。王春法（1990）、何顺果（1992a）、车秀文（2001）、董继民（2002）和刘绪贻等（2002）研究了美国西部产业开发的历史和模式，黄贤全等（2006）分析了美国西部落后地区的产业开发。

（六）关于美国城市化和空间开发的研究

相关成果可分为以下三类：一是从西部城市的类型、兴起原因等方面进行美国西部城市理论问题的探索。在这方面，以王旭（1990，1991，1992，1994，2000）的成果最具代表性。王旭于1990年出版了其博士论文《美国西部城镇与西部开发》，1994年出版了《美国西海岸大城市研究》。他反驳西部城市移植东部模式一说，并指出美国西部城市化的独特道路。他的《美国城市史》是国内第一部外国城市史著作，其中有章节专门探讨了西部城市化和西南部、西海岸城市发展迅速的现象，并对一些典型城市进行分析，总结出这些城市能够迅速发展的原因。何顺果（1992b）的《美国西部城市的起源及其类型》、王旭（1992）的《美国西部的开发与城市化》等文章考察了美国中西部城市的起源及其发展。二是对具体的某个西部城市进行专题研究。王磊等（2001）、丁平（2004）、孙礼纯（2004）、徐欣（2005）、王储（2008c）等关注了洛杉矶、旧金山、丹佛、西雅图等美国西部的一些典型城市。三是李昌新（2002）等个别学者从区域经济开发的角度，对美国西部开发在空间上的展开进程进行考察和分析，并结合中国国情和西部的具体现实，总结出一些经验教训，为中国西部大开发提供史鉴。

（七）关于美国西部开发中的政府作用及制度创新或变迁研究

谢辉（2001）对美国西部开发中的各种政府行为进行了具体的分析。王蕊（2010）分析了美国联邦政府在美国西部开发中的作用。滕海键（2002）认为，一部美国发展史在很大程度上就是一部"西部"开发史，而西部开发史实际上也是一部制度创新史，不断进行制度创新，保证了美国西部开发取得巨大成功，使美国经济获得持续发展的动力。丁力（2007）梳理了美国西部开发制度变迁历程，揭示了市场不断完善、成熟的过程中形成制度需求累增的局面是导致制度变迁呈现阶段性的原因，认为制度变迁是推动美国西部开发获得成功的关键因素之一。沈蓉（2001）探讨了美国西部开发中法治环境构建对中国西部开发的启示。张庆荣（2009）探讨了立法对美国西部开发的推动作用。黄贤全等（2011）从联邦政府的西部土地出售政策、免费授地政策、授地筑路政策、修建西部水利灌溉工程四个方面介绍了美国政府在西部开发中的核心作用和主导地位，驳斥了长期以来认为19世纪美联邦政府采取"自由放任"政策，而在经济领域无所作为及认为美国政府只在交通建设方面对于西部开发有所贡献的传统观点。

（八）关于美国西部开发中的资源环境问题等失误现象的研究

相关成果在列举美国西部开发成就的同时，总结了美国西部开发的失误及其产生的一些教训，主张中国应当避免重走弯路，不可以完全照搬美国的开发模式，应当结合本国国情。高芳英（2008）、付成双（2007，2009，2011，2012）等从历史学角度分析美国西部开发中的资源环境问题，认为美国西部开发是一部从环境破坏走向环境保护的历史。严金明（2001）分析了美国西部开发中土地利用保护的教训暨启示，即从保护土地资源的角度介绍了美国早期开发西部的历程中由于政策的导向造成对土地资源毁灭性的开发利用，改变了土地生态系统的结构和功能，使土地资源遭到了严重的破坏，诱发出自然的惩罚的情况，并探讨了对中国在实施西部大开发过程中保护土地资源的启示。孙志东（2002）分析了美国西部开发生态环境破坏方面的教训。梁红宇和杨素珍（2007）研究了美国西部开发中环保方面的失误。付成双（2011）较具体地分析了美联邦政府的西部资源政策及其对环境造成的影响。邵芬（2002）介绍了美国西部开发立法，分析了立法的历史背景和实施效果，认为美国西部开发有两大教训，一是对印第安人等少数民族文化的摧残与破坏，二是对生态环境缺乏立法保护，走了一条"先开发、后治理"的弯路，主张中国在西部开发中应当避免美国的教训，对少数民族的文化和西部自然生态环境进行专门的立法保护。苏宁（2002，2004）专门研究了19世纪后半期美国西部开发过程中出现的失误现象，分析了造成这些失误的深层次原因：西部独特的生产力要素状况、自由放任的市场经济条件、联邦政府宽松的土地政策和新教文化、个人主义的思想基础。

还有其他方面的一些研究，如徐吉福（2010）较系统地研究了军事要塞、土地投机公司、农牧业组织、矿业公司和矿业社区、铁路公司及院校等基层组织在美国西部开发过程中所起的作用，并以此为中国西部开发提供借鉴。

第二节 中国西部开发研究

关于中国西部开发的研究，国内外学术界从20世纪80年代中期至90年代初期，掀起了一个热潮并取得累累硕果（张嘉选，1996）。21世纪初，学术界开展了大量的有关西部大开发的研究，2003年以后这方面的研究有所沉寂，可检索到的文献数量呈现明显下滑的态势。2010年是西部大开发10周年，国内外学术界2010年前后对西部开发的研究重新升温。总体上看，关于中国西部大开发的研究，大致分为综合性研究和专项研究两个方面。

一、关于中国西部开发的综合性研究

（一）关于西部开发战略和理念的分析

李靖华（2000）认为，在西部开发中逐步实现区域经济的工业化、市场化、城市化和全球化，市场化是中心，他结合诺斯市场化程度衡量标准分析了西部市场化的主客观不利因素，得出主观不利因素影响更大，地理条件和地方

政府行为是最重要的两个基础性不利因素的结论，在此基础上，构建了相应的以市场化为中心的西部开发战略，指出在空间上和时间上实现"两个突破"是该战略得以顺利实施的关键。吕志辉（2002）阐述了邓小平同志的"东部先富带动西部后富实现东西部共富"的战略构想、江泽民同志实施西部大开发的区域经济协调发展战略构想及其启迪。胡东莉（2007）对新中国三代领导人关于西部开发战略思想与实践加以阐述的同时，对他们西部开发战略的共同与不同之处做了比较研究，以期揭示新中国三代领导人实施西部开发战略的深刻内涵与关联性，更好地服务于"共同富裕"的伟大构想。赵立（2011）将"三线建设"战略与"西部大开发"战略进行比较，认为两次西进运动虽然在背景和特点上都有所不同，但是借鉴和克服三线建设的优缺点对指引西部大开发更好更快更科学地发展有着非凡的意义。刘云喜（2006）运用定性定量分析、例证分析和比较分析等方法对中国以往西部开发过程中的本位观及其相应的政策措施进行了较为详细的研究分析，在此基础上得出以往的西部开发导向（主要是物本位和官本位的西部开发导向）的内在缺陷和矛盾，并结合国内外的当前实际情况，得出以人为本的西部开发导向才是中国西部开发的正确本位观选择，进而提出了西部开发人本观的内涵及其实现途径。

（二）关于西部开发问题及其对策的探讨

李德立（2000）系统阐述了西部大开发的依据、条件、难度、主要内容及对策或措施。杨艳（2002）用详细的资料，介绍了西部的资源优势和开发前景，借鉴了美国及其他国家对内陆地区开发的经验，从资源优化配置的角度详细地讨论了西部经济可持续发展中的矛盾及其解决途径。何鹏（2002）从西部大开发的战略要求出发，对在西部开发中的经济增长点（分区域、所有制和产业方面的增长点）的选择问题做了初步的研究，对经济增长点做了基本的界定，提出了我国西部开发中经济增长点选择的基本原则，做出了可供参考的经济增长点的选择。冯振环（2003）研究中国西部经济发展的脆弱性及其优化调控，为西部开发寻求新的发展思路。王健（2005）评价西部的投资环境，选择西部的优势区位，并探讨发展策略。刘德华（2005）的研究表明，西部大开发以来，西部经济出现了加快发展的好势头，但是也遇到了不容忽视的问题，即东西部差距仍在继续拉大；西部持续发展的内生增长因素远未形成；盲目开发、投资和建设现象重复出现，这些问题如不引起高度重视，将对未来改革发展稳定的大局产生严重影响。程艳（2006）认为基础设施建设是西部大开发的战略重点，公路基础设施建设则是重中之重，关系到西部的长远发展与西部大开发战略的实施，通过对西部公路的发展历史、现状及成就的研究，找出西部公路建设中存在的关键性问题是资金短缺，并在分析资金短缺问题根源的基础上，提出了解决资金短缺问题的对策。和荣（2006）通过分析西部开发战略实施以来西部的开发实践，发现西部开发中，没有形成健全的市场机制，不能充分调动各动力因素的积极性，难以形成合理有效的开发动力结构，因此，从长远看，西部开发应该借鉴发达国家或地区的成功经验，建立市场动力为主导，政府动力为辅助的动力体系。王恒（2009）系统而全面地回顾了1949~1978年西部开发的历史过程，从多方面分析其原因，阐述其所取得的巨大成就和存在的问题，探讨对现实的启示。

（三）关于西部大开发实施效果的评价

西部大开发是中国在改革开放后实施时间最长、影响范围最广的一项区域发展战略，客观评价其实施效果，不仅对于其本身的实施和完善具有重要意义，而且能够对其他区域的发展战略产生借鉴作用。大量文献从多个方面评价了西部大开发的效果（王洛林、魏后凯，2003；魏后凯、孙承平，2004；刘军、邱长溶，2006；林建华、任保平，2009；刘生龙，2009；朱承亮、岳宏志、李婷，2009；胡卫华，2011；淦未宇、徐细雄等，2011；李国平、彭思奇等，2011；毛其淋，2011；邵传林，2014；刘瑞明、赵仁杰，2015）。刘生龙（2009）运用差分内差分方法评估西部大开发对于促进西部经济增长及中国区域经济收敛的作用，结论是西部大开发的实施，使西部2000年以来的年均经济增长率增加了约1.5个百分点，促使中国区域经济从趋异转向收敛。胡卫华（2011）回顾新中国成立以来中国几次大的西部开发，认为历史上我国多次进行西部开发，但效果大都不是很好，一个重要原因是在进行西部开发时没有培育西部自我发展能力，因此，一旦国家失去外力支持，西部经济社会发展就缓慢下来。刘瑞明等（2015）基于1994~2012年中国283个地级市面板数据的研究发现，西部大开发并未有效推动西部GDP及其人均GDP的快速增长，西部大开发的政策效应没有得到有效发挥，西部大开发过程中存在着"政策陷阱"，中央政府和地方政府都过度集中于投资和资源开发，却忽视了软环境建设，造成人力资本挤出、产业结构调整滞后等不良后果，因此，未来西部大开发政策完善的重点在于加强软环境建设，重视人力资本积累。

二、关于中国西部开发的专项研究

（一）关于西部土地资源开发的研究

部分学者研究了中国西部土地资源开发问题，研究内容集中于西部土地资源开发的必要性和开发现状、西部土地产权制度创新和西部土地资源开发与利用过程中的政府行为。黎赔肆（2002）探讨西部土地资源开发中的产权制度创新原则。唐俊等（2006）分析西部土地资源开发与利用过程中的政府行为，提出存在的一些问题，并从中央及地方各级政府宏观调控职能入手，探讨如何建立有效的管理与监督机制，进一步规范政府行为。韩晓文（2011）认为，西部的开发和发展应以资源为依托，土地资源是西部经济发展的雄厚基础，其开发潜力巨大。马睐等（2012）分析了中国西部土地利用的总体现状，对西部2003~2009年土地利用类型的变化进行聚类分析，并分类提出调控对策。

（二）关于西部人力资源开发研究

关于中国西部人口资源开发，研究内容涉及西部人力资源开发状况及其对西部开发的意义及西部人力资源开发的路径。王晓霞（2001）的研究表明，西部长期发展滞后，实质是人力资源素质的落后，西部人力资源数量过剩，身体、文化和思想观念等方面的素质均低于东部省区，且性别结构、就业结构、空间结构（含城乡结构）都不合理，严重制约了经济的发展，如何开发西部，关键是如何开发西部的人力资源。刘晓艳（2003）认为，人力资本积累水平的低下是西部大开发所面临的最大障碍之一，西部人口素质的低下主要是由于教育投资力度不够造成的，应加强西部的教育投资，推动西部教育事业的发展，从而进一步提高人力资本的技能和科学技术水平，摆脱贫困，提高收入水平，促进经济增长，实现西部大开发战略的最终目标。王华兵（2003）认为，人力资本不足是中国西部落后的主要原因，通过考察西部人力资本的构成现状和投资现状，分析了西部人力资本开发方面存在的主要问题，并提出了相应对策。庄建江（2005）从江泽民同志提出的西部开发要有新思路，要大力发展地方特色经济的基本观点出发，提出人力资源开发是西部发展特色经济的关键，西部必须实施特色人力资源开发，如根据人口素质低、劳动技能水平差、文盲多的西部区情，在逐步增加的教育投资中，把有限的资金投入到基础义务教育中去，而职业教育和高等教育本着谁投资谁受益的原则，鼓励企业、个人和相关机构增加投入。张鼹（2012）对中国西部人口素质进行评价，并提出发展策略。韦欣等（2012）描述了人力资本对西部开发的战略意义，通过分析西部人力资本的特征及其配置过程中存在的问题，给出西部人力资本有效配置的具体途径。

（三）关于西部水资源开发研究

有一些成果涉及中国西部水资源开发问题。从研究内容看，这些成果主要分为以下几类：一是探讨了中国西部水资源可持续开发利用的主要目标、战略重点及对策和措施（李文明，2001）。二是总结中国西部大开发过程中水利资源开发建设的成就，如张基尧（2001）、方圆（2009）、姚润丰（2009）、张永安（2013）等学者的研究。三是研究包括西部在内的全国水权制度，如蔡守秋等（2004）对水权制度的思考、黄寰（2009）对西部水权转让制度的研究、郭平（2009）对水权初始分配体系的探讨、俞树毅等（2012）对中国现行的水权制度进行的界定、单平基（2012）对水权分配方案的制订和实施过程中环境评估的强调、李艳萍等（2015）和吴卫星（2016）对水排污许可制度的研究。四是研究包括西部在内的全国水权市场，如胡继连等（2002）分析我国的水权市场构建问题，刘峰等（2014）研究我国水权交易价格形成机制，刘峰等（2016）对典型区域水权交易水市场进行案例研究。五是研究水资源的综合利用和保护问题，如周波等（2010）探讨西部大开发中水资源综合利用模式，赵建中等（2010）和闫丽娟（2013）分析地下水资源的利用与保护，李桂连（2015）构建中国西部水资源协同治理模式，贾绍凤（2017）分析河长制的利弊和完善问题。

（四）关于西部资本资源开发研究

张佳林（2000）认为，资本形成不足是西部落后的直接原因，主张充分发挥民间投资在西部开发中的作用。孙长学（2002）借助现代经济发展理论和研究方法，从西部资本流入的具体环境、历史与现状出发，研究了西部开发资本流入的机制、模式和政策框架体系。闫芳（2003）阐述中国西部大开发过程中遇到的一个亟待解决的瓶颈问题——资金短缺，分析其原因，特别是金融层面的原因，在此基础上借鉴国际区域经济开发的经验，提出解决问题的金融发展对策。徐红梅（2003）阐述了资金要素在西部大开发中所起的重要作用，分析了西部资金短缺的现状，并通过对不同融资方式的比较，指出在解决西部融资问题上不能完全依靠政府财政投资，而需依靠市场机制，当前应主要通过改善投资环境，尤其是改善投资软环境，大力吸引国内外投资者、汇集社会资金来解决西部短缺的资金问题。彭效军（2004）认为，目前中国西部正处于市场机制回波效应促进资本要素溢出的时期，这就必然加剧西部资金短缺，开发和建设西部需要的数量巨大的资金，应主要利用市场机制，从资本市场中来，争取各类投资主体到西部投资，政府要做的就是营造资本的良好投资环境，如通过政府投入和运用法律、政策、财政等手段，努力改善西部投资环境。甘时勤（2004）通过金融与发展相关关系的分析和资金向东部"倒虹吸"式的流失研究，证明资金要素的自发流动并不能带来区域差距的缩小，反而使贫困地区雪上加霜。因此，在推进西部大开发时，应从科学发展观和全面小康建设出发，在统一金融方针下，采用设立差别利率、放宽设立金融机构的标准、增强信贷力度等特殊金融政策，以促进西部经济社会的发展。马鹏（2007）认为，金融是现代经济的核心，西部开发必须加强西部的金融发展，基于此，分析了西部开发中金融结构的现状，剖析了西部金融结构不合理的原因，并提出了优化西部开发中金融结构的对策。

（五）关于西部产业开发研究

（1）关于西部产业发展战略、目标和对策的研究。张艳辉（2000）从西部开发的产业发展问题入手，以产业经济学理论为依据，探讨了西部开发在产业发展方面面临的问题，并提出了产业发展目标及具体对策。李华清（2004）提出，制定适宜的工业化战略，加速工业化进程，是西部大开发和实现西部富强发展的首要任务，他以罗斯托的经济发展理论为依据，针对西部工业化进程中形成的两大结构缺陷（主导产业及其扩散效应弱），提出重塑主导产业、增强扩散效应的工业化战略，并为实施这一战略制定相对具体的措施。

（2）关于西部产业结构调整和构建现代产业体系的研究。张嘉卿（2008）从理论上分析了中国西部产业结构的现状、问题，并与发达地区和发达国家相比较，对其进行发展阶段定位，依据产业结构发展之客观规律，提出产业结构调整的合理发展趋势。马金书（2013）总结了西部大开发十年来西部产业结构调整的成效，并提出要进一步加快西部产业结构调整，在方向上促进产业结构的合理化与高度化，在路径上把培育特色产业作为着力点，在核心和关键上，着力增强自主创新能力，在措施上把园区经济、民营经济和县域经济作为重要抓手。王金照（2010）从宏观上探讨了中国西部如何构建现代产业体系。

（3）对西部具体产业部门或行业的研究。黄征学（2012）研究了西部能源化学工业发展与结构调整问题，认为实施西部大开发战略以来，西部能源化工产业在全国及西部产业中的地位逐步上升，但其增长质量偏低，资源浪费严重，需要因地制宜建设能源基地、协调利益主体关系和提高资源利用效率。许开录（2006）、闫华竹等（2013）、姜松（2014）等围绕中国西部农业开发的问题与对策、现代特色农业发展、农业现代化演进过程及机理开展了研究。张海丽（2013）、姜巍等（2007）、黄征学（2012）、毛中明等（2009）、陈思思（2014）、方梦园（2014）和胡亚楠（2014）等探讨了中国西部矿产资源产业、能源化学工业、高新技术产业、旅游产业和现代服务业等方面的开发和发展问题。

（六）关于西部城市化和空间开发研究

张剑波（2000）分析西部城市的优劣势、面临的机会和挑战（SWOT分析），借鉴国内外经验和教训，结合西部城市的实际，提出了西部城市化的战略和政策建议。柯颖（2002）实证分析了中国西部城市化现状，认为在目前西部普遍存在省会城市孤立发展，大中城市对广大农村地区的经济辐射力明显不足的情况下，发展小城镇对于推进西部农村城市化进程及突破西部城乡"二元结构"等具有十分重要的意义和作用。姜君涛（2003）分析西部城市化中存在的问题，提出了加速西部城市化进程的方针和政策建议。彭效军（2004）基于佩鲁的增长极理论，提出了东部极点对西部次极点飞跨式扩张及西部次极点城市对周边地区墨渍式扩张的模式。裴玮（2006）分析了四川区域空间开发现状与问题，提出了四川区域空间开发与经济发展对策。夏泽义（2001）分析了广西北部湾经济区产业空间结构现状、形成与演化机制及调整对策。

(七) 关于政府行为研究

姚慧琴（2004）阐述了西部开发中政府投资的有限性与企业快速发展的必要性，分析了西部在促进企业发展中存在的问题、成因及其对策。宋云（2005）从中观角度，考察西部地方政府在西部开发过程中的经济行为现状，分析西部地方政府非规范经济行为的成因，并力图界定西部地方政府经济职能，构建理性的西部地方政府经济行为框架，以实现西部地方政府作为领域和程度的最优化，顺利实现西部地区全面发展的目标。桑琳（2002）对已出台的西部开发税收优惠政策进行了评价，并参考和借鉴国外经验，提出了一组适应 WTO 要求的西部开发税收政策。董德新（2003）基于对我国西部开发财政税收政策的考察，提出了促进西部开发的财政税收政策取向及促进西部资源开发、经济结构调整、环境保护的财政税收对策。陆雨（2005）分析了西部开发中中央财政政策的现状与问题，提出了相关政策建议。兰西成（2005）从改革现有税制中不利于西部经济发展的税收政策，实行有利于西部区域经济发展的税收优惠政策、完善分税制等方面提出了促进我国区域经济协调发展，加快西部经济发展的税收政策建议。王中华（2008）使用面板数据 LSDV 模型对中国西部大开发政策（财政投资政策、就业政策）对西部经济增长的影响进行了实证检验，检验结果表明，对西部的投资政策确实对西部经济的增长起到了重要作用，但这一政策应随着西部开发的不断深入进行调整，进一步加大对西部教育投入和就业政策完善更能从长远上推动西部的经济发展。余永跃（2003）分析和揭示了当代中国西部大开发制度创新的动因、基点、机制、特性和模式，并对当代中国西部大开发制度创新的内容及其实施进行了探讨，旨在初步构建一个当代中国西部大开发有效的制度创新体系。

(八) 关于西部资源环境问题研究

彭珂珊（2002）认为，西部大开发中生态环境面临着水土流失加剧、地质灾害频发、干旱灾害严重、风沙危害漫延、草场严重退化和生态环境恶劣六方面的问题。冯东飞与李怀军（2004）研究发现，实施西部大开发必然要面临环境代价这一问题，为了有效地控制环境代价问题，政府必须进行有效干预，并且要加强技术进步以转变资源配置方式，还要牢固树立可持续发展观。赵茂林（2006）认为，我国西部生态环境的基本特征为土地荒漠化严重、水资源相对匮乏、水土流失严重、耕地承载力脆弱、环境污染严重，而造成这些问题的根本原因在于西部经济存在负外部性，产业结构失衡、层次低并存，西部生态环境问题必将制约西部可持续发展，因而需寻求有效的途径解决问题。孙妍等（2003）分析了西部大开发以来西部生态环境的变化，揭示出西部已取得荒漠化面积减少，水土流失得以初步缓解，森林、草原面积逐年增加，动植物种群逐渐恢复的生态成效，但仍面临着水资源短缺和环境污染依然严重的严峻形势。庞英等（2005）从数量经济角度分析得出，实施西部大开发以来，生态环境建设对农业经济增长有着巨大贡献，二者之间相辅相成，并指出我国应进一步推进退耕还林还草战略，以改善西部区域生态环境及促进西部农业经济发展。何家理（2006）认为，西部大开发战略实施以来，西部生态环境局部改善，整体恶化趋势未能根本遏制，但恶化速度相对呈下降趋势。王跃生等（2002）认为，西部开发中存在着产业转移与环境保护、生态建设与脱贫等两难选择，仅仅依靠意识觉悟提高与"排斥性政策"，难以解决问题，必须从建立西部生态补偿机制，实施参与式环保政策等制度性安排入手，破解西部开发中的生态环境难题。杜和平（2005）分析了西部环境问题及其成因，提出了生态环境保护措施。何彤慧等（2006）研究西部历次开发（秦汉时期、隋唐时期和明清时期）的生态环境背景及自然资源条件，剖析土地利用方式及其环境后果，并基于历史时期西部大开发与生态环境变化关系的研究，提出要顺应环境变化规律制定开发政策，生态建设的目标不是让西部的生态环境恢复到以前某个阶段的状况或人类期望的最佳状况，而是与现阶段当地气候相协调的自组织状态。李菲（2011）以生态足迹作为定量研究工具，分析西部开发过程中的生态悖论现象及其原因，探讨西部的可持续发展能力和应对策略，表明西部的发展模式一直处于相对不可持续状态，要实现西部可持续发展须消减生态赤字，消除生态悖论现象，缓解社会经济发展对生态系统需求的无限性与生态系统满足这种需求的生产力和资源更新能力有限性之间的矛盾。

（九）其他方面的专项研究

杭海（2011）系统总结和评价当前江苏与西部地区经济合作的基础与潜力、机制与动力及合作中存在的宏观、微观方面的问题，并借鉴国内外区域经济合作与协调发展经验，提出江苏与西部进一步经济合作，实现协调发展的政策选择。

第三节 中美西部开发比较研究

对中美西部开发的比较研究主要发生在改革开放以来，特别是随着新中国成立以来的第三次西部大开发战略的提出和实施，学术界掀起了对中美西部开发进行比较研究的热潮，相关研究成果日渐增多。在这方面主要有以下三条研究线索：

一、对中美西部开发的综合比较研究

中国西部大开发战略实施前，对中美西部开发进行综合比较研究的成果很少。较早的文献是蔡宇等（1996）对中美西部开发进行对比，并借鉴美国西部的经济开发策略，对中国西部经济开发提出了采取"梯度转移"与有条件的"增长极核发展"相结合的经济发展战略模式的建议。随着中国西部大开发战略的实施，对中美西部开发的综合比较研究的成果逐渐增多。

（1）将美国西部开发与有史以来特别是近代以来的中国西部开发进行比较。欧阳国华（2003）介绍了中国秦、汉、三国、唐、元、清等古代屯田制度、孙中山西部开发方略、毛泽东屯田思想、目前国家西部开发的理论与实践及美国的西部开发政策，分析了它们的时代特点、历史作用和经验教训。韦伟（2006）从演进历史、西部自然生态环境、人口迁移、开发主体因素、外部经济社会环境和文化传统几个方面，对美国从1848年淘金热兴起时开始的一个多世纪的西部开发与中国近代以来的西部开发进行了较全面的比较分析，探讨了中美西部开发中的经验教训及其对现代的启示。

（2）将美国西部开发与中国历史上的西部开发进行比较。滕海键（2004）对中美两国历史上的"西部开发"成败原因进行比较，认为最根本的原因在于由制度所决定的开发模式和开发道路不同，美国的西部开发与资本主义和工业化相联系，中国的西部开发与封建主义和小农经济相联系，两者的结局自然也就大不相同。

（3）将美国西部开发与新中国成立后的西部开发进行比较。李明超

(2010)从区域开发模式上对中美两国进行了实证对比,认为美国西部是吸纳移民,而中国西部是人口外溢流失;美国西部依托铁路城镇、矿业城镇、商业城镇等进行点阵形开发,中国西部以梯度理论进行席卷式开发;美国西部开发与东部有差异化,而中国西部的产业结构层次与中东部存在雷同和重复建设;美国西部开发是粗放式开发,中国的西部开发以前也是粗放式,现在必须走集约型的开发模式,从中获得的启示主要是制度环境建设、市场配置资源、农业化和工业化的推进。

(4)将美国西部开发与新中国成立后计划经济时代的西部开发进行比较。如吴江(2003)考察了美国西部开发与计划经济时代中国西部开发的具体历史过程,通过对比研究后认为,中、美两国的西部开发是在不同的背景下的不同模式,两国开发西部的目的、内容、措施等都有所不同,它们分别代表了市场经济与计划经济条件下两国区域经济发展的不同模式,美国西部开发模式是指在市场经济背景下,通过各种措施利用市场机制促进美国西部经济社会发展的区域开发模式,而中国的西部开发模式则是在计划经济的框架下,通过强有力的国家计划,集中有限资源布局中国工业,促进中国西部发展的区域开发模式,两种开发模式对中国新一轮的西部开发具有重要的借鉴意义。杨露(2005)对比了美国1775年开始的西部大开发和我国新中国成立初期对西部的几次开发,认为美国的西部开发一开始就是以自由市场经济为背景,市场在其中起了基础性作用,政府在此前提下进行了适当的干预,而中国在新中国成立初期,面对严峻的国际环境及新中国的落后局面,只有实行强政府模式,实行高度集中的计划体制。

(5)将美国西部开发与当前正进行的中国西部大开发进行比较。童星等(2003)对中美西部开发的国际国内经济环境及开发主体进行对比分析,认为美国西部开发具有绝对有利的国际经济环境和可任意进行制度建构的国内经济环境,有符合经济发展要求的开发主体,而中国西部大开发的国际国内经济环境都既定,长期以来国家是唯一开发主体,这决定了我国西部开发必须充分利用既有的国际经济环境,大力进行制度创新,改善国内经济环境,培育更多的、有活力的开发主体。久玉林(2003)认为,美国西部开发与中国当前进行的西部开发进行具有相似的开发目标和调控条件,都存在"军转民"现象,但开发基础、地理、自然资源和人口条件不同,美国西部开发的成功经验对中国西部开发具有借鉴作用。

二、对中美西部开发的单项比较研究

研究内容涉及中美西部开发中的自然资源开发、产业开发、城市化进程、开发主体、政府作用及开发模式的比较分析。

(1) 关于资源开发的比较研究。邱德华（2004）在总结分析中美西部开发所面临的主要水问题挑战的基础上，对中美西部开发的水战略进行比较研究，结果表明，科学合理的水战略的有效实施是美国西部大开发取得成功的关键因素之一，蓄水与水能开发、调水与节水、水生态环境保护、防洪保险、系统化水管理和债券融资等水战略，将是中国西部开发必须超前和优先重点实施的科学有效的水战略。严良等（2008）从矿产资源开发利用的背景、方式与效应等方面，比较了我国西部与美国西部矿产资源开发利用的相同和不同之处，并得出对西部矿产资源合理开发利用的启示。姚艳梅（2011）从教育与科技两个角度对比了中美两国西部发展的情况，提出以科技进步和人才开发来增强自我发展能力。

(2) 关于产业开发的比较研究。高翔莲等（2006）研究表明，美国西部开发包括农业开发、工业开发和科技开发三个阶段，对美国经济格局产生重要影响的是20世纪50年代开始的以高科技为先导的深层次开发，中美西部科技开发在路径、机制和主体等方面明显不同，美国经验值得中国借鉴。

(3) 关于城市化进程的比较研究。杨嗣甯（2008）对比分析了中美西部人口城市化进程，认为中国西部人口城市化水平还较低，与美国西部80%以上的人口城市化水平存在较大差距，主要原因在于中国西部经济发展缓慢，城市配套基础设施不完善，对农村剩余劳动力的吸纳能力有限，人力资源外流现象严重，并从政策、户籍制度、城市化集聚、城市能级、劳动力就业、农村问题六个方面阐述了美国西部人口城市化经验对中国西部的启示。

(4) 关于开发主体的比较研究。童星等（2003）研究发现，美国西部开发具有绝对"有利"的国际经济环境和可以任意进行制度建构的国内经济环境及符合经济发展要求的开发主体，而中国的国际、国内经济环境都是既定的，国家长期扮演着唯一的开发主体角色，中国西部开发必须充分利用既有的国际经济环境，大力进行制度创新，改善国内经济环境，培育更多的、有活力的开发主体。党庆兰（2005）对中美两国西部开发主体进行考察分析，认为在西部开发过程中，美国实行的是多主体开发，其私人、企业和各级政府等都是开发主体，而中国实行的主要是单一主体开发，除中央政府外，其他开发主体尚未出现，这是制约中国西部开发的一个重要因素，因而培养大量的多元化开发主体，是中国西部迅速开发的可靠保证。

（5）关于政府作用的比较研究。樊亢等（1988）从美国政府的土地"国有化"政策和土地分配政策两个方面考察了19世纪美国的土地政策，发现土地资源的开发和利用与土地的分配关系有着密切的联系，而土地的分配关系又与政府的政策有着密切的联系，各国土地制度和土地政策的变化及其对经济发展的作用，深受各国的历史传统、生产方式和资源禀赋等特殊因素的影响。尚志民（2002）认为，在单纯依靠市场机制并不能使各地区之间的经济发展水平差距自动缩小的情况下，美国和中国分别进行了和正在进行着以政府为主导的西部大开发活动，尽管两国的开发过程并不处于同一个历史时期，但两国在开发西部的政府优惠政策上，却存在着可比之处，并通过比较分析两国政府在西部开发过程中的优惠政策，为中国正在进行的西部大开发提出了一些可行的建议。杨素珍等（2008）认为，无论是美国历史上的西部大开发还是中国的西部大开发，政府都起了不可替代的作用，美国政府在土地政策、交通运输政策、移民政策三个方面为西部开发创造了自由、公平的竞争环境，提出对我国的借鉴意义在于政府职能的转变，即政府不再是集政策制定者、开发者、经营者于一身的"全能型政府"，其主要职能是专注于公共政策的制定和实施良好的制度环境，投资西部地区重大设施建设，引导、鼓励个体、私营等非公有经济主体投资西部建设。韦伟（2013）围绕中美西部开发史中政府的作用进行系统的比较研究，分析两者的共性因素和差异性因素，总结西部开发中政府的经验和教训及其对中国当代政府的启示。

三、针对中美西部具体区域的开发比较研究

在这方面，最早的研究成果是赵美等（1985）立足新疆开展的中美西部比较研究及刘文朝（1985）对美国西部开发成败及其对制定云南开发战略启示的分析。之后，唐立久等（1987）从自然环境、农牧业和矿业三个方面对美国西部开发与新疆开发进行了比较研究；李文华等（1989）对美国田纳西河流域与中国乌江流域的开发进行了比较研究；戎生灵（2001）分析美国西

部大开发经验,以此为鉴,探讨宁夏的大开发;党庆兰(2009)探讨了美国早期西部开发历程对我国当代西北开发的启示。

第四节 总体评价

通过前述对中美西部开发相关研究成果的回顾,不难得知,目前学术界在中美西部开发研究方面取得了不少研究成果,这对于充分把握中国和美国西部开发的历史,以丰富中国和美国西部开发史学,对于区域开发理论研究的深化和拓展,对于深入推进中国西部大开发的实践,都具有积极的意义,而且中美西部开发方面的较为丰硕的研究成果,也为中美西部开发比较研究提供了条件,奠定了基础。然而,目前学术界对中美西部开发进行直接比较研究的成果相对稀少,中美西部开发比较研究仍是历史学、经济学、社会学等学科研究中有待深化的一个重要领域。总体来看,中美西部开发比较研究存在以下两方面的问题:

(1)对中美西部开发的比较研究不够全面和系统,中观和微观层面的比较研究成果十分缺乏。多数成果基于宏观层面,从中美西部开发的历程、内外环境因素、开发主体因素及政府政策等方面对中美西部开发进行综合性比较,以总结美国西部开发的经验和教训,探讨美国西部开发对中国西部开发的启示或借鉴意义,而对中美西部开发在资源开发、产业开发等中观和微观层面上展开的过程、特点及其原因和效应等缺乏深入的考察与分析。这限制了相关研究成果对深入推进中国西部大开发实践的具体指导价值。

(2)对中美西部开发的比较研究仍缺乏深度,重点不够突出。其主要体现是,中美西部开发比较研究涉及的面很广,缺乏围绕某一(些)方面进行系统和深入比较分析的成果。

鉴于目前学术界对中美西部开发比较研究的不足,本书在考察中美西部开发特别是美国西部开发重点内容的基础上,选择基于资源和产业开发这一视角,以中美西部土地资源开发比较、人口资源开发比较、水资源开发比较与产业开发比较为研究内容,进行中美西部开发比较研究,可在一定程度上弥补学术界对中美西部开发比较研究的不足。

第五节 本章小结

目前，中美西部开发方面的研究成果较为丰硕，但其中对中美西部开发进行直接比较研究的成果较为稀少。在美国西部开发研究方面，国外学者较深入地研究了美国西部开发中的工业化和城镇化及资源环境问题，并从西部史角度对西部进行了多学科交叉的综合性研究；国内学者对美国西部开发的研究起步较晚，改革开放前研究成果很少，且侧重于揭露和批判，改革开放后，不少学者开始从正反两面进行研究，研究视角和方法多样化，相关研究成果较多，主要涉及对美国西部开发的总体性介绍和评价及资源开发、产业开发、城市化和空间开发、政府作用和制度创新或变迁及失误现象等方面的专项研究。在中国西部开发研究方面，涉及开发战略和理念分析、开发问题及其对策探讨、开发效果评价等综合性研究及西部资源开发、产业开发、城市化和空间开发与西部开发中的政府行为和资源环境问题等专项研究。在中美西部开发比较研究方面，主要围绕综合比较研究、专项比较研究与针对中美西部具体区域的开发比较研究三条主线而展开。

总体而言，目前中美西部开发比较研究仍是一个有待深化的研究领域，需要加强中观和微观层面的比较研究，需要拓展研究深度，突出研究重点。本书在借鉴前人研究成果的基础上，选择中美西部开发的重点内容，基于资源和产业开发这一视角，对中美西部开发进行比较研究，可在一定程度上弥补现有研究的不足。

第三章 中美西部土地资源开发比较分析

土地资源是指一定技术条件下和一定时间内可以为人类利用的土地，是一种重要的生产要素。在区域开发过程中，资金、人才和技术等要素可以接受区域外部的投入，但土地资源由于其位置的固定性只能在区域内部解决，而且它还担负着吸纳区内外其他要素的重任。合理开发土地资源，实现土地资源可持续利用与发展，可为区域开发营造良好的自然环境，有利于推动区域人口与资源环境和经济社会的协调发展。因此，土地资源是人类赖以生存的最基本的物质和社会经济可持续发展的最基本条件，土地资源开发对于区域开发，对区域乃至国家的可持续发展，意义重大。

相关研究表明，在美国西部开发中，土地资源开发是先导，是核心内容，对整个西部开发起了巨大的推动作用。美国西部开发成功的一条重要经验就是，以西部土地资源开发吸引其他要素流入西部，继而带动西部的农业开发、基础设施建设、城市化的推进和非农产业的发展。当然，在美国西部土地资源开发早期也产生了一些应引以为戒的问题，主要是20世纪30年代前西部土地资源开发对生态环境造成了一定的破坏，之后不得不采取应对措施。中国西部土地面积大，但目前西部土地利用率和利用效率都很低，且土地生态环境脆弱。这已得到社会各界的广泛认同。从资源环境保护和可持续发展的高度来看，土地资源是中国西部最丰富、最重要的资源，西部土地资源开发是西部大开发的基石和重要内容，是西部乃至国家可持续发展的根本。随着西部大开发战略的逐步实施，西部其他生产要素不断增加，必然引起对西部土地的旺盛需求。以保护为导向开发西部土地资源，以西部土地资源开发吸引人力和资金等其他资源向西部流动，增加西部的人气，是西部大开发成功的希望所在（顾孟迪、雷鹏，2003）。中国正在建立健全社会主义市场经济体制，西部土地资源开发需要走市场化开发之路，为此，需要学习美国经验和吸取美国教训，以便提高西部土地资源利用率和利用效率。在这样的背景下，对中美西部土地资源开发进行比较研究，必然会给深入推进中国西部大开发带来裨益。

总体而言，目前学术界关于中美西部土地资源开发比较的直接研究成果十分少见，但有一些关于中美国西部土地资源开发的研究成果，为我们开展比较研究，奠定了一定的基础。

本章在前人研究的基础上，系统分析中美西部土地资源开发，比较两者的异同，试图从中获取推进中国西部土地资源开发的启示。

第一节　美国西部土地资源开发

美国建国后，展开了大规模的领土扩张，领土由阿巴拉契亚山脉扩大到密西西比河，到19世纪中叶扩展到太平洋沿岸。为了开发和巩固西部边疆，解决政府财政困难，美国政府对西部土地资源开发采取开放的策略，制定并实施了逐步放宽的土地法规政策，先将西部土地国有化，然后通过将西部国有土地高价、大块出售，到低价、小块出售，再到无偿分配的手段，吸引成千上万移民进入西部，推动了庞大的劳动力大军与西部大量的自由土地、丰富的自然资源迅速结合。这种结合成为开发西部的巨大生产力。当然，早期的美国西部土地资源开发也产生了一些始料不及的消极后果。

一、开启西部土地资源开发进程的两大土地法令

1784年、1785年、1787年联邦政府连续制定了三个土地法令。1784年，联邦政府委托杰斐逊起草的土地法《1784年4月23日西部领地组织法》规定，西部土地为美国全体国民所共有，从俄亥俄到密西西比河之间的土地分作十六州，在居民人数达到一定的数目（原十三州的最低数额）时始可建立同东部各州完全平等的新州。因一些客观原因，这一法令未能付诸实施，但它确立的土地国有和建立新州的原则已被确认，成为以后制定土地法令的依据，对于当时很多州到西部争抢占地的现象也起到了一定的遏制作用。

1785年，美国颁布了关于西部土地测量和出售的法令《1785年5月20日西部土地出售法》。这一土地法令将阿巴拉契亚山以西的土地划分成许多面积和形状相同的镇区和地块，每个镇区为边长6英里的正方形，面积36平方英里，分为36个地块，每地块1平方英里，即640英亩，地块为出售的最小单位，每英亩的拍卖底价为1美元，规定每个镇区保留4个地块归邦联政府使用，其中第16个地块为兴办公共学校之用，同时规定在西部交通方便的地方设立土地局，经办土地的出售和转让（Commager，1988）。

1787年，美国又颁布了新的西北土地法令《1787年7月13日俄亥俄西北合众国领地组织法》，该法令以1784年土地法规为基础，具体规定了俄亥俄河以北的当时所谓西北地区土地的处理办法，后来被推广适用于整个西部。该法令进一步确定了土地国有的原则，并规定在该地区建州的条件：其一，将该地区划为1个独立的特区，先由邦联议会指派1名总督和3个行政官员管理，随着该地区人口的增多可再增划出3~5个准州；其二，任何准州人口增加到6万时，就可申请加入联邦，并享有与已有的州平等的权力；其三，在这一地区废除蓄奴制度，并保障当地居民有信仰自由和财产权（Commager，1988）。

1785年和1787年颁布的两大土地法令为西部土地的开发和建州规定了原则和具体程序，为整个西部开发奠定了坚实的法律基础，确定了后来联邦政府土地政策的基本方向，确立了国有土地私有化的法律基础。"其进步性不亚于同时问世的美国《宪法》。"（张友伦，1993b）这两部土地法令的实施，全面开启了西部土地资源的开发进程。

二、1862年前以出售为主的土地资源开发方式

从1784年颁布第一个土地法令到南北战争（1861年4月12日至1865年4月9日）之前，西部土地资源开发以出售方式为主，所有的土地法令都规定了土地价格和出售地段的最小面积，此外，还涉及发放军人土地凭证及为发展交通与教育等而向州政府赠予土地。

（一）依法进行土地销售

1785年和1787年出台的土地法规定，土地拍卖底价为1美元，一次性购买不能少于一个地块即640英亩，而且必须现金支付，购买的土地面积没有上

第三章 中美西部土地资源开发比较分析

限。土地法规定的"现金支付"与"大块出售"的方式,为土地投机埋下了种子。有资金实力的公司利用自己充足的资金,购买了大量的土地,成为大地产商,大多数的土地聚集在投机商手中,因为只有这些投机商拥有足够的资金买到法律规定的最低 640 英亩的土地,一般小农只能从投机商手中购买分成小块的土地。投机商在这个先买后卖的过程中获得了很多的利益。俄亥俄合伙公司即是当时最大的土地投机商。1787 年土地法一通过,该公司就购得 100 万英亩,实际每英亩仅折合 8 美分。之后,赛托和约翰·西姆斯两家专门为进行大宗土地买卖而成立的公司也各购得 100 万英亩(Bogue,1980)。这三大公司由此得到的土地,几乎囊括了后来整个俄亥俄准州。对于这种简单的、最直接的赚钱方式,政府当然给予支持,于是在 1796 年颁布的公共土地法令中,将土地拍卖底价提高到 2 美元(尹秀芝,2005)。政府实行这样的土地政策在当时的背景下有其合理性,因为政府迫切需要资金来应对自己的财政支出。只有实行了这样的政策,政府才能在短时间内获得大量资金。

在土地法规政策的引导下,西部土地投机行为盛行,尤其是在 1814 年对英战争结束后,西部的威胁被铲除,土地投机的规模不断扩大。19 世纪上半叶,在西部开发过程中,随着运河的开凿、铁路的铺设、工业革命的深入和农业生产工具和经营方式的变革,相继形成了几次土地投机高潮(王旭,2003)。第一次土地投机高潮大致在 1818 年前后,以俄亥俄州为中心,又称俄亥俄—密苏里—伊利诺伊土地狂热。国有土地出售到 1819 年达 500 万英亩,总量并不大,但基本上都被俄亥俄合伙公司等几家公司包揽。第二次土地投机高潮集中在 1836 年前后,以伊利诺伊州为中心。这次土地销售量远远高于前一时期,且土地投机与银行资本紧密结合的特点较明显。第三次土地投机高潮发生在 1854~1855 年,以艾奥瓦为中心。在这次土地投机高潮中,土地投机集团的购地规模从 1 万~2 万英亩上升到 3 万~5 万英亩。在几次投机高潮的带动下,1796~1860 年,共有约 2.75 亿英亩的国有土地被出售(Schoene,1983;张友伦,1993b)。

由于拓荒者和广大小农对这种有利于实力集团的土地政策强烈不满(Geraghty,2009),迫于压力,也为方便土地的出售,联邦政府曾几次调整土地法,减少出售土地面积的最低限额,放松付款条件。譬如,1800 年,国会允许出售的最小地块降至 320 英亩,即半平方英里,30 天内付 1/4,余额在 3 年内分期付清,利息为 6%;1804 年,允许出售的最小地块又降至 160

英亩,赊购条件同 1800 年法令,现金购买每英亩优惠 1.64 美元①。然而,即使如此,对当时的拓荒者和小农来说,到西部购买土地仍是难以企及的事情。在土地投机抢购风潮中,不少无能力购买土地的移民冒险直接到西部去"占地",通过"占地"来获得土地。"占地"之风在 19 世纪 20 年代和 30 年代十分盛行。

1820 年后西部的政治影响日渐增强,尤其是 1829 年杰克逊入主白宫后,结束了贵族阶层垄断总统职位的历史。杰克逊提出了"必须在实际可能的情况下,尽早停止把公共土地作为税收来源,土地应分成小块出售给定居者"的主张(邱建群,2001)。于是,联邦政府一再修订土地出售方案。根据张友伦(1984)、邱建群(2001)、王旭(2003)等的研究成果,我们不难知道,1820 年通过的土地法允许出售的最小地块降至 80 英亩,土地售价降至每英亩 1.25 美元,但须现金支付,且停止赊购;1830 年的土地法允许先占地者可以最低价优先购买,并规定此法案将每年修订一次;1832 年的土地法允许出售的最小地块进一步降至 40 英亩,再次确认先占权,但仅可现金支付,拓居者付 50 美元就可得到一块农用地;1841 年颁布《优先购买权法案》,正式承认了先占权,废除每年修订的规定,明确规定占地人有权按最低价优先购买自己开垦的不超过 160 英亩土地,但仅可现金支付;1854 年施行的《逐级降价法》规定,土地价格随土地上市时间逐年递减,从每英亩 1 美元(10 年未售土地)到每英亩 12.5 美分(30 年未售土地)不等。

(二)发放军人土地凭证

军人土地凭证产生于独立战争时期的大陆军的士兵津贴。美国建国后,国库亏空,这一做法得以沿袭。到美国内战前,美国政府发放包括美墨战争退役军人在内的土地凭证所涉土地达 7350 万英亩(王旭,2003)。获得土地凭证的大部分退伍军人及其家属往往无法举家西迁,就以低价卖掉土地凭证,于是土地投机商就以低价套购军人土地凭证,之后到西部高价出售。军人土地凭证投机风行一时,并推动了相应的土地凭证投机证券市场的发展。1852 年,国会宣布土地证券交易合法化。

---

① 参见王旭(2003)的《美国联邦政府土地出售法一览表》。

（三）向州政府赠地资助西部交通基础设施建设

美联邦政府最初是将土地赠予阿巴拉契亚山以西的州政府，用于改善和修筑通往西部的道路，解决西进移民行路难的问题。联邦政府于1796年为一条名为赞恩邮路的驿道提供了土地，这是联邦政府资助修筑的第一条道路。1802年，联邦政府将在俄亥俄出售公共土地款项的5%拨给该州用于道路建筑，1806~1817年，联邦政府为修筑东部沿海各州连接中西部俄亥俄的"国家驿道"提供了资助（韩启明，2004）。1823年，联邦政府将在俄亥俄州的公共土地拨出80773.54英亩资助该州修筑从伊利湖到韦斯特里瑟夫的道路（张友伦，2005）。

1839~1840年联邦国会会议期间，密歇根州的国会参议员诺维尔提出一项要求联邦政府向其他新州提供相当于俄亥俄州那样的赠地的议案。这一方案得以通过，把可以接受公共土地资助的新州扩大到包括俄亥俄州在内的9个州。1841年，这一议案又得到修正，把土地资助范围扩大到所有新州和将来可能加入联邦的新州。1841年的赠地法将各新州所获赠地的限额定为50万英亩，各新州可按320英亩的最低限额出售，售价为每英亩1.25美元，所得款项必须用于修筑道路、铁路、桥梁、运河和改造河道和沼泽地（张友伦，2005）。1823~1869年共有5个州获得筑路赠地，其中俄勒冈交通最为梗阻，获得的筑路赠地最多。

19世纪二三十年代美国开始运河修筑高潮。由于开凿运河的费用远远超过了修筑驿道的投资，不是当时的民间资本可以负担得起的，于是修筑运河的任务落在各州政府的肩上。到美国内战前夕，修建运河资金的73%都来自各个州政府（韩启明，2004）。联邦政府那时采用了赠地方式进行资助，从1827年国会通过决议鼓励修筑大湖区到俄亥俄和密西西比河的运河，到1860年，联邦政府为促进运河修建共拨给俄亥俄、密歇根、印第安纳、伊利诺伊和威斯康星等州的赠地达到400万英亩（Taylor，1951）。

在资助铁路建设方面，一开始铁路被视为州内运输工具，联邦政府并没有采取明确的资助措施。各州主要依靠私营体制从事铁路这种新的运输事业（Splawn，1928），州政府则采用减免铁路公司税收、发行政府债券、认购铁路公司股票和海外债券担保、州属公地转让等各种方式给予支持（荣朝和，2006）。1824年，国会曾通过法令，决定由联邦政府出资勘测线路，但东部和南部反对联邦政府向西部的铁路建设提供大量的经费和土地。虽然从1833年起，国会多次讨论过有关向铁路赠送土地的法案，但只有少数国有土地被批准作为铁路的直接建设用地。随着移民的大量西移、西部地位的提升，西部交通建设变得越来越紧迫，铁路作为长距离跨州重要交通干线的地位逐渐明显，联邦政府的态度才变得积极起来。1850年9月20日，国会通过了援助铁路建设的第一个土地赠予法令《伊利诺伊中央铁路土地赠予法》，资助修建由大湖区到墨西哥湾的铁路。该法令授权向伊利诺伊、密西西比和阿拉巴马三个州转让了作为路权的200英尺宽土地，外加每英里每侧各6平方英里的公共地块，州政府可以出售这些土地或转让给铁路公司以帮助筹集建设资金（Taylor，1951）。相应的条件则包括：铁路要保证在10年之内建成，否则土地就要收回或将出售土地的款项转为联邦政府债权；土地转让铁路必须免费运输联邦政府物资和军队，邮运运价也由国会制定；铁路公司要向州政府交纳相当于总收入7%的特别税（Wilner，1984）。后来建成的这条伊利诺伊中央铁路总共耗资2344万美元，其中绝大部分来自售卖土地所得收入，只有不到1/6的资金来自私人投资（Mercer，1982）。之后，国会于1852年、1853年、1856年和1857年通过4项赠地法案，有10个州的45条铁路获得赠地，赠地总数达到1800万英亩（Taylor，1951）。

（四）向州政府赠地支持西部教育发展

美国有通过拨赠土地支持教育的优良传统。1785年的土地法明确规定，在测量过后土地上每个城镇的第16个地段充作教育事业之用，其销售收入必须用于支持教育。当然，在执行过程中，在一些地方，第16地段早被拓荒者所占用，国会颁布的一系列先买权法案使这些占用地成为拓荒者可以取得的私有财产。联邦政府不得不另外拨地作为对教育用地的补偿。为了防止低价出售教育地段和挪用收取的售地款项，国会规定了较高的出售价，并要求有关州将出售地所得划入州的教育基金。另外，国会还将出售盐碱地和沼泽地的收入拨给有关州，用于发展教育事业（希巴德，1924）。

西部土地的迅速开发对农业技术人才提出了迫切要求，创办农学院的呼声越来越高。最初的几所农业学校是依靠私人捐赠办起来的，其规模和教学水平远远不能满足需要。1855年2月10日，密歇根议会通过了拨地兴建密歇根农学院的法令，将22个地段拨给这所学院。与此同时，马萨诸塞议会、马里兰议会、宾夕法尼亚议会和艾奥瓦议会也通过了建立州立农业院校的决议。州的财力和公共土地十分有限，很难满足农学院发展的需要。联邦政府从1862年开始大举拨地兴办农学院。

三、1862年后至20世纪30年代前以赠予为主的土地资源开发方式

美联邦政府逐步放宽土地销售法规，无法从根本上解决小农获得土地的问题，其根本症结就是土地的有价出售。事实上，自19世纪二三十年代起，西部移民就提出无偿分配国有土地的要求。进入20世纪40年代，这一呼声日趋强烈。安德鲁·约翰逊等一些有远见的政治家和西部议员也提出了无偿或接近无偿分配土地的法案，但因遭到东北部和东南部议员反对而未被通过（何黎萍，1998）。1803~1853年的50年间，美国采用武力和欺骗性购买等手段，获取了大片西部土地。伴随着西部国有土地的扩张，新州的体制问题成为当时各方面利益冲突的焦点。这反映在土地问题上，就是南部奴隶主集团与西部和东北部集团关于是否实行无偿分配土地法的争论。1861年内战的爆发打破了这种僵局。1862年5月20日，林肯政府终于颁布了近乎无偿分配西部土地的法令《宅地法》。该法迎来了西部开发的高潮，1860~1900年进入美国的移民有1400多万人，其中大多流入西部，仅1870~1880年流入明尼苏达州的就有116500人（黄绍湘，1979）。在《宅地法》之后，联邦政府又颁布了一系列处理西部土地的法令，使西部土地资源开发方式由以销售为主转向以赠予为主。

（一）为发展农业而向农民赠予和廉价出售土地

《宅地法》后来被认为是西部开发中最具推动力的土地法。《宅地法》规定，年满21岁的公民从1863年1月1日起，只要付10美元的手续费用，便可占用西部不超过160英亩的土地，在连续耕种5年并建有住房（表明已定居）后即可获得该片土地的所有权（刘宗绪，1999；张友伦，2005）。这个法令的颁布，正值美国内战南北双方呈胶着状态时，它适应了西部为数众多的小农长期以来对土地的强烈要求，因而受到了极其热烈的欢迎。据统计，1868~1900年，总共分出宅地68万份，总面积达到8000万英亩（Coman，1912）。这样无偿分配土地的方式，推动了普通移民向西垦殖，在较短时间内创造了人

数众多的西部宅地农场主阶层（香农，1990）。

《宅地法》实施的初衷是解决广大小农的土地问题，它使西进的移民直接从联邦政府手中无偿取得土地，避开了土地投机者的中间盘剥，使投机者失去了一个重要的销售渠道，从而在一定程度上限制了土地投机。

然而，《宅地法》的颁布并未完全杜绝土地投机，因为《宅地法》实施时还附有一个折偿条款或变通的规定，允许宅地申请人在宅地上住满六个月后，只要每英亩付现金1.25~2.25美元折偿费，就可提前获得土地所有权。"折偿条款成了国有土地以惊人的速度转到大公司掌握中的手段"（杨生茂、林静芬，1984），为土地投机大开了方便之门。1881~1904年分配出去的宅地中约有23%属于这种宅地（Hibbard，1965）。

《宅地法》之后，联邦政府又颁布了一些与西部农业开发有关的土地法令①。1873年颁布的《木材种植法》，允许取得宅地的农民再申请160英亩林地，如在4年内能够在1/4地段上种植树木，即可取得这个地段的所有权（张友伦，2005）。1877年颁布的《荒漠土地法》规定，一个移民若保证在3年内对他所占有的荒地至少灌溉一部分，就可按每英亩25美分的价格占用40英亩荒地，三年之后每英亩补缴1美元，就可正式取得这块土地的所有权。1878年颁布的《木材和石料法》允许出售不适宜耕种而只对伐木采石有用的土地，将大片森林以每英亩2美元50美分的价格卖给林场主和矿主。1906年又颁布《森林宅地法》，规定对森林地带可以在不伤害森林的情况下占用。考虑到160英亩的宅地面积已不再适合农田耕作，1909年又颁布《扩大宅地法》，允许移民在大多数西部州可以占据320英亩的宅地面积。到了20世纪初，美国西部所有良好的可耕地差不多已占完，剩下的多是一些偏僻、贫瘠、干旱的土地。为了加快对这些地区的开发，1912年，政府颁布《三年宅地法》。此法规定，移民在三年中，每年只需住六个月，就可无偿获得土地所有权。为加快西部畜牧业生产，1916年又通过《牲畜饲养宅地法》。这些土地法令的实施，一方面吸引了大批人口西迁，加速了西部土地开发进程；另一方面也给土地投机提供了良好的机会，影响了《宅地法》的实施，主要原因在于，一些适合于宅地的地段被人为作为荒凉土地或林木土地出售给了富裕农民和土地投机者的代理人。

---

① 相关土地法令参见希巴德（1924）《公共土地政策史》。

(二) 为发展州立农学院而向州政府赠予土地

1862年7月，美国会通过了《莫里尔农业学院土地赠予法》，即第一个莫里尔土地法。该法律规定按照每州国会议员的人数确定土地增予数额，每有一位参议员或众议员，即授予该州3万英亩土地，对于公共土地不足和完全没有公共土地的州，则发给相当数量的土地证，由联邦政府从西部拨付，各州须将出售该项土地的收益，作为创办州立农学院的资金。这些农学院被称作"土地赠予学院"或"赠地学院"。各州按该项法令总共得到1300万英亩公共土地，先后成立了69所"土地赠予学院"，其中包括麻省理工学院、康奈尔大学的一部分及伊利诺伊大学、威斯康星大学、俄亥俄州立大学等美国著名高校（杨生茂、刘绪贻，1990）。1890年通过的第二个《莫里尔法》，要求联邦政府从出售公共土地所得款项中拨出一部分给各州和领地作为那里的农工商学院的经费。

(三) 为修建铁路而向铁路公司赠予土地

自1850年的法令开了铁路土地转让的先例，到美国内战爆发前，联邦政府的铁路土地转让是通过相关州政府进行的，联邦政府将一些州内属于美国政府的土地拨让给相关州政府，再由州政府将这些土地转拨给有关铁路公司，铁路公司则在所得的土地上铺设线路，并将出售其余土地所得的资金用于设施建设和设备购置。内战前美国绝大多数铁路铺设在密西西比河以东地区（韩启明，2004）。当横贯铁路的修建对于保卫美国太平洋沿岸领土、维系国家统一、西部开发及对外贸易和扩张显示出特殊重要性时，联邦政府加大了铁路土地转让的力度（荣朝和，2006）。

由于要修建的横跨铁路经过的西部很多沿线地区当时还没有成立州，没有州政府，处于内战状态的国会决定直接把公共土地转让给铁路公司，并于1862年通过了《太平洋铁路法》。该法案决定首先修建中央太平洋铁路，特许联合太平洋铁路公司（UP）与中央太平洋铁路公司（CP）联合负责修建，规定联合太平洋铁路公司起自格林尼治线西经100度的共和河谷南岸和普拉特河谷北岸之间向西修筑，在南山口越过落基山脉，到内华达州的西部边界，其后再向西延伸，而中央太平洋铁路公司则起自太平洋沿岸到加利福尼亚州的东部边界，其后再向东延伸，双方铁路建设的延伸一直到和另一方线路相衔接为止，但必须在1876年7月1日之前完成（秦华平，2007）。

《太平洋铁路法》的主要内容包括①：①联合太平洋铁路公司可发行股份的总额为10亿美元，每份为1000美元，个人的购买量最多不超过200份，但可依法转让；②铁路公司为了铁路建设，可利用附近20英尺土地的泥土、石头、木材等建设材料，可在铁路两旁建设车站、仓库、水站、临时工房、机车器械工厂；③铁路公司每修筑1英里铁路，可得400英尺宽的路基用地及沿线两侧各5平方英里的公共地块，每建成40英里线路结算兑现一次；④按第一次抵押条件给予铁路公司贷款，利息为6%，公司在正常运行之后，开始偿还政府的贷款，贷款额具体为，每修筑1英里铁路，在平原地区为1.6万美元，丘陵地带为3.2万美元，山地为4.8万美元；⑤由于政府赠予了大量的土地给铁路公司，铁路建成之后要对政府的运输实行优惠政策。

由于正值战争期间，劳动力缺乏，加之政府赠予的土地在短时期内难以出售以及债券的发行很缓慢，资金短缺，联合太平洋铁路公司与中央太平洋铁路公司修建铁路的进展十分缓慢。于是，1864年国会对《太平洋铁路法》进行了修正。修正后，赠予给铁路公司的土地比1862年翻了一番，而且还将铁路以二次抵押的方式进行贷款，准予出售面值100美元的股票，数量由10万张增加到100万张（Wilner，1984；Ely，2002）。内战结束后，铁路建设进程加快。1869年5月，全长1900英里的中线太平洋铁路，即联合太平洋—中央太平洋铁路提前建成，这是美国第一条横贯大陆的铁路。

《太平洋铁路法》颁布后，联邦政府又赠予了大量的土地给其他铁路公司，使铁路公司拥有了超越各州的土地所有权，成为仅次于联邦和各州政府的土地所有者，铁路建设因此进入了高速发展的时期。到19世纪末，包括联合太平洋—中央太平洋铁路在内的5条横贯大陆铁路相继建成，总长7万英里，并附有无数支线（徐欣，2005）。

然而，随着西部移民渐渐增多，移民和铁路公司为争夺土地的矛盾加剧，最终联邦政府于1871年停止了对铁路公司的土地赠予。1850~1871年，联邦政府赠予各铁路公司的土地高达1.3亿英亩（张友伦，1984），再加上西部各州赠予的数千万英亩的土地，各铁路公司所得的土地近1.8亿英亩（王旭，2003）。

---

① 1862年美国第三十七届国会第二次会议的内容。

第三章 中美西部土地资源开发比较分析

四、20世纪30年代以来以保护和综合利用为主的土地资源开发方式

20世纪30年代以前的西部土地资源开发产生了始料不及的消极后果,如土地投机猖獗和土地无度利用,铁路部门因政府的慷慨赠地而成为一个空前庞大的土地帝国,操纵西部经济命脉,造成很多社会矛盾,更为严重的是造成了对西部生态环境的严重破坏。1930年以后,美国对此前对西部土地资源毁灭性的开发利用,及由此带来的生态危机进行了反思和积极应对。

(一) 20世纪30年代前西部土地资源开发对生态环境的破坏及其根源

19世纪60年代以前,美国西部土地资源的开发利用还处于初级阶段,对生态环境的影响不大。然而,《宅地法》(1862年)等颁布之后,大批移民涌入西部,由于西部大量的所谓"自由土地"的长期存在,西部土地被视为取之不尽、用之不竭的自然资源,森林被乱砍滥伐,草原被不加限制地利用,耕地被实行粗放式经营。对西部土地资源毁灭性的开发利用,改变了土地生态系统的结构和功能,最终导致大自然的惩罚。从1934年5月起,美国发生了震惊世界的一连串"黑风暴"事件,弥漫的风沙遮天蔽日,光秃的山坡和裸露的土壤等受到不同程度风蚀的土地到处可见,"黑风暴"波及美国本土27个以上的州,占整个国家的75%的面积,大草原100多万英亩的农田上2~12英寸肥沃表土全部丧失,变成一片沙漠 (Owen, 1980)。

毋庸置疑,不完善的土地资源法规是西部土地资源开发导致生态环境破坏的根源。美国人认为,土地所有权是绝对的权利,人人都有权拥有一份自己可以自由支配的土地。美国人的这种价值观和信仰对政府制定和实施西部土地法规产生了深刻的影响,土地法规制定者将西部公共土地尽快地私有化作为一个重要目的,并认为一旦转为私有,土地就会自动地被最好、最合理地使用。从1785年的土地法令规定将土地公开拍卖,到1862年《宅地法》及以后一系列土地法令的颁布,土地法规成功地将西部大部分公共土地转入私人手中。然而,私有财产具有神圣不可侵犯性,公共土地私有化的相关法规不尽合理,政府对于私人如何使用土地没有干涉的权利,土地资源开发就会不可避免地导致生态环境的破坏。

(1) 1862年前以土地出售为主要内容的土地法令的实施导致租佃农和被

租种的土地比例偏高,加之土地租赁制度的缺乏或不完善,大量租佃农地未能很好地实行水土保持措施。1862 年前美国将西部土地私有化的方式以出售为主,且土地出售一开始是"现金支付"与"大块出售",这使得大量土地特别是优良土地聚集在投机商手中,一般小农只能从投机商手中购买分成小块的土地,虽然后来土地价格和出售面积不断降低,直到 1862 年免费赠送,但到那时,适宜耕种的良田所剩无几,许多拓荒者不愿去土地贫瘠地区而宁愿或不得不租种他人的土地而成为租佃农。大量的土地让越来越多的佃农耕种,佃农耕种不属于自己的土地,在租期比较短(平均不超过两年)的情况下,总是在有限的时间里从土地上榨取最大的产出而投入的资本越少越好。与自耕农比较,佃农的土地侵蚀更重,土地肥力消耗更快,这并不是由于佃农们是较差的耕种者,而是由于租佃制度、佃赁期限及主佃关系的性质阻碍了在租佃的农地上实施良好的耕作和水土保持的措施,佃农经常性的迁移、农地租期的缺乏保障是租佃农地实行水土保持措施的最大障碍(严金明,2001)。

(2) 1862 年以后至 20 世纪 30 年代前实施的以赠予方式为主的土地法规,缺乏合理利用和保护土地资源的相关内容,进一步加深了对土地资源的掠夺式开发。从《宅地法》来看,19 世纪后半期,西部人口逐步增加,地价开始明显上涨,不少按照《宅地法》免费或低价获得土地的人们尽可能地在规定的耕种期限里用最粗放的耕作方式榨取土地产出,然后以高价将土地卖出,导致不少土地处于很差的耕作状态①;《宅地法》颁布时,可供拓居的公共土地大部分是位于子午线 100 度以西的大平原区的半干旱和贫瘠土地,对于这样的土地,必须采取旱地农业、畜牧业或灌溉农业才能合理利用,但《宅地法》中没有做出相应规定,而农民们则采用了与东部湿润土地相适应的传统耕作方式,使大片农田变成了沙土荒地。从《木材和石料法》来看,它是将大片林地转为私有的合法程序,基本无任何保护森林的内容,对木材公司极为有利,使公共土地中剩下的最好森林落入投机者手中,这些投机者进行了毁灭性的伐木,几乎把森林砍光(严金明,2001)。

---

① 如前所述,1862 年颁布的《宅地法》规定,凡是真正在美国定居的移民,只要缴纳 10 美元的手续费,便可占用不超过 160 英亩的土地,在连续耕种 5 年并建有住房(表明已定居)后即可获得该片土地的所有权;《宅地法》有一个变通的规定,即允许宅地申请人在登记后 6 个月按每英亩 1.25 美元折价购买。

第三章　中美西部土地资源开发比较分析

（二）20世纪30年代以来对土地资源的治理保护和综合利用

由于西部掠夺式的土地资源开发给生态环境造成了巨大压力，美学者特纳（Turner）提出应停止开发西部。1930年以后，美国实施新政，通过建立健全管理机构、颁布一系列法规和实施经济刺激措施，加强了对包括西部在内的全国土地资源的治理保护和综合利用，促进土地资源的利用和保护并重，维护国家长远利益。

在20世纪三四十年代，美国逐步建立和健全了土地资源开发与保护管理机构。1933年成立了著名的田纳西流域管理委员会，负责组织管理田纳西河流域和密西西比河中下游一带的水土资源的综合开发。1934年通过《泰勒放牧法》，将8000×10^4公顷的公共牧地划归国家保护，禁止在国有林地和草地上过度放牧，以免造成水土流失；1935年，美国国会通过了《土地资源保护法》（*Soil Conservation Act 1935*），在农业部下设"土地资源保护局"，专门负责土地资源保护工作；1936年，农业部公布了《州水土保持区法》（*State Conservation Districts Law*）（Platt，2004；Thomas-Van Gundy，2011；田耀、孙倩倩，2014）。《州水土保持区法》吸纳了西部大草原调查报告的一些结论，根据不同地区的地理特征和土壤状况，实行分区治理。分区制是美国控制土地使用最重要的一环，所有开发与发展管理计划几乎都使用分区制作为其土地管理手段。分区制也同时指明哪些地区是为了农地或农业使用而保留的，有些社区则规定只做农业分区，表示在该农业分区内，只允许农业及为农业服务的设施存在。到1940年，西部不少州制定了相关法案，并据这些法案设立了多个水土保持区。1946年，美国在内政部成立土地管理局，行使国家对土地的警察权。

20世纪50年代以来，主要通过颁布和实施相关法规，采用生产控制、价格补贴、差别税率、开发权转让（TDR）等经济刺激措施，来推进土地资源的保护与综合利用。1956年提出土壤储备计划，目的是要通过短期和长期两种休耕计划减少过剩农产品的生产，保护和增加农民收入，同时保护土壤等自然资源不被浪费和破坏。这个计划又包括耕地面积储备计划和土壤保护储备计划两个方面，前者规定农场主休耕一部分主要农产品土地，政府则对农场主的损失给予农产品价格补贴，该计划为期3年，后者规定农场主在1956~1960年同政府签订土地退耕计划，合同有效期为3~5年，退耕的土壤"存入"土壤银行，银行付给一定的补助（龙花楼、李秀彬，2000）。到20世纪60年代，美国西部开发进入了新阶段，先后成立了地区再开发署和经济开发署等专门机构，负责西部落后地区的开发工作，并相继颁布《地区再开发法》（1961年）、《联邦土地资源分类和多功能利用法》（1964年）、《水土保持基金法》（1964年）、《阿巴拉契亚区域开发法》（1965年）、《农地保护法》（1981年）等一系列重要法规，进一步加强对西部土地资源的保护和综合利用。《联邦土地资源分类和多功能利用法》规定对国家森林系统、土地管理局的土地及各类资源实行多功能利用，要求保持对各种用途——经济开发、娱乐、环境保护等的最优综合利用。1981年的《农地保护法》则赋予政府通过实施差别税率、开发权转让（TDR）等土地资源管理方式，控制农用地向非农用地转换（Carr Childers，2011）。政府通常会购买开发权，在交易中付给地主非农开发价值与农业用途之间的差额，以保护农地，因为一旦政府购买开发权后，该土地只限于农用（王凤春，1999）。自然环境因素逐步成为影响土地开发模式转换的重要力量（Jawarneh et al.，2015）。

五、土地资源开发对西部开发的推动作用

总体上看，美国西部土地资源开发取得了成功，推动了西部农业开发和农业现代化，促成了横贯大陆的铁路建设，促进了西部城市化，对西部开发乃至美国崛起起到了巨大的推动作用。

（一）推动了西部的农业开发和农业现代化

美国西部土地立法与土地资源开发互为一体，可以分为有偿分配国有土地与农业资本主义产生、无偿分配国有土地与小农土地所有制、小农转变为农场主和雇佣劳动者三个阶段，这三个阶段互相衔接、互相交织，构成了农业资本主义化的全过程（何黎萍，1998）。这一过程也是西部农业开发乃至农业现代化的过程，土地资源开发与农业开发密不可分。西部土地法规政策经过了较长时间的不断调整和完善的过程。通过这一过程，大批移民西进垦荒，无数自耕农得以形成，与此同时，也形成了土地投机者、大商人及资本家等大土地所有者对小农的剥夺及小农之间的竞争机制，导致了农业资本家和雇佣劳动者的资本主义生产关系的形成和农业中资本主义生产方式的确立及资本主义大农场的出现。

1784年、1785年和1787年的三个土地法确定了公共土地国有化及大块有价出售的原则，虽然有利于土地投机家，无法满足普通移民和拓荒农民对土地的要求，但西部土地投机既可加速资本积累，又能吸引东部雄厚的商业和金融资本进入西部，在西部造就出大土地所有者，形成大土地所有制，为西部农业资本主义生产方式的发展奠定了制度基础。事实证明，依据这三个法令所建立的早期大土地所有制和国有化土地，构成了美国西部农业资本主义生产方式的萌芽。

土地国有化不等同于资本主义农业，农业资本主义生产方式的完全建立有待于对西部土地资源的进一步开发，这取决于联邦政府土地法规政策的导向。要使西部得到全面迅速的开发，在当时还要依靠在西部建立小农自由土地所有制，虽然它不是直接意义上的农业资本主义，但可以在这里形成自由竞争的场所，使资本主义生产方式获得应有的生长环境，相反，如果只推行有利于大土地所有制的立法，就不能使西部得以迅速开发，从而严重阻碍资本主义经济的发展（何黎萍，1998）。然而，美联邦政府开始并未充分认识到小农自由土地所有制对农业资本主义所具有的重要意义，只是迫于广大人民群众的压力，逐步放宽土地出售政策，减少出售土地面积的最低限额，放松付款条件，降低土地出售价格，甚至通过优先购买权法案，允许非法占地者有优先购买自己开垦的土地的权利。内战前土地出售政策的逐步放宽，虽然不能满足小农无偿得到土地的要求，但能吸引东部一部分自耕农和土地投资商，更吸引了大批外国移民，对推动西部农业开发起到了积极作用。

1862年的《宅地法》及之后的一系列土地法规的实施，使西部一大批自耕农应运而生，西部耕地面积和农场数快速增长，造就了西部宗法式小农经营的自由经济。据统计，1860～1900年，美国农场数从200万个增加到600万个，其中近70%是西部农场（何黎萍，1998）。小农经营的自由经济随着西部农业发展及东部工业革命的完成，逐渐向商品经济演变。在充满竞争与兼并的自由资本主义发展过程中，西部小农逐步两极分化，独立的小农和小农场主被分化瓦解，大土地所有者成为大农场主，西部农业生产中形成了雇佣劳动的生产关系。到19世纪末，西部资本主义大农场已在美国农业生产中占据了统治地位，这是农业现代化的一个重要标志。

（二）促成了横贯大陆的铁路建设

美国西部开发过程中乃至整个美国历史进程中最令人瞩目的现象之一，就

中美西部开发比较研究

是在19世纪后半期头20年的时间里铺设了五条横贯大陆的铁路。这五条大铁路总长7万英里,并附有无数条支线,深入到西部腹地,对西部开发起到了难以估量的作用。当时,美国东部还处于工业化发展的过程中,很多方面都需要资金和劳动力,在这种情况下,仍能在西部广袤的地域上完成如此浩大的工程,无疑是个奇迹。导致这个奇迹出现的因素很多,美联邦政府的西部土地法规政策无疑是一个很关键的因素。

1850年的《伊利诺伊中央铁路土地赠予法》开了铁路土地赠予的先例,到美国内战爆发前,联邦政府通过州政府对铁路公司的土地赠予,对密西西比河以东地区铁路铺设起到了至关重要的作用。随着西部开发的推进,横贯大陆的铁路建设显示出特殊的重要性时,联邦政府加大了铁路土地赠予的力度,直接对铁路公司赠予土地,并允许铁路公司发行股份,为铁路公司提供抵押贷款。这些可从1862年通过的《太平洋铁路法》和1864年国会对《太平洋铁路法》的修正案中体现出来。

(三) 促进西部城市化

美国城市的起源可追溯到殖民地时期,但直到美国独立战争爆发之前,美国西部城镇的数量和规模都极为有限,有学者估计总共只有十几个。这些城镇主要出于军事、贸易或传教的需要而建立起来。西部第一个城镇是1609年统治墨西哥的西班牙传教士所建的圣非,1701年法国探险家安东尼·卡迪拉克在圣克莱尔湖和伊利湖之间的狭地建立了底特律,此后,法国殖民者在五大湖和密西西比河一带建立了卡斯基亚和新奥尔良等(何顺果,1992)。

在美国西部城市发展史上,许多城市的兴起与美国政府的公共土地法规政策有关,它们是由公共土地的领有者即土地投机公司直接建立起来的。美国政府为了鼓励人们迁往西部及解决财政困难、充实国库,通过颁布土地法令(如1785年的土地法令)将公共土地分大块出售,这吸引了众多的土地投机者。他们购买大片西部土地,以市镇所有者的身份带着一批人员到该地选址,然后再以高价向移民出售镇址地皮并从中获利,即进行镇址投机,由此在西部建立起一个个新市镇,成为西部新兴城市起源的重要因素之一(希巴德,1924)。以这种途径兴起的城镇在西部各地不同时期都能见到,尤其是以中西部(主要是大湖区)为多,如克利夫兰、辛辛那提等(徐欣,2005)。它们并不是正常成长起来的,而是政府一系列土地法规政策的直接产物。这类城镇促进了美国土地的市场化流动,使土地作为一种商品融入西部的市场经济,由此推动了美国西部城市化的进程(刘建芳,2003)。

铁路是19世纪后期美国西部城市化迅速扩展的"无可争议的重要原因"(王旭,2000)。铁路建设带动了西部城市化的高速发展,带动了西部的大规模开发,成为19世纪后期美国经济起飞的支撑力量。铁路建设的巨大贡献与政府的土地法规政策密切相关。1862年《太平洋铁路法》的颁布,开始了横贯大陆的铁路建设时代,政府给予铁路公司慷慨的土地赠予,使铁路部门逐渐成为一个空前庞大的土地帝国,镇址投机便与铁路建设结合起来。铁路土地帝国设法使土地增值,除了直接向移民出售土地外,更重要的是专设一些城市开发公司,自行设计与创建城镇,形成别具一格的铁路城镇。铁路公司奇迹般地创建了众多城镇,其速度在美国历史上唯有矿业城镇才可与其相媲美(王旭,2000)。在铁路公司创建城镇的过程中,诱人的投机利润吸引了其他土地投机商,他们或随铁路的延伸同步,或赶在铁路铺设之前选址建镇,有时买下数个地块乃至全部地块,待价而沽,使镇址投机现象进一步强化。在横贯铁路的建设过程中,除了通过镇址投机创建了许多铁路城市外,还因铁路的修建而附带地形成了一些城市(有些铁路工程驻地被保存下来,逐渐发展为城市)。此外,横贯铁路的修建使西部原有城市人口增加,城市规模扩大,城市经济兴旺。这样,铁路与西部城镇彼此推动,互为因果,由此造成城市化在原有的矿业开发基础上跃进一步,呈现全新的局面。

第二节 中国西部土地资源开发

中国西部地域辽阔,土地面积占全国土地总面积的70%以上,而人口相对稀少,不到全国总人口的1/3。西部土地资源总量大,不仅可耕地面积大,而且还有大量的园地、林地、草地乃至荒地可供开发利用。土地资源丰富是西部最大的资源优势,是西部的比较优势。但目前西部土地开发利用程度较低,土地资源比较优势还没有转变为经济优势。推进西部大开发,需要提高西部土地资源的利用率和利用效率,深度挖掘西部土地资源价值。

西部大开发战略实施以来,中央政府比较重视西部土地资源开发工作,以

《中华人民共和国土地管理法》《全国土地利用总体规划纲要（1997~2010年）》和《全国土地利用总体规划纲要（2006~2020年）》等法律法规为指导，遵循"正确处理环境保护与经济发展的关系"等原则，采取了一系列优惠政策和措施开发西部土地资源。这些政策措施主要体现在《国务院关于实施西部大开发若干政策措施的通知》（国发［2000］33号）、《国务院办公厅转发国务院西部开发办关于西部大开发若干政策措施实施意见的通知》（国办发［2001］73号）、《财政部、国家税务总局、海关部署关于西部大开发税收优惠政策问题的通知》（财税［2001］202号）、《国家税务总局关于落实西部大开发有关税收政策具体实施意见的通知》（国税发［2002］47号）、《中共中央国务院关于深入实施西部大开发战略的若干意见》（中发［2010］11号）、《国土资源部关于贯彻落实〈中共中央国务院关于深入实施西部大开发战略的若干意见〉的意见》等文件中。

在土地资源开发管理体制方面，西部与全国其他地区没有实质的区别。中央政府作为国家的最高管理者和国有土地的所有权人，希望能够保有一定数量的耕地来维护国家的粮食安全；希望增加建设用地，以促进经济的平稳较快发展，推进中国的城市化和工业化；希望深化土地市场改革，完善国有土地有偿出让制度，推动土地市场的健康发展，增加国有土地的资产价值和收益，防止各地恶性竞争和官员腐败；希望保护其他土地权利人（比如农民和城市居民）的利益。于是，中央政府通过颁布土地管理法律法规，制定国家土地利用总体规划，然后将其分解为土地年度利用计划，层层下达给代理人——地方政府，并对地方政府的违规行为进行政治考评等行政规制和法律制裁，地方政府则在中央政府的领导下对本辖区内的土地资源进行具体的开发管理，包括土地征用和储备、国有土地划拨和使用权有偿出让及土地市场管理等，从而形成了目前中国城市土地国有、政府通过征地等对农村集体土地实际控制的制度安排及由中央政府制订土地供应（利用）计划，逐级下达指标，而实际供地由地方政府完成的土地开发供应模式，这对土地资源配置效率及宏观经济增长产生重要影响（丰雷等，2013）。目前，西部土地资源开发在土地生态建设、耕地特别是基本农田的保护及基础设施建设用地保障等方面取得了明显的成效，但也存在一些不容忽视的问题。

第三章 中美西部土地资源开发比较分析

一、西部土地生态建设的大力推进

西部土地生态环境脆弱，西部土地资源开发必须以生态建设为核心。为此，中央政府制定并实施了财政转移支付、土地利用和金融信贷支持等方面的政策措施，西部的地方政府也相应制定了一些配套措施，以推进土地生态建设。

(一) 国家加大对土地生态建设的财政转移支付力度

国发〔2000〕33号文件要求，在西部土地生态建设方面，要加大财政转移支付力度，即对国家批准实施的退耕还林还草、天然林保护、防沙治沙工程所需的粮食、种苗补助资金及现金补助，主要由中央财政支付，对因实施退耕还林还草、天然林保护等工程而受影响的地方财政收入由中央财政适当给予补助。为落实〔2000〕33号文件精神，国办发〔2001〕73号文件做出了如下具体明确的规定：

（1）在实施天然林保护工程方面，国家在安排基建投资、财政专项补助资金和对地方财政减收补助资金等方面给予支持。基建投资包括封山育林育草、飞播造林、人工造林和种苗设施建设补助等。财政专项补助资金包括森林管护事业费、国有林区森工企业基本养老保险补助费、政策性社会性支出补助费、下岗职工基本生活保障费补助和下岗职工一次性安置费补助。对因实施天然林保护工程影响地方财政收入部分，中央财政在一定时期内给予适当补助。对森工企业因木材产量调减造成无力偿还的银行债务实行先停息挂账，然后在清理核实的基础上，通过冲销呆坏账等方式予以解决。

（2）实施财政转移支付政策，开展退耕还林还草试点工作。①每年对退耕地按照一定标准补助粮食，补粮价款由中央财政承担，调运费用由地方财政承担；②国家给予退耕户适当的现金补助，所需资金由中央财政负担；③国家按退耕还林还草和宜林荒山荒地造林种草面积向退耕户提供种苗费补助，所需资金由中央基建投资安排；④对因实施退耕还林还草影响地方财政收入部分，由中央财政在一定时期内给予适当补助。

(二) 国家对利用未利用土地进行生态建设实施土地使用优惠政策

国发〔2000〕33号文件要求，在西部土地生态建设方面，要实施土地使

中美西部开发比较研究

用优惠政策,即对西部荒山、荒地造林种草及坡耕地退耕还林还草,实行谁退耕、谁造林种草、谁经营、谁拥有土地使用权和林草所有权的政策。各种经济组织和个人可以依法申请使用国有荒山荒地,进行恢复林草植被等生态环境保护建设,在建设投资和绿化工作到位的条件下,可以出让方式取得国有土地使用权,减免出让金,实行土地使用权50年不变,期满后可申请续期,可以继承和有偿转让。国家建设需要收回国有土地使用权的,依法给予补偿。对于享受国家粮食补贴的退耕地种植的生态林不能砍伐。为此,国办发〔2001〕73号文件具体规定,要有计划、有步骤地对坡耕地退耕还林还草,鼓励利用宜林宜草荒山、荒地造林种草,实行谁退耕、谁造林、谁种草、谁经营、谁拥有土地使用权和林草所有权。如果使用的是国有未利用土地,具体优惠政策措施包括:①国有荒山、荒地等未利用地依法出让给单位和个人进行造林、种草等生态建设的,可以减免土地出让金,实行土地使用权50年不变;②达到出让合同约定的投资金额并符合生态建设条件的,土地使用权可以依法转让、出租、抵押;③土地使用权期限届满后,可以申请续期。如果利用农村集体所有的荒山、荒地等未利用地进行造林、种草等生态建设的,可以通过承包、租赁、拍卖等方式取得土地使用权,实行土地使用权50年不变,土地使用权可以继承、转让(租)、抵押。

(三) 国家对土地生态建设给予金融信贷支持

国办发〔2001〕73号文规定增加生态建设的信贷投入,要配合退耕还林还草、封山绿化等生态环境建设工程,对一些有还贷能力的速生丰产用材林、经济林、山野菜、中药材开发及个体苗圃等项目,增加信贷投入。

(四) 地方政府结合本地实际制定并实施相关政策措施

西部的地方政府在贯彻落实上述中央政府政策措施的基础上,还结合本地的实际,制定并实施了较为具体的政策措施。如新疆维吾尔自治区《关于西部大开发土地使用和矿产资源优惠政策的实施意见》规定,在国有未利用荒山、荒地和荒滩进行造林种草等生态建设,凡达到合同约定协议并符合生态建设条件的,允许从中划出不超过20%的土地,依法按协议出让最低价办理出让手续后用于其他经营;国有和集体所有的荒山、荒地和荒滩等未利用土地权属界线按照当地进行的土地初始登记确定。国土资源管理部门对退耕还林还草或在未利用地进行造林种草等生态建设的,应及时进行土地登记或变更登记。

二、基本农田保护和耕地占补平衡制度

耕地是种植农作物的土地。基本农田是耕地的一部分,而且主要是高产优质的耕地,是按照一定时期人口和社会经济发展对农产品的需求,依据土地利用总体规划确定的不得占用的耕地。在中国耕地是受到严格保护的,18亿亩的耕地红线是不能越过的界限。但中国社会经济建设不免会占用耕地,西部也不例外。对西部耕地,国家实行严格保护基本农田、实现耕地占补平衡的制度。国发〔2000〕33号、国办发〔2001〕73号、《中华人民共和国耕地占用税暂行条例》等文件做出了相应的规定,且地方政府相应制定并实施了一些具体的政策措施。

(一)开展土地整治和基本农田建设

中央政府支持西部开展土地整治和基本农田建设。一是提出划定基本农田的标准。规定坡耕地较多的地区,为保护当地粮食生产能力,在不影响生态建设的前提下,依据土地利用总体规划,可以将部分已经过多年整治、有良好的水利与水土保持设施的坡度为15°~25°的耕地划定为基本农田,也可以将部分配套设施较好的新开发整理的耕地划定为基本农田;可以按照有关规定,调整基本农田种植业生产格局,发展经济作物,但不得破坏耕作条件。二是鼓励开展土地整理复垦开发工作,增加耕地的数量,提高耕地的质量。在这方面,中央政府规定土地整理项目应优先安排在基本农田保护区内,使保护区内有效耕地面积不断增加,质量不断提高;增加国家对西部土地整理复垦开发资金的投入,西部各省(自治区、直辖市)上缴中央的新增建设用地土地有偿使用费,原则上通过安排土地开发整理项目全额下拨;把未利用土地开发成草地、园地,经政府有关主管部门认定能调整为耕地的,可折抵补充耕地指标,按耕地加以保护和管理。

(二)实行非农业建设占用耕地补偿和缴纳相关税费制度

《中华人民共和国土地管理法》第三十一条规定:国家实行占用耕地补

偿制度，非农业建设经批准占用耕地的，按照"占多少，垦多少"的原则，由占用耕地的单位负责开垦与所占用耕地的数量和质量相当的耕地；没有条件开垦或开垦的耕地不符合要求的，应当按照省、自治区、直辖市的规定缴纳耕地开垦费，专款用于开垦新的耕地；省、自治区、直辖市人民政府应当制订开垦耕地计划，监督占用耕地的单位按照计划开垦耕地或按照计划组织开垦耕地，并进行验收。《中华人民共和国耕地占用税暂行条例》（中华人民共和国国务院令第511号）规定，占用耕地建房或从事非农业建设的单位或个人，为耕地占用税的纳税人，应当依照本条例规定缴纳耕地占用税。虽然国办发［2001］73号规定了一些免征耕地占用税的情况，但同时规定，如果免税用地改变用途，不再属于免税范围的，应当自改变用途之日起补缴耕地占用税。

三、森林、草原、湿地等生态功能区的生态效益补偿工作

中发［2010］11号文件提出，按照谁开发谁保护、谁受益谁补偿的原则，逐步在森林、草原、湿地、流域和矿产资源开发领域建立健全生态补偿机制。这意味着将对西部林地、草原、湿地等生态功能区的生态效益补偿问题提上了议事日程。具体内容包括：逐步提高国家级公益林森林生态效益补偿标准；按照核减超载牲畜数量、核定草地禁牧休牧面积的办法，开展草原生态补偿；抓紧研究开展对湿地的生态补偿；充分考虑大江大河上游地区生态保护的重要性，中央财政加大对上游地区等重点生态功能区的均衡性转移支付力度；鼓励同一流域上下游生态保护与生态受益地区间建立生态环境补偿机制；加大筹集水土保持生态效益补偿资金的力度；加快制定并发布关于生态补偿政策的指导意见和生态补偿条例。

四、对西部开发建设用地的保障或优惠措施

由国发［2000］33号、国办发［2001］73号、中发［2010］11号等文件可知，为确保西部大开发各项工程建设的顺利推进，中央和地方政府采取了一系列优惠措施，及时提供并保障西部开发建设用地。主要措施如下：

（一）简化建设用地审批程序

简化建设用地审批程序，以提高建设用地审批效率，这在国办发［2001］73号文和中发［2010］11号文中都做了相应的规定。具体要求是，建设项目占用农用地，或征用集体土地需报国务院批准的，在用地报批阶段，国土资源管理部门主要审查是否符合土地利用总体规划与计划、耕地占补能否平衡、征地补偿安置能否落实，报批材料根据审查内容应尽可能简化。

（二）依法进行建设用地征地补偿安置

建设用地征地补偿安置中，要求严格依法进行，杜绝各种"搭车"收费，切实保护好农民的利益，对于使用国有未利用土地的，可免缴土地补偿费。

（三）对西部建设用地实行计划指标倾斜和分类指导

具体措施包括：①在安排土地利用年度计划指标时，适度向西部倾斜，增加西部年度新增建设用地指标和占用荒山、沙地、戈壁等未利用地建设用地指标；②优先安排产业园区建设用地，基础产业、基础设施和公共设施用地，保障承接产业转移的必要用地，支持现有各类国家级开发园区扩区调位和有条件的省级开发园区升级为国家级开发园区。

（四）对西部建设用地实行税费和用地出让金等方面的优惠

国家规定，基础设施建设占用耕地的，在保证耕地占补平衡的前提下，其耕地开垦费可按各省（自治区、直辖市）所定标准的下限收取。公路国道、省道建设用地比照铁路、民航建设用地免征耕地占用税，其他公路建设用地是否免征耕地占用税，由省级人民政府决定。免征耕地占用税的范围限于公路线路、公路线路两侧边沟所占用的耕地，公路沿线的堆货场、养路道班、检查站、工程队、洗车场等所占用的耕地不在免税之列。在建设用地出让金收取方面，国家规定，建设项目用地除法律另有规定外，依法有偿使用国有土地，鼓励以招标、拍卖等方式供地，在一些情况下可以实行优惠。①未利用地用于工业的用地出让金最低标准，可区别情况按全国工业用地出让最低价标准的10%~50%执行。②西部开发园（区）建设用地的基准地价可适当降低。③外商投资项目用地确属必需的，经批准可以用国有土地使用权作价入股、作价出资的方式提供国有土地使用权。④地方政府规定的一些优惠,如新疆规定,建设项目使用城市规划区外国有未利用土地的,可以依法以最低价出让,也可以以土地作价入股;以租赁方式和出让方式取得国有土地使用权的,区别经营期限的长短、是否从事产业鼓励类产业及是否投资于国家和自治区确定的扶贫工作重点县、重点乡,实行不同的优惠。

五、土地资源开发存在的问题

从中国土地资源开发管理体制来看,西部土地资源开发是在中央政府的领导下,由各级地方政府具体组织实施的。由于20世纪80年代以来,特别是1994年分税制改革以后,地方政府拥有了自身独立的利益需求,中央政府与地方政府之间总是存在一定的利益冲突或矛盾。中央政府与地方政府目标函数不一致、二者间激励契约不健全及土地宏观调控中地方政府定位不明确等原因,导致"开发区热""违法用地""土地财政"、工业用地低效利用的同时住房价格高涨等现象和问题(丰雷等,2013)。这些现象和问题的存在,表明在中国目前的土地资源开发管理体制下,出现了一些地方政府规避中央政府限制从而忽视长远利益的掠夺土地行为,即一些学者所提到的地方政府的攫取行为。尽管中央可以进行严厉的监控,以权力上收、人事任免权等措施来惩罚地方官员,但地方政府并非完全束手无措,他们总是能够利用自己掌握的资源,或利用中央土地政策自身的矛盾性①,开辟出新的巩固和扩大自身权力和利益的疆域(程雪阳,2013)。中央一直在推行制度化,打击地方政府的攫取行为,但从整体上来说,地方政府的攫取行为并没有被遏制(容志,2010)。

在中国西部土地资源开发中,既存在地方政府的攫取行为,也有中央优惠政策下产生的隐患问题。

(一) 一些城市地方政府大规模圈地导致城市无序蔓延和资源浪费

学界研究表明,中国地方政府官员有增加地方的财政收入和增加升迁概率的双重激励,从而热衷于招商引资,扩大城市规模,发展工商业,以促进经济

---

① 中央的政策要兼顾保护耕地、增加建设用地以推进城市化和工业化、深化土地市场改革以增加国有土地的收益和防止各地恶性竞争和地方官员腐败、保护公民的土地权利等目标,而这些目标间常常相互冲突,比如耕地保护、公民权利保护与城市化、招商引资之间往往很难协调。

增长，而中国现行的农地制度和土地管理制度为地方政府的"为增长而竞争"的行为努力，提供了可以突破的空间。因此，中国地方政府之间的"占地竞赛"普遍存在（罗必良、李尚蒲，2014）。在中国西部土地资源开发中，一些城市地方政府利用对本地国民经济和社会发展规划、城市规划和乡村规划的制定权，利用各种规划间一定的位阶混乱特性，依法规避或突破国家土地利用总体规划的限制，大规模圈地，通过土地价格的"剪刀差"获取土地财政收入，通过廉价出让土地资源吸引投资获取发展机会，最终导致一些城市无序蔓延，浪费土地等资源（程雪阳，2013）。

城市总体规划编制权归各城市政府所有，地方政府总是强调"规划先行"的重要性，利用地方国民经济和社会发展规划、城市总体规划这两把利斧斩断或松动中央土地利用总体规划加之其上的束缚，大手笔进行超前城市的总体规划，扩大城市规模，或重新规划城市新区，将城市规划区内的集体土地征收为国有或无偿国有化，用于城市发展。尽管《城乡规划法》要求省级人民政府所在地的城市及国务院确定城市的城市规划须由国务院最终审批，但负责审批的是城乡建设部门而非国土资源部门，中央政府部门间的信息阻隔、利益冲突及各种规划间的彼此摩擦，为地方政府提供了突破土地利用总体规划的绝佳机会（程雪阳，2013）。

《城乡规划法》赋予地方政府乡村规划权。该法要求乡镇规划和村庄规划应当从农村实际出发，尊重村民意愿，体现地方和农村特色，要根据本地农村经济社会发展水平，按照因地制宜、切实可行的原则，确定应当制定乡规划、村庄规划的区域。但是在发展经济、增加财政收入的刺激下，一些地方政府往往是迅速制定全范围的乡镇规划和村庄规划，然后开展土地整理，强行撤村并居，令农民集中居住，最后将节省下来的建设用地指标和新增加的耕地复垦指标用于城市建设。国土资源部推行的旨在增加耕地的"城乡建设用地增减挂钩试点"也就意外地成为了地方政府圈地拆建的有力工具（程雪阳，2013）。

（二）一些地方因建设肆意侵占耕地而致耕地数量减少或质量下降

近年来中国耕地数量在减少，西部也不例外。耕地减少的途径包括建设占用耕地、生态退耕占用耕地、农业结构调整占用耕地和灾毁耕地，后三种途径导致的耕地减少，对耕地保护和粮食安全不具有根本性的破坏力。闵登和周维（2014）调查10个省市的耕地减少情况发现，城镇建设用地是造成中国近年耕地数量减少的主要原因，这些占用耕地中有相当一部分属于未批先用、非法占用；有些被圈占的耕地并没有真正开发，而是被长期闲置、撂荒；数量众多、面积惊人的开发区占用耕地量不容小视，如重庆市曾撤销了50多个开发区；近一段时期各地热衷于开发大学城也占用了不少耕地，如陕西的西部大学城占地400公顷。

耕地质量也存在下滑趋势。由于中央下达的任务是实现耕地的总量动态平衡，而不是某块土地一旦被确定就永久不得变更用途，加上基本农田等耕地质量标准规定模糊，地方政府在保持耕地的总量动态平衡方面有很大的操作空间，可以一方面占有大量的优质耕地去招商引资，发展工商业；另一方面又不断对那些劣质土地进行开发复垦，以完成甚至超额完成耕地保护指标，但补充的耕地质量却大大下降，甚至出现了基本农田被规划在鱼塘、河滩里，或出现在无法耕种的山坡上等"基本农田上山下水"的状况（程雪阳，2013）。

地方政府之所以不顾违纪而肆意侵占耕地，根本原因在于土地市场改革滞后。研究表明，目前中国地方政府的占地竞赛在相当程度上源于农地产权制度的残缺（罗必良、李尚蒲，2014）。对农民集体土地征用补偿采取计划经济体制下以土地衍生物价值补偿的方式，补偿标准不是按土地的实际价格，而是以被征地若干年的原用途产值为标准，明显偏低，而征用后土地出让完全采用市场经济方式，造成征用补偿和土地出让收益间的巨大利差。一些地方政府受巨大利益的驱动，自然置耕地保护责任于不顾。虽然中央政府的土地监察有助于减缓地方政府行为，但是并不显著（罗必良、李尚蒲，2014）。

（三）一些地方土地管理部门存在权力过于集中和滥用等问题

总的来说，中国土地管理监督机制不太健全。2006年前，中国土地监察主要依据1997年颁布的《中华人民共和国行政监察法》，按这一法令，除了土地利用总体规划编制权的监察外，土地供应的其他权力的行使均由地方监察机关进行监察。2006年，国家土地监察制度的建立可看作是一次集权式改革，建立了跨区域的土地督察制度，土地监察权力上收至国务院（由国土资源部代理）①。

---

① 国务院办公厅《关于建立国家土地督察制度有关问题的通知》出台，标志着中国正式启动了土地督察制度，开始设立国家土地总督察及其办公室，并向地方派驻国家土地督察局。国土资源部根据国务院的授权代表国务院对各省、自治区、直辖市及计划单列市人民政府土地利用和管理情况进行监督检查。

然而，中央政府的监察具有事后性（事后惩罚），有时甚至是中央对宏观经济过热的"运动式"应急反应，主要靠道德教化、政党纪律或严厉的行政惩罚措施进行约束[1]，而且主要关注于经济发达地区，忽视了中西部省区不断加剧的"占地竞赛"（罗必良、李尚蒲，2014）。国家土地监察制度本身存在缺陷，无法从根本上解决地方政府的土地违法问题，最终导致地方土地管理部门工作人员权力过大，滋长了权力滥用甚至腐败行为，如随意划拨土地、随意征收和批地滋生寻租、土地资源浪费、国有资产流失和农民权益受损等诸多问题，这些对土地资源的优化配置极为不利。

（四）地方政府对待国家土地利用总体规划存在一定的随意性

具体表现是，不少省级以上重点基础设施建设项目在土地利用总体规划文本和图件中均未作用地安排，按照国土资源部国土资发〔2000〕201号等文件精神，在这部分基础设施建设项目用地报批时，对原土地利用总体规划进行相应修改，并附调整前后土地利用规划图件局部的复印件即可，这必然导致土地利用总体规划调整过于频繁，影响规划顺利实施。

（五）地方政府在土地产权制度的改革等方面缺乏因地制宜的创新

改革与完善土地产权制度，是促进土地资源合理开发，实现土地资源优化配置的需要。西部不同的省份、同一省内不同的地区的生产力状况和经济水平是不同的，地方土地管理部门应该在全国土地制度框架内，适应本地区的经济发展状况和生产社会化程度，因地制宜地探索土地产权制度改革模式。如根据每宗土地的出让方式、项目性质、用途、用地者的意愿及经济承受能力灵活确定土地使用年限，据具体情况和用地者的意愿确定土地使用权取得方式，可以招标和拍卖的方式一次性买断若干年土地使用权；可一次性办理出让手续，分期付款，或以短期租赁形式使用土地，也可以入股形式获得土地使用权。然而，目前许多地方土地管理政策缺乏创新，追求固定模式，影响到生产经营者开发土地资源的积极性。

---

[1] 参见国发〔2004〕12号、组通字〔2004〕22号、国发〔2004〕28号、国办发〔2006〕50号等文件。

第三节 中美西部土地资源开发的异同

一、开发的背景和目标有相似之处

(一) 开发背景的相似之处

其一，两者都是在发展市场经济的背景下进行的。美国是市场经济国家，西部土地资源开发是在市场经济背景下进行的，而中国正在发展社会主义市场经济，在此背景下进行西部土地资源开发，不可能也不能采用过去的计划经济模式，而是正在逐步探索市场化开发之路。

其二，两者都面临开发初期西部与东部土地资源分布与发展很不平衡的现实。美国西部开发初期，人们的活动范围主要集中在东部，东部相对发达，人口较多且正在膨胀，土地资源较稀缺，而西部几乎是未开发的处女地，人烟稀少，只有印第安人的部落和为数不多的猎人、毛皮商人和拓荒者，移民定居点很少且分散，土地资源丰富。与美国类似，在中国西部大开发之初，东部较发达，人口密集，土地资源稀缺，而西部地域广阔，土地资源丰富，但发展远远落后于东部（黄永芳，2015）。1999 年，全国 GDP 为 81911 亿元，西部与东部地区的 GDP 分别为 15354 亿元和 49611 亿元，分别占全国的 18.71% 与 60.57%，西部与东部地区差距达 41.86 个百分点；全国人均 GDP 为 6534 元，西部与东部地区人均 GDP 分别为 4284 元和 10769 元，西部低于全国平均，与东部地区差距高达 6485 元；西部与东部地区的土地面积分别为 688 万平方公里与 106 万平方公里，人口分别为 3.58 亿人和 4.61 亿人，西部拥有全国的 71.57% 的土地和 28.94% 的人口，而东部拥有全国 11.07% 的土地和 37.2% 的人口，西部人口密度为 52 人/平方公里，东部人口密度高达 433 人/平方公里①。

---

① 关于东部地区和西部地区的数据，均为将相关省区数据加总后计算的结果。东部地区包括北京、天津、河北、辽宁、上海、江苏、浙江、福建、山东、广东和海南 11 个省区。

(二) 开发目标的相似之处

如前所述，土地资源是一种重要的和特殊的资源，具有不可替代性，且对区内外其他要素具有吸附功能，是人类赖以生存的最基本的物质和社会经济可持续发展的最基本条件，因而，土地资源开发成为区域开发的核心内容。在美国西部开发中，美联邦政府十分重视西部土地资源开发，以一系列土地法令的颁布为先导，大力开发西部土地资源，以此吸引其他要素流入西部，继而带动了西部的农业开发、基础设施建设、城市化和非农产业发展。纵观美国西部土地资源开发过程，我们不难知道，美国西部土地资源开发的目标在于推进人口、资金和技术等其他要素向西部合理流动，为缩小西部同东部之间发展的差距，实现区域协调发展乃至国家现代化，创造条件或奠定基础。

中国西部土地资源开发的目标与美国有相似之处。在中国西部大开发初期，西部与东部发展极不平衡，过大的区域差距是中国经济社会发展的极不稳定因素，也会制约东部乃至中国国民经济的可持续发展。土地资源丰富是西部的最大优势，开发好西部的土地资源，以此吸引其他要素向西部流动，是中国西部大开发成功的希望所在，是缩小西部与东部地区社会经济发展的差距，实现区域协调发展乃至国家可持续发展的根本。

二、开发的土地资源基础有所不同

美国西部在开发之初基本上处于原始状态，虽有土著居民，但人口十分稀少，地域广阔，气候适宜，土壤肥沃，除有少数山区沙漠，大部分都是无际无涯的绿色耕地，许多地方土地资源条件比东部还要好。

中国西部大开发时，西部已有悠久的历史，经济发展已具备一定的基础，西部人口密度虽小于东部，但河谷川道等水热条件好的地方人口密集，西部生态环境已经遭到了一定程度的破坏，西部土地资源质量总体上比东中部地区差。西北地区大部分干旱少雨，土地贫瘠，植被覆盖率低，水土流失严重，土地沙漠化、荒漠化严重，土地生产能力低下，西南地区多高原、山地和丘陵，宜农平原面积较少，耕地数量少且质量不高（韦伟，2006）。相对而言，中国西部土地资源开发的土地资源基础较薄弱。这意味着，西部大开发中土地资源开发须坚持以生态建设为中心，不能走美国先开发后治理保护的道路。

三、开发的社会制度环境有所不同

中美两国具有不同的社会制度,美国是以生产资料私有制为基础的资本主义国家,中国是以生产资料公有制为基础的社会主义国家。尽管中国目前还处于社会主义初级阶段,正在发展社会主义市场经济,实行以公有制为主体、多种所有制经济共同发展的基本经济制度,允许个体、私营、外资经济在一定范围内存在,并且与公有制经济的市场地位相等,平等竞争,但中国依然是社会主义国家,正在走中国特色的社会主义道路。这决定了中美西部土地资源开发面临完全不同的社会制度环境。美国可以将西部国有土地私有化,中国必须维护土地所有权的公有性质,在此前提下,进行土地产权制度等方面的市场化改革,制定并实施符合中国国情的西部土地资源市场化开发政策和措施。

四、开发的手段各有侧重

中美两国政府在西部土地资源开发中均采用了法律手段、经济手段和行政手段,但各有侧重。

(一) 美国主要运用法律手段和经济手段

美国政府总是适应西部开发的需要,以土地法令的颁布为先导,主要通过法律手段和经济手段,对土地资源开发进行引导和管理。

(1) 法律手段起统领作用。1785年和1787年的两大土地法令开启了西部土地资源开发进程,"其进步性不亚于同时问世的美国《宪法》"(张友伦,1993b)。这两大土地法令适应建国之初的财政困难状况,对西部土地国有化、在西部建州及设立土地局经办西部公共土地的出售和转让等做出具体规定,法律手段中蕴含了经济手段和行政手段。针对土地法令实施过程中产生的问题,联邦政府多次进行调整和修订,逐步放宽西部土地出售政策,包括降低售价、减少出售面积最低限额、放松付款条件,甚至颁布《优先购买权法案》正式承认先占权。之后,联邦政府适应西部开发的需求,适时颁布了一些新的土地法令。典型的有,为促进西部农业开发、州立农学院的发展和铁路建设,于1862年颁布《宅地法》《莫里尔农业学院土地赠予法》和《太平洋铁路法》;

为加强西部土地资源的治理保护和综合利用，20世纪30年代以来颁布《土地资源保护法》和《联邦土地资源分类和多功能利用法》等。通过颁布新的土地法令为政府调整开发的经济手段和行政手段提供法律依据。

（2）经济手段是与法律手段有机结合的主要开发手段。在1862年以前的土地法令框架下，联邦政府主要采用出售土地、向州政府赠地和发放军人土地凭证等经济手段，州政府主要采用出售获赠土地、州属公地转让、减免公司税收、发行政府债券、认购公司股票和海外债券担保等经济手段。从1862年到20世纪30年代前颁布的以《宅地法》为标志的西部土地法令，使政府开发的经济手段由出售土地为主转变为赠地为主，联邦政府除了向农民赠地和廉价售地、向州政府和铁路公司赠地外，还采用了发放抵押货款、允许公司发行股票等经济手段。20世纪30年代以来颁布的西部土地法令，政府主要采用价格补贴、差别税率、开发权转让等经济手段，来推进土地资源的保护与综合利用。

（3）行政手段起辅助作用。政府也必然地采用了一定的行政手段，包括机构的设立、赠地时指定土地和售地款项的用途及附加条件、实行生产控制以保护土壤等，但行政手段只起辅助作用。

（二）中国侧重于运用行政手段

在中国西部土地资源开发中，行政手段较多，经济手段不足，法律手段弱化。

在行政手段方面，全国各地区类似，中央政府制定国家土地利用总体规划，然后将其分解为年度计划，层层下达给地方政府，并对地方政府行为进行行政监督，地方政府则对辖区土地资源进行具体开发管理，具体包括耕地保护、土地征用和储备、国有土地划拨和使用权有偿出让及土地市场管理等。因此，形成了城市土地国有、政府通过征地等对农村集体土地实际控制的制度安排及由中央政府制订土地利用计划后逐级下达，而实际由地方政府完成的土地开发模式（丰雷等，2013）。在西部土地生态建设、耕地保护和建设用地保障等各个方面都体现了自上而下的政府计划管理和行政监督。

从经济手段来看，中央政府实施财政转移支付和金融信贷支持等优惠政策，以推进土地生态建设；通过增加土地整理复垦资金投入、全额下拨上缴的新增建设用地土地有偿使用费及收缴非农业建设占用耕地税费等经济措施，支持耕地保护；对西部建设用地在一些方面实行税费和用地出让金优惠，地方政府也实施了一些配套措施，但从满足西部大开发对土地产权配置市场化要求及推进西部土地资源保护与综合利用的要求看，经济手段作用的效果有限。

在法律手段方面，中央政府在《中华人民共和国土地管理法》等全国性的土地法律框架下进行西部土地资源开发管理，没有专门针对西部的土地管理和监督立法。

五、开发的机制有本质的差异

在中美西部土地资源开发中，政府都采用了法律手段、经济手段和行政手段，但由于各自采用手段的侧重点不同，开发机制有本质的差异。

（一）美国西部土地资源开发机制是政府与市场有机结合型

美国西部土地资源开发是在土地法令统领下的市场化开发过程。政府在土地法令框架下，以经济刺激措施和行政权力对市场进行引导，政府行为主要通过市场机制实现。1862年以前，土地法令规定了以出售为主、辅之以发放军人土地凭证和向州政府赠地的土地资源开发方式，其中"现金支付"与"大块出售"的要求及发放军人土地凭证，促进了土地投机市场的较快发展，使西部相当一部分国有土地进入市场，转化为大地产商所有，也为联邦政府在短时间内筹集了大量应对财政支出的资金；联邦政府多次调整土地出售法令，减少出售面积，放松付款条件，甚至颁布《优先购买权法案》，承认在土地投机抢购风潮中不少无能力购买土地而冒险直接到西部去"占地"移民的先占权及向州政府赠地资助西部交通基础设施建设和教育发展，均有利于土地市场的发展。1862年以来到20世纪30年代前，以《宅地法》为标志的一系列西部土地法令，赋予联邦政府向农民、州政府和铁路公司赠地，这些都起到了将大量土地投入市场与其他要素结合的作用；联邦政府和州政府在土地法令框架下实施的减免税收、发放贷款、发行债券等诸多手段，则通过市场的作用将大量私人资本引入土地资源开发活动中。20世纪30年代以来，《土地资源保护法》等土地法令赋予联邦政府和州政府采用生产控制、价格补贴、差别税率、开发权转让等手段，主要通过市场作用推进土地资源保护与综合利用。

（二）中国西部土地资源开发机制是中央政府—地方政府主导型

前已提及，在中国西部土地资源开发中，各辖区内土地资源开发管理事项具体是由地方政府负责的，包括各辖区的土地储备、国有土地划拨、国有土地使用权有偿出让及土地市场管理等，中央政府则通过土地法、土地利用总体规划、土地利用年度计划及一些行政规制措施来控制地方政府，中央政府制定并实施针对西部等地区的土地资源开发优惠政策和措施，其中一些也需要地方政府的配合来实现。亦即，中央政府在计划指标式管理和政治考评机制等传统治理模式下，让地方政府垄断土地一级市场，通过地方政府实现对土地市场的控制。

在目前中国的这种土地资源开发管理制度逻辑下，决定非农用地供给，进而决定城市化进程和经济增长的力量，主要是政府而非市场，地方政府得到了权力租金（土地出让金），并逐渐患上了"土地财政依赖症"，真正出现土地市场却遥遥无期（程雪阳，2013）。其原因可能在于，除国有土地所有权人政府外的其他土地权利人，包括作为集体土地所有权人的农民集体、作为集体土地使用权人的农民及城市国有土地使用权人都尚未成为土地市场和城市建设的主角。不仅如此，其他土地权利人的利益有时、在有的地方可能由于地方政府的攫取行为而受损。地方政府对城市居民房屋的低价位拆迁，损害城市国有土地使用权人利益，地方政府搞乡镇、村庄规划，最终导致的结果可能是农民"上楼致贫"而不是致富，推动了土地高速城市化而非人的城市化（北京大学国家发展研究院综合课题组，2010）。

第四节 对深入推进中国西部土地资源开发的启示

总体上看，美国西部土地资源开发取得了成功，尽管20世纪30年代前的开发产生了生态环境破坏等后果，之后不得不极力应对。中国西部大开发时间不长，土地资源开发在短期内取得了明显成效，目前仍存在一些不容忽视的问题，这些问题关系了中国整个西部大开发的进程。中美西部土地资源开发的背景和目标有相似之处，基础与环境有所不同，手段各有侧重，机制仍有本质的差异。推进中国西部土地资源开发，不能完全照搬美国的做法，但美国西部土地资源开发的经验教训，在当今中国奉行"创新、协调、绿色、开放、共享"五大发展理念的宏观背景下，仍有借鉴价值和警示意义，给深入推进中国西部土地资源开发带来如下启示：

一、以美国教训为戒统筹兼顾土地资源的利用与保护

20世纪30年代前，由于土地法令不够完善，美国西部土地资源开发对生态环境造成了破坏。1862年前以出售土地为主要内容的土地法令的实施，导致租佃农和被租种的土地比例偏高，加之土地租赁制度的缺乏或不完善，大量租佃农地未能很好实行水土保持措施（严金明，2001）。1862年以后至20世纪30年代前实施的以赠地为主要内容的土地法令，缺乏合理利用和保护土地资源的相关内容，进一步加深了对土地资源的掠夺式开发。如《宅地法》规定，移民获得土地所有权须有5年耕种期限，但未规定耕作方式，导致不少移民在耕种期限内用了最粗放的耕作方式，甚至在大平原区半干旱和贫瘠土地上采用了与东部湿润区相适应的耕作方式，使大片农田变成了沙土荒地。又如，《木材和石料法》基本无任何保护森林资源的内容，森林落入投机者手中，遭到了毁灭性的破坏。

尽管20世纪30年代以来美国加强了对西部土地资源的治理保护和综合利用，并取得了成功，但美国所走的这种"先开发后治理"的道路毕竟付出了财力等方面的巨大代价，留下了深刻的教训，具有警示意义。深入推进中国西部土地资源开发，必须深刻铭记和进一步吸取这一教训，深入贯彻协调发展、绿色发展的理念，在健全土地法律的基础上，继续抓好土地生态建设，加强对土地资源的综合利用，实现土地资源利用与保护的统筹兼顾。

二、以健全的法律统领土地资源开发过程

以土地法令统领土地资源开发过程，是美国西部土地资源开发成功的一条重要经验。20世纪30年代前美国颁布的以出售或赠地为主要内容的土地法令，既满足了美国政府希望尽快开发西部国有土地的需要，也为移民大军"西进"提供了制度保障（李美娇等，2015）。20世纪30年代以来，随着城市

化进程的加快及西部荒漠化问题的日益严重，政府颁布了一系列限制土地过度开垦、放牧和采伐及促进土地资源综合利用的土地法令，取得了良好效果。中国是在发展社会主义市场经济的背景下进行的西部大开发，市场经济本质上是法治经济，没有法治，市场经济体制就难以最终确立。推进西部土地资源开发，须以美国经验和教训为鉴，贯彻创新发展理念，结合中国和西部实际，进行土地法制创新，为西部土地资源开发提供强有力的法律保障。

（一）适应土地生态建设和土地产权配置市场化要求完善土地管理立法

在各类生产要素中，土地是稀缺且快速增值的资源。随着科技的进步、经济的发展，土地的价值会不断被重新挖掘和发现，其前提是土地产权配置的市场化。基于美国的经验和教训，需将加强土地生态建设和多功能综合利用与推进土地产权配置市场化改革有机结合起来，修改现有的土地管理法，或在现有法律的基础上制定《鼓励西部植树法》《沙漠土地法》《西部荒芜土地法》《西部土地资源分类和多功能利用法》《宅地法》等多项土地法律，对各类土地的各项权益，包括所有权、发展权、使用权、租赁权、抵押权、转让权、地上权、地下权等，做出明确的主体、行权期、时间和条件等诸多方面的法律界定，特别是要对土地的租赁期限和用途管制，对农民土地权利及其行使和保护，做出合理规定，细化土地制度。这样做，一是为培育土地市场主体创造前提，推进土地市场建设和土地产权的高效、合理流转，提高土地资源开发效率；二是有利于形成由市场决定土地产权价值的机制，从源头上遏制地方政府违规征收、拆迁和随意规划行为，避免农地不合理流失和土地资源浪费，保障相关行为主体合法权益；三是鼓励人们到西部植树种草、整治和利用"四荒"，推进土地生态建设和多功能最优综合利用。

（二）基于规范地方政府土地管理行为的要求加强土地管理监督立法

地方政府对西部土地资源开发行使具体的管理权，这种管理权应是法律所赋予的，其实施亦应受法律的监督。这是美国西部土地资源开发成功的一条经验。目前，中国地方土地管理部门因监督机制不健全而存在权力过于集中和滥用等问题，中央政府的监督仍主要限于行政手段，靠道德教化、政党纪律或严厉的行政惩罚措施进行约束，效果有限。应加强土地管理监督立法，健全各项监督法律，对各种监督权限、范围、方式和程序等做出明确规定，使监督工作有章可循。

三、充分发挥市场机制在土地资源开发中的基础性作用

美国西部土地资源开发是在联邦政府和州政府的推动下依赖私人投资进行的，充分发挥了市场机制的力量，提高了土地资源的开发效益，较好地实现了土地资源的优化配置。目前在中国西部大开发中，土地资源开发仍以政府为主导，从开发规划到项目安排都体现了政府的意向。政府的指导、监督和管理虽有利于开发的有序进行，但影响开发效率，不利于调动人的积极性和创造性，不能充分发挥市场机制应有的基础性作用。为此，需要坚持开放发展的理念，在调整完善并严格执行土地管理立法的前提下，大力推进西部土地市场体系建设，培育和发展独立于政府的土地价格评估机构和土地纠纷仲裁机构等，建立负责西部土地产权交易的西部土地交易所，保证西部土地产权交易在法律规定的框架内完全按市场经济规律运行，形成土地承包经营权流转市场与城乡统一的建设用地市场。

四、构建土地资源开发中合理的中央政府—地方政府分权关系

推进中国西部土地资源开发，既要发挥市场导向，也要重视政府调控。在美国西部土地资源开发中，联邦政府和州政府均发挥了不可或缺的推动作用，主要是从宏观上创造开发的环境和条件，其中包括制定法令政策，推动开发活动，规范开发行为；对铁路等交通建设及教育发展等给予直接援助；与州政府分工合作等。目前，中国中央政府在土地资源开发上有保护耕地、增加建设用地以推进城市化和工业化、深化土地市场改革以增加国有土地的收益和防止各地恶性竞争和地方官员腐败、保护公民的土地权利等多重目标，并希望在这些常常相互冲突和很难协调的目标之间找到平衡（程雪阳，2013），导致土地资源开发中的中央—地方关系具有"多任务委托代理"的特征，中央政府与地方政府的权力边界不清晰和不固定，地方政府倾向于选择执行激励强且易考量的土地资源开发任务（丰雷等，2013）。这是中国西部土地资源开发效率不高的主要原因。借鉴美国经验，在西部土地资源开发中，中央政府除了要摒弃计划经济的思维模式和管理制度、完善法治、尊重市场和公民的主体性以外，还

要遵循行政管理规律，放松管制，加强治理，理顺与地方政府的分权关系，推动共享发展。

在美国西部土地资源开发中，联邦政府与地方政府的权力边界是非常明晰的，联邦政府与地方政府间不仅是纵向的委托代理关系，更多的是横向分工关系。也就是说，关于西部土地资源开发事项，有不少是联邦政府直接承办、不委托州政府的，或是由联邦政府承办、州政府协助的。基于美国的做法，中央政府需要据西部的社会经济发展水平及资源禀赋条件，设立与地方政府之间合理的土地资源开发分权边界，缓解乃至避免与地方政府间在土地资源开发上的利益冲突，提高开发效率。可将西部土地资源开发事务分为由中央政府承办的、由中央政府承办且地方政府协助的、由地方政府承办且中央政府资助的及只由地方政府承办的，明确划分中央政府与地方政府的事权，在此基础上合理配置财权及其他权利，并以法律形式规定下来。

第五节 本章小结

土地资源是人类赖以生存的最基本的物质和社会经济可持续发展的最基本条件，在美国西部开发中，土地资源开发是先导，是核心内容，对整个西部开发起了巨大的推动作用，虽然在开发早期时也产生了严重的环境破坏等一些应引以为戒的问题，之后不得不采取应对措施。中国西部土地资源开发是西部大开发的基石，是西部乃至国家可持续发展的根本。中国正在建立健全社会主义市场经济体制，西部土地资源开发要走市场化开发之路，需学习美国经验和吸取美国教训，因此，开展中美西部土地资源开发比较研究，具有积极意义。

本章分析了美国西部土地资源开发的主要做法、对西部开发的推动作用，分析了中国西部土地资源开发的主要做法和存在的主要问题，然后比较了中美西部土地资源开发的异同。结果表明，中美西部土地资源开发的背景和目标有相似之处，都是在发展市场经济及面临开发初期西部与东部发展很不平衡的现实背景下进行的，都是为了推进人口、资金和技术等其他要素向西部合理流动，缩小西部同东部之间发展的差距，以实现区域协调发展乃至国家的可持续发展或国家现代化，但两者面临的土地资源基础、土地生态环境与社会制度环境有所不同，开发手段各有侧重，美国主要运用法律手段和经济手段，辅之以行政手段，中国侧重于运用行政手段，经济手段不足，法律手段较为弱化，从而在开发机制方面有本质的差异，美国西部土地资源开发机制是政府与市场有机结合型，而中国西部土地资源开发机制是中央政府—地方政府主导型。

总体上看，美国西部土地资源开发取得了成功，尽管20世纪30年代前的开发产生了生态环境破坏等后果，之后不得不极力应对。中国西部大开发时间不长，西部土地资源开发在短期内取得了明显成效，但由于多种原因，目前仍存在一些不容忽视的问题，这些问题关系到了中国整个西部大开发的进程。推进中国西部土地资源开发不能完全照搬美国的做法，但美国的经验和教训，在当今中国奉行"创新、协调、绿色、开放、共享"五大发展理念的宏观背景下，仍具有借鉴和警示意义，给深入推进中国西部土地资源开发带来如下重要启示：一是要以美国教训为戒统筹兼顾土地资源的利用与保护。二是要以健全的土地法律统领土地资源开发过程。三是需要充分发挥市场机制在土地资源开发中的基础性作用。四是必须构建土地资源开发中合理的中央政府—地方政府分权关系。

第四章 中美西部人口资源开发比较分析

人是生产力中最积极最活跃的因素,一定空间范围内具有一定数量、素质与结构(含空间分布结构)的人口总体构成人口资源。一定数量的人口资源是经济增长的重要条件,也是经济增长的重要因素——人力资源形成的自然基础。人力资源是人口资源的主体,劳动力、人才、人力资本、知识和技术进步分别是人力资源不同侧面的表现。其中,劳动力是人力资源中在劳动年龄范围之内的部分,人才是劳动力中最优秀的那一部分;人力资本是对人力资源进行开发性投资所形成的,是人力资源的价值所在,其存量的多寡,决定人口素质的高低,与知识和技术进步密切相关。20世纪80年代以来,经济增长理论开始从强调物质资本转向突出人的作用,以卢卡斯(Lucas)和罗默(Romer)为代表的内生增长理论系统证明了人力资本和知识的边际报酬递增效应(Lucas,1988;Romer,1990),人口资源开发成为经济学研究的重要领域。区域人口资源开发是区域根据自身条件,调节人口数量、素质和结构,不断促进人口资源合理配置和利用,满足社会经济发展需要的过程。人口资源开发关系到经济增长,关系到人口与资源环境和经济社会的协调发展,继而与社会经济可持续发展密切相关。

在中美西部开发中,人口资源开发均是关键环节。美国西部开发已经取得了巨大成功,积累了丰富的人口资源开发经验。中国西部人口资源开发不能也不可能采用过去的计划经济模式,必须遵循市场经济规律,需要借鉴美国西部人口资源开发的历史经验。在这种背景下,随着中国西部大开发的推进,学术界关于中美西部人力资源开发方面的研究成果逐渐增多。正如第二章所述,一些学者研究了中国西部人口资源开发,结果发现,中国西部大开发受到西部人口资源的强约束。一方面,西部人口数量不少,但人口素质较低,结构不合理,西部资本形成常无相应素质的人力资本支持而失去效率;另一方面,受西部长期不发达、人力资源供求结构不对称、利用不合理等影响，西部对人力资源的吸引力不足，人才长期流失，人才短缺与闲置并存。有少数学者研究了美国西部人口资源开发，希望能对深化中国西部人口资源开发有所启迪。但从总体上看，目前专门研究中国西部人口资源开发和美国西部人口资源开发的成果都不多，专门对中美西部人口资源开发进行比较研究的成果更为稀少。这不利于充分把握中国西部人口资源开发存在的问题及借鉴美国西部人口资源开发经验。

本章在前人研究的基础上，系统分析中美西部人口资源开发，比较两者的异同，试图从中获取对深入推进中国西部人口资源开发的启示。

第一节 美国西部人口资源开发

美国西部开发取得了巨大成功，其中人口资源开发起了关键作用。美国西部开发初期，西部经济发展水平低下、人口稀少，人口资源极端缺乏成为西部开发面临的最大难题。据统计，1790年美国共有人口392万人，西部居民只占人口的3%（王储，2009）。美国通过向西部移民、不断完善西部教育体系、重视并发挥西部人才的作用等方式，努力增加西部人口数量，提高西部人口素质，为西部开发提供了强有力的智力支撑。具体做法如下：

一、以移民和土地方面的法规和政策吸引国内外移民到西部定居

美国西部地域辽阔，开发所需人口数量特别大。为在短时期内吸引大量国内外移民到西部定居，美国实施了灵活开放的移民法规和政策及优惠的土地法规和政策。这些法规和政策的实施，取得了明显的效果，引起大批国内外移民西迁，西部人口数量迅速增加。据统计，1820年来到美国的移民只有8385人，但在1848年欧洲革命失败以后，北欧、西欧国家的移民蜂拥进入美国，1850年达310004人，1854年增长到427833人，1820～1860年，大约有500万个移民来到美国；1881～1890年，外来移民超过860万人，1890～1914年上升到1350万人，在1861～1914年，到美国定居的国外移民超过2700万人

(亨利·莫里森等，1979）。到达美国的移民中，只有少数留在东部城市，多数迁居西部，仅 1870～1880 年流入明尼苏达州就有 11.65 万人，1870～1890 年密西西比河以西人口从 687.7 万人上升到 1677.5 万人，翻了一倍多（黄绍湘，1979）。移民为西部带来了先进的科学技术、优厚的生产资金和勤劳的精神，推动西部开发以空前的速度展开。

（一）以灵活开放的移民法规和政策吸引国外移民

1802 年美国颁布《移民归化法》规定，移民只需在美国住满 5 年，便可由任一州的公共法院授予公民权。然而，直到 19 世纪中叶，去美国的移民仍带有很大的自发性，数量不多。随着美国向西部大面积的领土扩张，为适应西部开发的需要，政府鼓励外来移民的法律和政策相继出台。1863 年颁布《鼓励外来移民法》（1864 年 7 月 4 日生效）①，这是移民政策发生重大变化的明显标志，它打破了美国移民政策的保守格式，主动鼓励采纳外来移民，奉行来者不拒的政策。1864 年设立了全国性的专门移民机构——联邦移民局，接着颁布了一系列移民法。通过联邦移民局，政府直接干预移民问题。该局在欧洲、美洲许多国家均设有办事机构，拥有大批雇员，为吸引移民，广泛进行宣传，积极办理移居手续。在联邦移民局的推动下，西部各州设立了移民推进局，派人到欧洲、亚洲和拉美各地招徕移民（谢华，2007）。一系列的移民法给予国外移民各种便利，包括预借路费、降低运费、优惠和优先贷款、承诺将予以农业耕作指导、来去自由、免予征兵和予以公民权等措施。移民法中最重要的是《契约劳工法》。它针对贫苦劳动者，鼓励大公司直接去欧亚各国招雇劳工，为贫苦劳动者流入美国开辟了新途径。移民法中有针对科技专家移民美国的专门条款，规定了诸如优先获取绿卡等种种优厚条件。据统计，1860～1900 年进入美国的移民有 1400 万人之多，他们大多滞留在东北部和中西部城市（徐和平，1995）。

（二）以优惠的土地法规和政策促进人口西迁

随着进入西部人口的增多，土地愈来愈成为推动人口西迁的主要动力。西

---

① 不过，内战结束后，美国出现了经济萧条的境况，各种社会问题持续出现，国会于 1868 年又废除了林肯时期的《鼓励外来移民法》。

部优惠的土地法规和政策成为人口西迁的关键。从 1785 年颁布第一个土地法令到南北战争之前，所有的土地法令都规定了土地价格和出售地段的最小面积。通过土地的高价买卖，大部分土地为投机公司所占有，而后以更高的价格卖给移民。这对贫苦移民和国外移民不利。以 1862 年的《宅地法》颁布为标志，美国采取了与以往大不相同的土地政策，这种土地政策通过近乎无偿的分配和廉价出售等方式处理西部土地。1862 年 5 月 20 日，美联邦政府颁布了后来被认为是西部开发中最具推动力的《宅地法》。《宅地法》规定，凡是真正在美国定居的移民，只要缴纳 10 美元的手续费，便可占用不超过 160 英亩的土地，在连续耕种 5 年并建有住房（表明已定居）后即可获得该片土地的所有权（张友伦，2005）。在《宅地法》之后，联邦政府又颁布了一系列处理西部土地的法令，包括 1873 年颁布的《木材种植法》、1877 年颁布的《荒漠土地法》、1878 年颁布的《木材和石料法》、1906 年颁布的《森林宅地法》、1909 年颁布的《扩大宅地法》、1912 年颁布的《三年宅地法》和 1916 年颁布的《牲畜饲养宅地法》。这些土地法令的实施吸引了大批人口西迁，其中不乏高素质劳动力或人才。

二、采取多种方式筹集西部教育发展所需的资金

教育是人才培养的主要阵地，发展教育是提高人口素质、促进经济社会发展的重要途径。因此，在西部开发过程中，美国政府对教育十分重视，采取拨地兴学、直接拨款和引导民间资本投入等多种方式筹集西部教育发展资金。

（一）拨地兴学

美国建国之初，联邦政府国库资金不足，于是实施拨地兴学措施，并颁布多项法令给拨地兴学提供法律依据。1785 年的《西部土地法令》明确规定，在测量过的土地上每个城镇的第 16 地段充作教育事业之用，其销售收入必须用于支持教育（张友伦，2005）。后来在西部新建各州中，公立学校的经费一般都来自根据该法令出售公共土地的收入（Morison et al.，1980b）。在相当长时期内，联邦政府关注的重点是中小学教育，以不同形式用以支持中小学教育的土地共达 77261525 英亩（张友伦，2005）。随着西部的迅速开发，对农工商技术人才的要求越来越迫切，美国于 1862 年和 1890 年两次颁布《莫里尔

法》,以拨地兴办农工商学院。1862年林肯政府签署的第一个《莫里尔法》规定,按各州在国会中代表的人数,每有一位参议员或众议员,即授予该州3万英亩土地,对于公共土地不足和完全没有公共土地的州,则发给相当数量的土地证,各州将出售该项土地的收益,开办农工商学院。各州按该项法令总共得到1300万英亩公共土地,先后成立了69所农工商学院(赠地学院),其中包括麻省理工学院、康奈尔大学的一部分及伊利诺伊大学、威斯康星大学、俄亥俄州立大学等美国著名高校(杨生茂、刘绪贻,1990)。1890年通过第二个《莫里尔法》,要求联邦政府从出售公共土地所得款项中拨出一部分给各州和领地作为那里的农工商学院的经费。到19世纪末,美联邦政府拨给国民教育的土地约1.5亿英亩(祖波克,1959)。

(二) 直接拨款

从19世纪70年代起,除了拨地兴学外,联邦政府和州政府开始以巨额直接拨款发展公共教育。1887年颁布《哈奇法》,授权联邦政府每年向各州拨款1.5万美元,在农工商学院(赠地学院)建立农业试验站。1917年通过《史密斯—休斯法》,规定拨款资助各州的职业技术教育。1935年颁布《班克里德—琼斯法》,规定通过增加对赠地学院的拨款来加强农业研究和成就的推广工作。

拨地兴学和直接投资使美国教育经费从1870年的6300万美元上升到1900年的10亿多美元,增长了16倍(滕大春,1980)。

(三) 引导民间资本投入西部教育事业

为引导民间资本投入西部教育事业,政府实施了相关法律法规和税收优惠政策。1791年通过的《权利法案》从法律的角度赋予了私人办学的权利。1819年达特茅斯学院诉讼案的判决,确保了私立院校的合法性。1958年通过的《国防教育法》及1963年通过的《高等教育设施法》中明确规定向非营利的私立高校提供贷款,1965年通过、1972年修订的《高等教育法》则更进一步规定要向公、私立高校提供长期资助,这些法律法规使私立高校来自政府方面的经费有所保障(伍国艳,2006)。美国税法规定,个人和公司法人向非营利组织捐赠,可分别享受50%、10%的所得税税金扣除额的优惠,如果当年没有扣除完,可在五年之内继续扣除(杨桢,2011)。西部多数州做出了"政府对私人或企业资助或兴办教育给予减免税收"的规定,即捐资助学者可通过从应纳所得税中扣除捐赠来减少纳税义务,加之捐赠既可为捐赠者带来名誉,也可使捐赠者利用捐赠的附加条件,让高校为自己的企业从事相关研究或培养人才,捐赠教育的活动十分盛行,捐赠成为私立高校一个重要而稳定的经费来源。

政府对教育的高度重视和以身示范,使美国民众对教育的作用始终保持高度的认知和坚定的信念,这是不少民间资本投入西部教育的催化剂。美国民众普遍认为,教育具有市场价值,它是商品,它可以变为金钱收益,它可被铸造并将比金条更能铸造大批钱币……知识普及后,实业的目的也可按比例实现,国家的财富也可按比例增加(滕大春,1994)。

三、据产业发展需要有针对性地扶持西部教育发展

教育只有与经济发展相结合,才能对经济发展起促进作用。在美国西部开发中,各级政府都把教育发展同西部开发的实际需要结合起来,据西部开发不同时期产业发展的需要,确定需要重点扶持的教育类型和层次,有针对性地加以扶持。

(1)在美国西部开发的起步阶段(从建国到内战结束),重点发展义务教育。从建国到内战结束是西部初步开发时期,西部开发以土地开垦和农业初步开发为主要任务,对劳动力专业素质没有特别要求。因而,着眼于提高西部人口基本素质的义务教育成为教育发展的重点。西部各州纷纷通过了建立免费学校的法律,颁布强迫教育令,从而使西部各州免费的公立学校迅速发展,儿童入学率大大提高,义务教育趋于普及。免费的公立小学和中学允许一切儿童入学。到1860年,西部儿童在公立学校入学的人数比例,较其他任何地区都高(Morison et al., 1980b)。在这一时期,西部公共高等教育(州立大学)也开始兴起,如1817年创办了密执安大学,1848年创办了威斯康星大学,1862年颁布《莫里尔法》后拨地兴办了69所农工商学院(赠地学院)等。那时西部各州已形成今天美国教育所遵循的基本原则。这些原则主要包括:免费的公立小学和中学允许一切儿童入学,所有达到入学年龄的儿童并非必须入免费的公立学校;对教师进行专门训练;教会和其他团体有使用自筹的经费、自行规定教育制度的完全自由;应主要为交纳学费的学生提供一种通才的高等教育和法

律、医学、神学、工程等专科职业训练。联邦政府开始关注高等教育发展，不过，这一时期西部高等教育（州立大学）对人才的培养仍停留在原有旧式私立大学的基础之上。

（2）在美国西部开发的繁荣阶段（从内战结束到"二战"前），大力发展西部公共的高等教育和职业技术教育。从内战结束到"二战"前是西部以交通运输业和工业发展为主的综合开发时期，西部人口急剧增加，铁路、采矿、工业及农业机械化迅速发展，西部开发需要的人才不再是具有初步耕作经验的农民，而是具有职业技术与知识的科技人才，需要高等教育对于移民技术力量的培训。这样，原有的教育机构、设施远远不能适应时代的要求。为了适应西部开发对人才的需要，美国政府通过拨地兴学和直接拨款方式大力发展公共教育，特别是公共的高等教育和职业技术教育。1890年颁布第二个《莫里尔法》后，联邦政府从出售公地所得款项中拨付经费给农工商学院。颁布《哈奇法》《史密斯—休斯法》和《班克里德—琼斯法》直接拨款给赠地学院，从而使西部高等教育和职业教育院校普遍建立和迅速发展，给不断涌进的移民提供了较多受教育的机会，为美国西部培养了大批掌握农业、工商业技术的实用人才。有研究显示，农工商学院在校学生从最初的2200多人，发展到1895年的25000人，1910年达到135000人，占全国高校学生总数的1/3（黄安年，1992）。农工商学院的发展对美国高等教育的结构和课程产生了重要影响，开创了一条耗资少、收费低、适应性强的发展高等教育的新途径。这时期美国西部教育发展对美国西部乃至全美经济、科技迅猛发展起到了巨大的推动作用。1860~1910年美国农业劳动生产率提高了近1倍，1910年美国实现了农业半机械化，其工业在世界工业中的地位由1860年的第4位跃升为第1位（徐玮，1980）。

（3）在美国西部开发的最后一个阶段（"二战"爆发以来），美国政府十分注重扶持培养高精尖人才的研究型高校的发展，美国的高等教育发展呈现出高精尖特点。"二战"爆发以来，美国西部开发进入深度开发时期，西部高新科技产业迅速发展。美国在两次世界大战中，特别是在"二战"中，优先在西部发展军事工业基地，西部发展了大批具有相当技术水平和规模实力的军工企业。"二战"以后，随着国民经济的发展，这些军工企业大量地转为民用。西部抓住这一契机，凭借西部丰富的资源、廉价土地和劳动力、温和的气候，开始发展以宇航、原子能、电子、生物等为代表的高新科技产业，西部进入以高科技产业发展为主的深度开发时期。高新科技产业发展需要专业化的组织成为高科技的创造者。研究型大学当仁不让是这一角色的主要扮演者。联邦政府于"二战"后颁布了许多涉及教育的法案,强调"天才教育"及增拨大量教育经费,在大力支持大学科研的宏观背景下①,大量经由联邦政府委托的研究中心、实验室和科研单位等出现在研究型大学里,西部以斯坦福大学等研究型大学为重点形成了旧金山科研中心,并取得了丰硕的科研成果,为硅谷等高科技产业发展提供了技术支撑和人才基础。

四、重视并发挥人才对科技进步的推动作用

美国西部开发的历史就是一部科技进步史。正是依靠科学技术的不断进步,美国西部开发才取得了惊人的成就。在西部开发中,美国政府十分重视人才对科技进步的推动作用,并想方设法调动人才进行科技创新、科技应用的积极性,以推动科技进步。主要做法有以下三点:

(1) 通过强化科技立法,有效调动西部开拓者进行实用科技发明的积极性。1787年美国《宪法》通过了保障发明家在限定期限内对其发明的专有权利。1790年,美国设立专利委员会,颁布第一部《专利法》,并成立专利局来管理发明创造和技术革新,以专利制度来保证技术发明和创新的推广。据统计,在1840年以前,美国政府颁布的专利许可证达11500份,其后10年内发出的专利证远远超过了2万份(阿·符·叶菲莫夫,1972),约有12000余项专利授予西部农业发明,促进了农业机械迅速更新换代(李明德,1984)。《版权法》的实施对推动技术创新也起了重要作用。

(2) 实施多种经济刺激措施,以多种经济手段和优厚条件促进人才进行科技创新和应用。早在18世纪80年代末,一些州政府和地方政府及私人团体就不断向技术革新者提供奖金和资助(兰建英,2007)。美联邦政府对一些移居美国或从事引进工作的科技工作者给予奖励和政府贷款等方面的优惠。

(3) 支持高新科技园区的发展,为高精尖人才从事研发和创业营造良好环境和提供平台。政府通过设立校企紧密结合型的科技工业园,高薪聘请专家

---

① "二战"后美联邦政府之所以大规模地支持大学科研,一是受被誉为"科学政策之父"的万尼瓦尔·布什提出一份题为《科学——无尽的前沿》的研究报告的影响。该报告指出,必须加强学院、大学、研究所的研究中心地位。二是1957年苏联人造地球卫星的发射,使美国人感到在科学技术领域的领先地位受到冲击,并认为高等教育已落后于国家的需要。

学者研究和开发高新技术产品,既为人才提供了用武之地,也促进了高科技产业的发展。硅谷的崛起就是一个例证。在硅谷的发展中,政府以顾客身份扶持企业发展,同时承担建立游戏规则、对园区的发展实行合理引导等职责,如加强对基础研究和教育的投入,为园区高新科技企业发展提供良好的法制环境和税收优惠政策及建立专门的风险投资基金等。

第二节　中国西部人口资源开发

中国西部的落后,归结到底是人们的观念和素质的落后,西部人才的缺失是制约西部经济发展的主要原因(吴莉,2001)。自20世纪末中国西部大开发战略实施以来,西部人口资源开发得到了各级政府的高度重视。政府在发展西部教育,培养和选拔西部人才及吸引人才到西部工作等方面出台了一系列政策,实施了一批重大工程项目和一些分配激励措施,使人口资源配置的行政色彩有所淡化。具体做法如下:

一、制定西部教育发展和人才开发政策

西部大开发战略实施以来,党中央和国务院及西部地区的省(自治区、直辖市)政府都高度重视西部教育发展和人才开发工作,先后颁布了《国务院关于实施西部大开发若干政策措施的通知》《关于实施西部大开发若干政策措施的实施意见》《实施西部大开发教育方面的若干政策细则》《2004~2010年西部地区教育事业发展规划》《西部地区人才开发十年规划》及《国家中长期人才发展规划纲要(2010~2020年)》等。这些政策从宏观上提出并明确了西部教育发展与人才开发的指导思想、基本原则、目标任务和措施,对于推动西部教育发展和人才队伍建设起到了引领作用。

二、对西部基础教育进行投资倾斜和行政帮扶

为提高西部地区人口的基本素质,国家和地方政府加大了对西部基础教育

的投资和帮扶力度①。2001年，国家确定西部民族地区、山区、牧区和边境地区为"国家贫困地区义务教育工程"重点地区，中央财政予以重点支持，并开始对农村义务教育阶段贫困家庭学生就学实施"两免一补"政策。十余年来，国家新增财政性教育经费始终坚持重点向农村特别是向西部农村倾斜；"国家贫困地区义务教育工程""中小学危房改造工程""中西部农村初中校舍改造工程"等项目的实施都重点向西部农村中小学倾斜。"两免一补"政策的广泛实施，每年有5000多万名西部义务教育阶段中小学生受益。"国家贫困地区义务教育工程"二期计划和西部"两基"攻坚计划，对西部基本普及九年义务教育和基本扫除青壮年文盲给予扶持。一系列惠民强教政策在西部率先实施，西部预算内的教育经费增幅高于全国平均水平，极大地改善了西部的办学条件。根据西部大开发十年回顾相关资料，西部大开发以来，西部农村寄宿制学校校舍面积、西部小学、初中平均百人拥有计算机台数、西部预算内教育经费都明显增长。

三、大力支持西部发展职业教育和普通高等教育

国家和地方政府对西部发展职业教育和高等教育给予大力支持②。一是通过实施职业院校基础能力建设工程，推动西部职业教育的加速发展。二是实施"西部一省一校工程"，带动西部高等学校的办学水平和科技创新能力的整体提升。三是采取国务院主管部门和省（自治区、直辖市）共建的形式，帮助西部建设好一批高等学校。四是在高等学校设置、学位点审批、重点学科建设、重点实验室建设、教材建设等方面向西部高等学校倾斜，增加西部高校招生特别是定向招生的数量。五是广泛动员各方力量对西部教育进行对口支援，积极推动东部学校对口支援西部贫困地区学校和西部大中城市学校对口支援本省贫困地区学校。2001年6月，教育部发布《关于实施"对口支援西部地区高等学校计划"的通知》，高校对口支援政策得以启动执行，该政策旨在有效促进西部高等教育发展，切实提高西部高校办学水平和服务地方经济社会发展的能力。西部开发十年中，教育部与西部10省区及新疆生产建设兵团共建了

---

①② 《西部大开发：十年跨越发展 西部教育成就辉煌》，http://news.myttc.cn/n/20111114/14232426_n164333.html，2009年11月30日。

12 所地方高校，在学科和管理队伍建设等方面积极帮助这些高校提高水平；西部普通高校招生计划和生源计划安排年均增幅达到 12%，高于全国高校分省计划年均增幅近 8 个百分点；东部各省市均与西部受援省建立了"县对县"对口支援关系，在"对口支援西部高等学校计划"中支援高校达到 64 所，37 所受援高校办学水平有了长足发展。

四、加强西部人才的培养、选拔、激励和吸引工作

适应西部大开发的需要，国家和地方政府加强了西部人才的培养、选拔、激励和吸引工作①。第一，西部科研人才的培养和选拔力度加大，西部的博士后科研流动站和工作站、招收的博士后研究人员、享受国务院颁发的政府特殊津贴的各行业领域专业技术人才及新世纪百千万人才工程国家级人选的数量都明显增加。第二，为鼓励和吸引人才在西部工作，国家逐步完善西部收入分配激励政策，西部各省区也根据自身条件，制定了各具特色的人才激励政策。这些政策主要包括实施艰苦边远地区津贴制度、对到西部工作的高校毕业生发放补贴及提高西部工资福利待遇。艰苦边远地区津贴制度从 2001 年起实施，实施经费由中央财政负担，70%以上的西部县市区被列入艰苦边远地区津贴实施范围。目前，西藏等地的工资福利水平得以大幅提高，在西部工作的院士平均津贴提高了 10 倍左右。

五、对西部地区开展智力支援

人才的培养有一个过程。为尽可能满足西部开发对高精尖人才的需要，人力资源和社会保障部及中组部、团中央分别组织了"专家西部行""博士服务团"活动。"专家西部行"是人力资源和社会保障部组织发达地区的高级专家和优秀技术人员，有针对性地对西部进行科学技术援助的专项活动。目前已有各行业领域对口专业专家 30 余批深入到西部省区市的基层单位和农村，支持西部专业技术人才队伍建设。"博士服务团"的服务范围已覆盖所有西部省

---

① 胡跃福、马贵舫：《西部人才开发 10 年成就与经验》，http://www.fcgdj.com/rencaigongzuo/jingyanjiaoliu/2010/0109/2785.html，2009 年 12 月 29 日。

区,"博士服务团"成员在重大问题上建言献策,在技术难题上攻坚破难,为西部开发提供了宝贵的智力帮助(白天亮,2010)。此外,"春晖计划""长江学者奖励计划""西部人才培养特别计划"等措施,推动了海外留学人员特别是其中的优秀人才参与西部开发,港澳台地区人士也在西部欠发达地区做了很多无偿捐助项目。

第三节 中美西部人口资源开发的异同

一、开发的背景和目标有相似之处

美国在对西部进行大规模开发时,东部地域狭窄,人口密集,西部虽自然资源丰富,但人烟稀少,只有印第安人的部落和为数不多的猎人、毛皮商人和拓荒者,移民定居点很少且分散,发展落后,几乎是未开垦的处女地,几乎没有文明的历史。实现国家现代化,必须开发落后的西部,而人口数量极端不足和素质不高是西部开发面临的最大障碍。因此,西部人口资源开发是美国西部开发的首要任务和关键内容,其目标在于为西部开发提供必要数量的人口和智力支撑。

中国西部人口资源开发的背景和目标与美国类似。中国西部地域广阔,自然资源丰富,但由于受自然和历史等多种因素的影响,西部长期是一个虽劳动力不十分缺乏但人才流失严重、人口素质较低的落后地区。促进区域协调发展,推进中国现代化,必须抓好西部人口资源开发这一关键,以便为西部大开发提供强有力的智力支撑。

二、开发的人口资源基础不同

美国西部在开发之初人烟稀少,没有文明历史,是未开垦的处女地。而中国西部在20世纪末大开发前,已经历了一个长期的发展过程,西部民众为了获得更多劳动力而超生,西部人口增长较迅速,因此,中国西部大开发之初,西部人口数量不少，但存在整体素质偏低和结构不尽合理的问题。正如一些学者所言，中国西部人力资源数量多、劳动力相对过剩（峻峰，2005），但整体人力资源素质较低，文盲和半文盲人口较多，就业人口知识水平较低（谭捷，2006）；中国西部经济发展落后，待遇不丰厚，工作环境较恶劣，不能吸引和留住人才，人才流失严重（彭磊，2006）；西部机关事业等单位中存在"大材小用""学非所用"等人才未充分利用的问题，西部人才短缺与闲置并存（张建斌，2004）。

三、开发的自然环境和文化环境不同

中美西部人口资源开发面临的自然环境和文化环境不同。相对而言，中国西部人口资源开发面临的环境较差，开发难度较大。

（一）开发的自然环境不同

美国西部拥有丰富的土地、河流、矿产和草原等资源，除了有少数山区沙漠，大部分都是无边无涯的绿色耕地，气候适宜，土壤肥沃，许多地方自然条件比东部还要好。美国西部得天独厚的自然资源和自然条件对人口去西部投资、扎根西部有较大的吸引力。与美国西部不同，中国西部气候和地形地貌南北差异巨大，西北大部分干旱少雨，土地贫瘠，水土流失严重，植被覆盖率低，耕地和草原的生产能力低下，土地沙漠化面积日益扩大，自然灾害频繁发生；西南部多高原、山地和丘陵，宜农平原面积较少，耕地不仅数量少，且质量不高（韦伟，2006）。中国西部虽自然资源丰富，但自然环境相对于东部和中部普遍较差，不少地区干旱少雨，土地贫瘠，部分地区沙漠化、荒漠化严重，部分地区甚至不适宜人居住，脆弱的生态环境限制了其对人口的承载能力。总的来说，美国西部自然环境好于中国西部，中国西部生态环境脆弱，对人口承载能力较弱。

（二）开发的文化环境不同①

美国西部文化为移民文化，而中国西部文化环境复杂，使人口资源开发的

---

① 本部分参考了韦伟（2006）的研究成果。

难度加大。美国西部开发者虽拥有或许属于欧洲不同民族的先祖，但到美国后很快就融合成一个统一的美利坚民族，多种文化要素相互兼容，形成差异不大的移民文化。移民文化造就了美国人特别是美国西部人敢于冒险、勇于追求的民族特性及靠自己奋斗、不依赖他人的心态。相对而言，中国西部人口资源开发面临更为复杂的文化环境，从而使开发的难度加大。一是西部几乎集中了全国全部少数民族，西部文化是多民族文化，各民族还保留着自己民族的传统文化特色、宗教信仰，文化上的差异很大，这要求开发中要高度重视各民族的文化差异，克服不利因素。二是由于改革开放前国家许诺包揽一切，尤其是长期对少数民族实施特殊的民族政策和各方面的照顾和扶持，不少西部人有较重的"等、靠、要"心态。三是多数西部人对西部开发的信心不足。改革开放以后，西部人的"等、靠、要"心态正在发生变化，但目前多数西部人认为，不依赖政府和发达地区的支援，完全按照市场经济规律，自谋改造西部，出路不大。四是西部人在开发西部方面的"等、靠、要"心态的存在及对西部开发的信心不足，导致西部人自主开发西部的动力不足，不少西部青壮年人口因此走上了"民工潮"的道路，造成了西部人力资源大量流失。

四、开发的手段和机制有明显的差异

西部人口资源开发是一项宏大的系统工程，而且人口资源开发具有很强的外部性，除政府之外，其他任何社会组织都无力（能力和动力）全面承担这一重任。因此，在中美西部人口资源开发中，政府都发挥着无以替代的作用。当然，两国政府所采用的开发手段和开发机制不完全相同。

（一）美国综合运用多种手段但以运用法律手段和经济手段为主

（1）向西部移民是美国西部人口资源开发的首要任务，在这方面，美国政府同时使用了法律手段、经济手段和行政手段。为了鼓励本国人口移民西部，美国先后出台了《宅地法》（1862）、《木材种植法》（1873）、《荒芜土地法》（1877）、《木材和石料法》（1878）等法律。为吸引外国移民到西部定居，美国在西部各州设立移民推进局招徕移民，颁布《移民归化法》（1802）和《移民法》（1864），并规定《宅地法》中免费获得土地的政策，外国移民也可享受。移民和土地方面法律和政策的实施，将向西部移民纳入了法制化轨道，给予了西部移民以巨大的经济刺激。

（2）兴办多种类型和多种层次的教育，提升西部人口的科学文化素质和专业技术水平，是美国西部人口资源开发的主要内容。在这方面，美国也是多种手段并用，并以法律手段和经济手段为主。通过拨地兴学和直接拨款为西部教育发展注入大量资金，通过实施多项法律和政策，引导民间资本投入西部教育事业，这是法律手段和经济手段的结合运用。在西部初步开发时期，颁布建立免费学校的法律和强迫教育令，重点发展义务教育，以提高西部人口的基本素质，这是法律手段和行政手段的结合运用。在西部综合开发时期，为适应西部开发对实用型人才的需要，通过拨地兴学和直接拨款，大力发展西部公共的高等教育和职业技术教育及在"二战"结束以后的西部深度开发时期，为适应西部高新科技产业迅速发展的需要，通过实施相关法律，强调"天才教育"及增拨大量教育经费，重点扶持研究型高校的发展，都体现了法律手段和经济手段的有机结合。

（3）在发挥人才的作用方面，强化科技立法，实施多种经济刺激措施及支持高新科技园区的发展，为高精尖人才从事研发和创业营造良好环境和提供平台，也体现了法律手段和经济手段的有机结合。

（二）中国采用行政手段和经济手段但以行政手段为主

在当今中国西部人口资源开发中，政府采用了一些经济手段，包括对西部基础教育进行投资倾斜，实施艰苦边远地区津贴制度，对到西部工作的高校毕业生发放补贴及提高西部工资福利待遇等。但配套的法律手段缺乏，行政手段较多，如对西部基础教育的行政帮扶、对西部职业和高等教育发展的行政支持、西部人才培养和选拔力度的加大及对西部开展智力支援，都带有较浓厚的行政色彩。

（三）美国将政府行为与市场机制有机结合而中国则以政府为主导

从美国西部人口资源开发的做法来看，美国构建了政府行为与市场作用有机结合的西部人口资源配置机制，即市场是人口资源配置的主要方式，政府对市场进行引导，政府行为主要通过市场作用来实现。其一，人口大规模西移，虽是始于利润诱惑下的市场自发作用（如淘金热的兴起），但从根本上说归功于美国政府遵循市场规律对人口流动吸纳的引导作用。政府实施了移民和土地方面的法律和政策，为普通劳动者、商人、资本家及掌握各种技艺的高素质人才到西部创业和施展抱负提供了巨大的经济刺激和广阔的平台，营造了自由、开放、公平的竞争环境，从而通过市场的作用，有效促进了国内外移民西迁。若离开了政府的作用，美国人口大规模西移完全可能是一个暂时的现象。其二，在筹集西部教育发展资金方面，美国政府除了以身示范，实施拨地兴学和直接拨款措施外，还实施相关法律和税收优惠政策，调动民众捐资和投资助学的积极性，从而通过市场的作用将大量民间资本引入西部教育事业。其三，在西部开发的不同时期，美国政府据市场需要有重点和有针对性地扶持西部教育发展。其四，在西部人才利用方面，美国政府通过强化科技立法、实施多种经济刺激措施及支持高新科技园区的发展，调动各种人才进行科技创新和应用的积极性。

在中国西部人口资源开发中，政府虽然也采用了一定的经济手段，但总体上看以行政手段为主，政府对西部人口资源开发的主导性强，法律手段和经济手段运用不足，市场作用发挥不够。

第四节　对深入推进中国西部人口资源开发的启示

美国是市场经济国家，美国西部开发已取得了成功，其中人口资源开发起到了关键性的作用。中国正在发展社会主义市场经济的背景下进行西部大开发。在中国西部大开发中，人口资源开发得到了各级政府的重视，也取得了明显成效，但由于多种原因，目前中国西部人口资源开发尚处于中低层次阶段，西部人口资源状况仍不能很好地适应西部大开发的需要。中美西部人口资源开发有不同的人口资源基础及自然和文化环境，手段和机制也必然有差异，这决定了中国西部人口资源开发不能完全照搬美国的做法。然而，中美西部人口资源开发的背景和目标相似，美国西部人口资源开发中政府利用市场机制促进人口西移和提高西部人口素质等方面的经验，对深入中国西部人口资源开发具有借鉴意义。从中美西部人口资源开发的比较中我们可获得以下启示：

第四章 中美西部人口资源开发比较分析

一、构建政府引导下以市场为主体的西部人才吸纳和利用机制

如前所述,中美西部人口资源开发有不同的人口资源基础,面临不同的自然环境。从人口资源基础来看,美国西部在开发之初人烟稀少,而中国西部在大开发之初人口数量不少,但整体素质较低。从开发面临的自然环境来看,美国西部自然环境好于中国西部,中国西部生态环境较脆弱,对人口的承载能力较弱。这两方面的因素决定了中国西部人口资源开发不能采取美国的大量人口西移的方式。然而,中国西部对人口资源的吸引力不足,人才长期流失,人才短缺与闲置并存[①]。这种状况表明,中国西部人口资源开发与美国西部人口资源开发一样,必须解决西部如何充分吸纳和合理利用人口资源,特别是人才的问题。这方面,以美国吸引国内外移民到西部定居的经验为鉴,应构建政府引导下以市场为主体的西部人才吸纳和利用机制,即政府通过实施相关法律和政策,引导市场实现西部对人才的充分吸纳和合理利用,其具体要求如下:

(一)以用人单位为主体引进区内外人才

做好人才引进规划,有的放矢地从西部内部和外部引进人才,是西部开发的需要。目前西部人才引进的主体是政府,用人单位作为市场主体体系中最主要和最重要的部分,没有发挥应有的主体作用。地方政府应给予用人单位充分的人才引进自主权,使用人单位成为人才引进的主体。用人单位要从人才引进门槛设定、优惠条件设置、招聘用工方式等方面,做出详细的人才引进计划。人才引进计划应体现适用性和循序渐进性,不能只重视高精尖人才,一谈人才就是专家教授、研究生和博士后,而忽视有技术基础和市场经验的劳动者,要结合西部开发的需要,合理确定人才引进层次和梯次。地方政府在人才引进方面的角色是引导者和服务者,要在深入调研的基础上,据西部开发的需要和用人单位的人才引进计划,查找本区域的人才瓶颈,前瞻各层次人才需求,提供公开、透明和充分的人才市场信息,为人才引进架起广阔的市场平台,提供及时、周到的服务,以市场化思维推动人才供求双方有效对接。

---

① 参见本章导论部分。

（二）遵循市场规律制定并实施吸引人才的优惠政策

中央政府和西部地方政府要遵循市场规律，制定并实施西部土地利用、收入分配、户籍、人事、科技等方面的优惠政策，尽可能地利用市场机制为西部人才（包括现有人才）提供相应的待遇，尽量减少政府的直接干预。具体地说，应借鉴美国经验，同时考虑中国国情，在西部土地政策方面，可将一定面积待开发治理的土地以低价、无偿或先期注入资金扶持的方式，承包、分租或批租给某些单位或个人，在开发治理的前期给予贷款、补贴、贴息、社会保障等支持，同时规定几十年不变，让承包或承租者拥有充分的土地使用、转让和经营管理权；在收入分配政策方面，可在国有企业中探索知识和技术要素（不仅是管理要素）参与分配的有效办法，充分调动各类人才的积极性和创造性；在户籍政策方面，可允许到西部投资经营的其他区域居民保留原籍户口，对于在西部有合法固定住所、稳定生活来源的人才，可据本人意愿办理城镇常住户口；在科技政策方面，可充分利用西部重点高校（指"211"和"985"高校及教育部直属高校）的优势学科，建立科技开发园区，吸引高科技人才创业，可对科技人员在西部兴办科技企业，简化工商登记，提高股权、期权和知识产权入股比例，等等。

（三）立足于市场需要和事业发展合理利用人才

人才是在"用"中培养和造就的，在"用"中吸引和接纳而来的，西部吸纳人才的关键在于构建一个能够让人才"八仙过海，各显神通"的选人、用人机制，使各种人才有创业和表现其才能的广阔平台，使其真正能够学以致用，学有所用。这要求西部各级地方政府要在人才培养、选拔、考核和激励保障等方面进行制度和方法创新，摒弃不合时宜的传统观念和做法，立足于市场需要和事业发展，不拘一格培养、选拔、考核、激励和使用人才，为人才发展事业提供应有的物质条件、和谐的工作环境等保障。如以国防科技工业、能源交通、化工冶金、旅游环保、基础设施等西部大开发中的重点项目为依托和平台，充分调配和利用好人才。

二、引导西部教育发展与西部开发密切结合

区域开发和发展离不开人才，人才培养离不开教育。教育（特别是高等

教育）是人才培养的主要阵地，发展教育是提高区域人口资源素质、促进区域发展的重要途径。关于教育与经济发展的关系，在国内外均已被广泛研究，并形成了一些理论，如新增长理论将人口资源的价值形态——人力资本作为经济增长的重要源泉，而教育是人力资本形成的重要途径；美国社会学家亨利·埃茨科威兹和罗伊特·雷德斯多夫教授在20世纪90年代提出的三螺旋理论认为，政府、企业与大学是知识经济社会内部创新制度环境的三大要素，它们根据市场要求而联结起来，形成了三种力量交叉影响的三螺旋关系（徐芹、孙建洪，2011）。这些理论得到了美国西部开发实践的验证。在美国西部开发中，美联邦政府和地方政府据西部开发不同时期的需要，有重点和有针对性地扶持西部教育发展，引导中等和高等教育随着西部开发过程中产业发展的需要，改变自身人才培养的方向和目标，为西部开发提供了强大的智力支撑，推动了西部教育与西部开发密切结合。

中国西部大开发十余年来，各级政府采取多种措施发展西部教育，使西部教育发展实现了重要跨越。如义务教育接近全面普及，中等职业教育发展取得重要突破，高中阶段教育普及水平与高等教育大众化水平明显提高①。然而，目前西部教育与西部开发的结合度还不高，在培养西部开发所急需的人才方面做得还不够。如西部培养的中职毕业生，大多到东部发达地区就业（王昌平，2005）；西部高校的教育模式存在很多弊端，表现为专业设置、课程内容、教学方法等与市场对于人才的需求脱节（姚艳梅，2011），西部高等教育发展与区域经济的协调度和发展的一致性较差（张文耀，2013）。借鉴美国西部开发中教育发展的经验，政府应引导西部教育发展与西部开发密切结合。具体而言，西部教育发展不能盲目强调"人有我有"和追求"大而全"，而应"有所为有所不为"。政府要引导西部绝大多数普通高校和职业技术院校走教育地方化、为地方经济建设服务的道路，使其依据西部开发的需要，调整学科专业设置，确定培养目标，改革管理体制和培养模式。从当前情况看，一方面，西部普通高校不应着力扩大规模，而要提升内涵。其中，"211"和"985"高校及教育部直属高校作为研究型大学，要将重心放在科研和研究生培养，要成为西部高科技园区建设的重要依托和高技术产业发展的主力军；地方普通高校则应

---

① 《西部大开发：十年跨越发展　西部教育成就辉煌》，http://news.myttc.cn/n/20111114/14232426_n164333.html，2009年11月30日。

以培养面向西部开发的实用型高级人才为目标，确立人才培养模式，进行教学内容和方法等多方面改革。另一方面，西部职业技术院校应以培养西部开发第一线所需的岗位技能型人才为目标，据西部特色产业开发、职业工人转岗、农村劳动力转移、扶贫开发等需要，搞好专业设置，灵活办学，推行工学结合、校企合作、顶岗实习、弹性制培训等多样化人才培养模式。

三、激励组织和个人给西部教育捐资和投资

引导民间资本投入西部教育事业，是美国西部人口资源开发中筹集教育发展资金的重要途径。美国颁布实施《权利法案》《国防教育法》《高等教育法》等法律法规，赋予了私人办学的权利和政府向私立高校提供长期资助的义务，并根据税法规定，对资助教育的私人或团体给予税收减免，这些对民间资本投入西部教育事业起到了很好的引导作用。目前中国社会上存在着大量的闲散资金，而中国西部经济不发达，政府财政拨款压力大，教育经费短缺。中国西部教育发展资金的筹集需要借鉴美国经验，采取措施激励更多企业事业单位、社会团体和个人给西部教育捐资和投资，发展西部民办教育事业，特别要鼓励社会力量举办西部高等教育，形成行业、企业、个人等多方面参与西部高等教育的办学格局。

2002年《中华人民共和国民办教育促进法》（以下简称《民促法》）及2004年《〈民促法〉实施条例》颁布后，西部各省区相继成立了民办教育管理机构，制定了《民办教育促进法实施细则》，就专项资助、融资贷款、投资回报、专业设置、教师待遇、自主招生、土地征用等方面做了鼓励性规定，西部民办教育得到了长足发展。2009年西部民办高校数（不含独立学院）已占全国总数的21.3%，与2003年相比提高了4.5个百分点。尽管如此，目前西部民办高等教育占全国的比重仍然偏低，整体水平相对落后，且西部各省市区之间、各校之间发展水平参差不齐，两极分化严重（李维民，2010）。重要原因在于，相应的法制建设严重滞后，政府对民办教育的资助力度不够（黄可欣，2011）。主要表现为，现有的《民促法》及其实施条例可操作性不强，不能很好地解决诸如教职工的职称评定、养老保险，教师流动、学生待遇等民办学校内部存在的问题，其中虽有一些鼓励性规定，但缺乏执行标准。例如，《民促法》第四十七条规定："国家对向民办学校捐赠财

第四章　中美西部人口资源开发比较分析

产的公民、法人或其他组织按照有关规定给予税收优惠，并予以表彰。"对于捐赠者给予怎样的税收优惠，《〈民促法〉实施条例》中没有明确规定。《〈民促法〉实施条例》第三十八条规定："捐资举办的民办学校和出资人不要求取得合理回报的民办学校，依法享受与公办学校同等的税收及其他优惠政策。出资人要求取得合理回报的民办学校享受的税收优惠政策，由国务院财政部门、税务主管部门会同国务院有关行政部门制定。"对于出资人要求合理回报的税收优惠尚未出台。借鉴美国的经验，政府要对西部民办教育的发展切实给予立法规范和优惠政策扶持。通过《民促法》及《〈民促法〉实施条例》等法律和政策的完善与监督实施，解决民办学校发展过程中存在的一些需要政府解决的现实问题，落实民办学校和捐资助学者享受的税收优惠等待遇，保障捐资助学和投资办学者的合法权益，最大限度地调动组织和个人捐资助学和投资办学的积极性。

四、健全西部人口资源开发政策实施的法律保障

法律较之于政策具有更强的权威性和稳定性，如果没有相关的法律做保障，政策难以得到长期、稳定和有效的实施。法律手段是美国西部人口资源开发的主要手段之一。美国在西部开发中围绕移民、土地、教育和人才等问题颁布了多种法律，以这些为先导和保障，美国有效实施了促进国内外移民定居西部的移民政策和土地政策、提升西部人口素质的教育政策及促进人才充分利用的科技政策等。

中国西部人口资源开发中对西部教育发展和人才培养实行倾斜投资和多种行政倾斜措施，为鼓励和吸引人才工作于西部而实施一些分配激励政策，并实行面向西部的智力支援。这些有力地推动了西部各类教育的发展，提高了西部人口资源的素质，为西部开发提供了一定的智力支撑。但不可否认的是，中国西部人口资源开发方面的政策虽不少，但相关法律却十分缺乏。缺乏法律保障的政策实施起来难免有一定的主观随意性，也较难获得应有的实施效果。譬如，对口支援西部高等学校这一项工作，目前采取的是政治发动的形式，通过政策的手段加以贯彻，在对口支援的任务、时限、资金、项目、成效、监督、考核、奖惩等各方面没有立法规范，尽管众多学者对此曾提出过立法的建议，但很长时间以来，一直停留在学术讨论的层面，没有进入高层的决策视野，因

而迟迟没能进入立法程序，这对高校对口支援政策的推进会产生影响（解群，2013）。以美国西部人口资源开发的经验为鉴，需要紧密结合西部大开发的需要，在西部人才吸纳和利用、教育发展、激励组织和公民个人给西部教育捐资和投资、对口支援西部高等学校、对西部开展智力支援等各个方面，加强立法规范，确保西部人口资源开发政策的有效实施和相关工作规范有序和持续的推进。

第五节　本章小结

人是生产力中最积极最活跃的因素，区域人口资源开发与区域可持续发展密切相关。在中美西部开发中，人口资源开发均是关键内容。中国西部人口资源开发不能也不可能采用过去的计划经济模式，必须遵循市场经济规律，需要借鉴美国西部人口资源开发经验。从总体上看，目前专门研究中美西部人口资源开发的成果不多，专门对两者进行比较研究的成果更为稀少，这不利于充分把握中国西部人口资源开发存在的问题及借鉴美国西部人口资源开发的经验。

本章在前人研究的基础上，系统分析中美西部人口资源开发的主要做法，比较两者的异同，结果显示，两者开发的背景和目标相似，均是为西部开发提供必要数量的人口或智力支撑，但开发面临的人口资源基础与自然和文化环境不同，开发的手段和机制也有差异，美国综合运用多种手段但以运用法律手段和经济手段为主，中国采用行政手段和经济手段，但以采用行政手段为主，在开发中美国将政府行为与市场机制有机结合，而中国则以政府为主导。

美国西部开发已经取得了成功，其中人口资源开发起到了关键性的作用。中国正在发展社会主义市场经济的背景下进行西部大开发，西部人口资源开发得到了各级政府的重视，也取得了明显成效，但由于多种原因，目前中国西部人口资源开发尚处于中低层次阶段，西部人口资源状况仍不能很好地适应西部大开发的需要。推进中国西部人口资源开发不能完全照搬美国的做法，但美国西部人口资源开发中政府利用市场机制促进人口西移和提高西部人口素质等方面的经验，对中国西部人口资源开发具有借鉴意义。针对中国西部人口资源开发存在的问题,从美国西部人口资源开发的经验中我们可以获得以下四个方面的重要启示:一是构建政府引导下以市场为主体的西部人才吸纳和利用机制;二是引导西部教育发展与西部大开发密切结合;三是激励组织和个人给西部教育捐资和投资;四是健全西部人口资源开发政策实施的法律保障。

第五章　中美西部水资源开发比较分析

水既是一种物质资源又是自然环境的重要组成部分。作为物质资源，水的数量有限且无法替代，是人类与其他一切生物生存的必要条件，是国民经济发展不可或缺的。作为自然环境的一部分，水是生态环境的控制性要素，最易受到经济活动的影响而发生变化，甚至因受到破坏而反过来制约经济发展。因此，水是生命之源和社会经济可持续发展的前提，水资源问题是可持续发展中的重要问题，实现区域可持续发展，必须合理开发区域水资源。

美国西部水资源开发是西部开发十分重要的内容。马克·吐温曾经典地概括美国西部水资源的匮乏状况，即威士忌是用来喝的，水是用来战斗的。这也充分说明了美国西部开发初期水资源问题的严重性。在美国西部开发中，政府高度重视西部水资源问题，实施了科学的水资源战略，制定了合理的水资源法规政策，成功开发了西部水资源，这极大地推动了美国西部开发的进程。

目前，中国西部大开发面临较为严峻的水资源问题。从总体上看，中国西部12个省区水资源（含水能资源）并不贫乏。西部水资源总量15000多亿立方米，占全国总量的55.65%，可开发水能资源装机达3.4亿千瓦，占全国总量的90%（张永安，2013）。然而，中国西部水资源时空分布不均且西部大部分城市面临水资源短缺和水环境污染的双重压力，水资源已经成为制约西部可持续发展的重要因素之一（周波等，2010）。

中国西部大开发的成败在水，西部大开发必须实行可持续发展战略（方子云，2000），加强对西部水资源的合理开发、综合利用和保护，只有这样，才能为西部大开发的顺利进行提供有力保障（周波等，2010）。如何在西部大开发中合理开发、综合利用和保护水资源？美国西部开发中水资源开发的经验，无疑具有启示意义。对中美西部开发之水资源开发进行比较研究，特别是对美国西部水资源开发的做法或经验进行深入研究，可为中国西部水资源开发提供有益的借鉴，对深入推进中国西部大开发有积极的意义。

学术界有一些成果涉及中国西部水资源开发问题，而关于美国西部水资源开发则进行了较为广泛的研究。总体而言，目前涉及中国和美国西部水资源开发的成果虽然不算少，但对中美西部水资源开发进行专门系统比较研究的成果稀少。

本章在前人研究基础上，系统分析中美西部水资源开发的主要做法，比较两者的异同，探寻美国西部水资源开发对中国西部水资源开发可资借鉴的方面，为深入推进中国西部水资源开发提供决策参考依据。

第一节 美国西部水资源开发

纵观美国西部开发历史及美国水资源政策的演变，美国西部水资源开发大体可分为三个阶段，即20世纪30年代以前主要服务于灌溉目标的西部水资源开发时期，20世纪30~60年代西部水资源的多目标综合开发时期与20世纪70代以来以水资源和环境保护为主要目标的西部水资源开发时期。

一、20世纪30年代以前主要服务于灌溉目标的开发[①]

在西部开发推进的一个较长的时期内，西部经济以农业等初级产业为主，制造业和城市的发展缓慢，对西部水资源开发的需求主要是灌溉需求，因而西部水资源开发没有得到联邦政府的足够重视，主要是移民、私营灌溉公司和州政府进行尝试。进入19世纪后期，随着越来越多的移民进入西部干旱和半干旱地区，联邦政府开始采取措施激励移民开发水资源，征服干旱。从19世纪后期到20世纪20年代，随着丰富的矿产资源在西部被发现及以电力的发明和应用为主要标志的第二次产业革命的兴起，西部纺织业、钢铁工业和煤炭工业等制造业的发展和西部城镇化的发展，对西部水资源的开发与利用管理产生了明显的需求，联邦政府开始进行西部水资源开发的规划和管理，并直接参与一

---

① 本部分的阐述参考了郭晶（2010）的硕士学位论文。

些水利工程的开发。不过,这一时期西部水资源开发主要服务于灌溉目标。从西部主要水资源工程的投资分配来看,1926年以前,灌溉方面的投资约占85%,水电开发投资约占7.7%,防洪、生态和环境方面的投资约占7.3%,城市和工业供水投资不足0.001%(周彬,1986)。

(一)早期西部移民的尝试

随着西部开发的推进,最先进入西部的拓荒者或移民们成为开发西部水资源的先行者(EL-Ashry,1988)。早期的西部移民看见印第安人早先挖掘的水渠后,学着引水灌溉。移民们也试着改变河水流向,将河水引入低地,结果带来了丰收之年,但后来却遭遇到可怕的洪水泛滥。这使移民明白了,不仅要引水灌溉还要整治河道,修筑大坝防洪。随着美国西部开发的推进,摩门教徒站在了从事灌溉事业的最前沿。他们于1847年来到盐湖城河谷,开始在邻近河流的地方修建类似东部的小型水坝,并引水到附近的干旱却肥沃的土地上。随着摩门教徒的定居,灌溉区很快遍布西部。西部开发中最早产生的灌溉区位于加利福尼亚州的阿纳海姆,形成于1857年。第二个灌溉区位于科罗拉多州的格里力,形成于1870年,这里作为一个联合聚居地引起了全美国的关注。此外,农民、个人或集体开始着手成立灌溉公司,修建灌溉工程,把更多的荒漠变为良田。然而,事实证明,私人的努力虽然取得了一时的成就,但没有达到根治的目的。19世纪80年代初,大批干劲十足和雄心勃勃的美国东部移民们到达了未耕作的肥沃多产的美国西部大平原。这片地区位于西经98度经线以西,由于过于干旱而未能被成功耕作。极富热情的移民们因不能长久的勉强度日,只能迁移。

(二)早期私营灌溉公司对灌溉业的投资

19世纪末,在利益驱动下,包括铁路公司、土地投机公司、牧业公司等在内的私营灌溉公司成为开发西部水资源的一支主要力量。铁路公司为了处理联邦赠地而投资西部灌溉业,修建灌溉水渠系统、水电站和运输设施。为了使手中的土地增值,或为了出售灌溉用水权,一些土地投机公司和牧业公司也在西部投资兴修灌溉工程。这是因为,只要修建水利灌溉工程,就能使干旱半干旱的土地增值几倍;而水权脱离于土地单独计算,每英亩均价26美元,是修建灌溉工程最初花费的3倍(Pisani,1992)。私营灌溉公司带动了西部灌溉农业的发展。

(三) 早期州政府对西部灌溉用水资源的开发

在早期的西部水资源开发中，西部各州给予了大量的投入。在1861年以前，州和当地政府用于运河水道的投资占到了总投资额1.88亿美元的73% (Pisani, 1992)。此外，州政府通过立法推动农业灌溉用水资源的开发。1887年加利福尼亚州的《赖特法案》是最早获得通过的法案，这一法案授权成立灌溉特别区，以帮助中央谷地地区的小农场主联合起来，集中利用资源，将附近的河水资源引入中央谷地进行灌溉，同年6月，加利福尼亚州的第一个特别区——特洛克 (Turlock) 灌溉特别区成立 (Paterson, 1987)。该法案在随后几年中得到调整，并得到了西部其他一些州的支持和认可 (EL-Ashry, 1988)。然而，由于州和地方层面上财政资金和技术资源的短缺，西部水资源问题得以从根本上解决只能依靠联邦政府的力量。

(四) 19世纪后半期联邦政府的激励措施

在西部开发早期，移民为农耕生产和矿业开采，在河流中自发地修筑了形形色色的各类堰坝，以便于磨玉米、采矿洗选、灌溉和船运等。进入19世纪后半期，当移民拓荒淘金潮席卷到落基山东部时，西部地区特别是西部极其干旱的地区仅靠老天爷的恩赐无法满足农耕灌溉和基本的生产、生活用水。与此同时，在已开发的旧西部和中西部地区，年年受到洪水的威胁。因此，联邦政府开始对西部水资源开发采取激励措施，其内容主要涉及航运、防洪和灌溉等方面。

(1) 在航运和防洪方面的激励措施。1849年国会通过一项法案，允许路易斯安那州出售沼泽地并用出售所得的资金来修建防洪堤和排水渠，到1850年这种特权扩大到所有的其他各州 (Rogers, 1993)，同年，国会授权陆军工程师兵团控制密西西比河下游的洪水，陆军工程师兵团作为国会的技术顾问，在早期防洪事物中发挥主要作用 (Rogers, 1993)。1879年经国会同意建立了密西西比河委员会来研究密西西比河的开发和治理规划，包括防洪和通航问题，委员会由7个委员组成，包括陆军工程师兵团3人、海岸及土地测量局1人及社会各界3人 (其中2人必须是土木工程师) (张柏山，2004)。

(2) 灌溉方面的激励措施。在这一时期，联邦政府不直接参与兴建水利设施，而是倾向于通过几个法案来扩大售地面积以增加购地农户对建设水利设施的兴趣和承受能力（郭晶，2010）。国会分别于1877年、1891年和1894年颁布《荒漠土地法》《干旱土地法令》和《凯里法令》来鼓励灌溉，即对移民实行低价出售，甚至免费赠送西部土地的政策，以鼓励人口西移，但明确规定必须以移民自行开发灌溉作为附加条件，鼓励私人开发水资源。但由于这些法令设计上的漏洞等原因，对灌溉土地未起到实质性的作用。人们越来越清楚地看到，联邦政府仅以优惠条件出售干旱土地，从而企图靠农户们的力量使旱地得以灌溉远远不够，而且开发灌溉蓄水和输水系统的成本高，几乎没有私人公司可以负担得起。因此，在19世纪90年代要求联邦政府发起西部水利开发的呼声日益高涨。

（五）从20世纪初到20世纪20年代联邦政府的参与、管理与协调

西部要求联邦政府发起西部水利开发的呼声高涨促成了1902年《垦殖法》的通过，使联邦政府投入到西部水利建设中去（EL-Ashry，1988），标志着联邦政府开始直接参与西部水资源的开发，这对西部干旱半干旱地区的开发具有重要意义。《垦殖法》通过的目的在于促进西部干旱土地的开垦，满足市政、工业及农业等部门对供水的需要，鼓励人们开发西部。

从20世纪初到20世纪20年代，联邦政府积极地干预农业灌溉、蓄水和水能开发、内河航运条件的改善和水污染的治理、防治洪水及协调水资源的分配。

(1) 发展农业灌溉设施。《垦殖法》授权联邦政府用出售国有土地收益作为基金，为西部各个州和领地修建灌溉水利工程，负责工程的维护与经营，并用司法程序来保障联邦政府购买私营企业占有的水库基址或国有土地的权力，使联邦政府在规划和管理西部灌溉设施中获得了充分的权力保障。根据《垦殖法》成立了土地开发署，在西部建立了开垦区，移居开垦区的人在定居5年并耕作一定面积的土地后，即可获得80英亩土地，每年向政府支付一定数额的灌溉费用，政府用这笔钱再去兴建新的水利设施，以此形成良性循环。

(2) 建设蓄水和水能工程。在西部水资源的早期开发中，联邦政府没有直接参与，但西部各州都建立起水权制度。水权制度是约束和保护人们行使水权的各项权利的制度安排，是在水资源的管理过程中，随着用水需求和用水竞争的日趋激烈，逐步完善形成的一种规范的水资源的法律化管理制度（胡剑波，

2005)。当时水权制度关注的重点是如何应对水资源的短缺,因而主要采用先占水权制度,即主要根据"先到先得"的原则分配水资源。先占水权制度通过保证灌溉农业用水在促进西部开发方面做出了贡献,但也存在缺点,主要是没有充分考虑到优先权的变化,这就必然导致早期西部开发中各州地方利益冲突严重,不利于灌溉工程体系的建设,需有一个强有力的机构来组织、规划、统一协调开垦事务,于是,根据《垦殖法》,1902年联邦内务部垦荒服务局得以成立,其职责是负责西部17个干旱和半干旱州的水利工程建设,从而缓解因缺水而导致的落基山脉和太平洋沿岸各州在有关河岸占有方面的激烈争论和剧烈冲突(郭晶,2010)。1907年垦荒服务局从内务部分离出来成为独立机构,1923年更名为联邦垦务局(Trottier et al.,2004)。从20世纪初到20世纪20年代,联邦政府在西部兴修的大型水库和水电站工程大多都是通过垦务局来完成的,联邦垦务局修建的蓄水和水能工程遍布整个干旱半干旱的西部。其中最著名的两个工程是博伊西工程(位于博伊西河流域)和里奥格兰德工程(位于上科罗拉多河流域)。这两个工程于1905年由内务部长根据《垦殖法》的规定批准修建。通过博伊西工程,从事灌溉的农民们把沙漠变成了多产的农业区,促进了谷物、牧草、糖用甜菜、玉米、土豆、洋葱、苹果等粮食作物、饲料作物和果业的生产,其中饲料作物生产支撑起了乳业和牛肉业①。里奥格兰德工程位于新墨西哥州中南部和得克萨斯州西部里奥格兰德河谷的河滩,为约17.8万英亩土地提供充足的灌溉用水供应,为这一地区的社区和工厂提供电力,为占新墨西哥州约60%的土地和占得克萨斯州约40%的土地供水,其供水还转输给墨西哥,用于灌溉华雷斯河谷约2.5万英亩的土地②。

(3)改善内河航运和治理河流污染。陆军工程师兵团是联邦政府创建的美国第一个也是最大的一个兴修水利的机构,其成立于1802年,最初的使命是负责航运。当1824年国会被确认有在美国的一切通航河流上管理贸易的权力以后,立即通过了第一个《河流与港口法》,要求改善俄亥俄河的航运状况,从此,陆军工程兵就开始承担起修建河流、港口、航运工程的任务(郭晶,2010)。1899年通过的河流与港口法案授权陆军工程师兵团监测、控制和禁止在国家可航行的水域倾倒残余物,首次授予陆军工程师兵团行使直接调控的权力,至1907年,河流和港口法案的拨款渐增,联邦政府在航运改进方面的作

---

①② 美国垦务局水坝工程网站,http://www.usbr.gov/Projects/dams.jsp。

用继续加强（Trottier，2004）。1910年出台的关于1906年综合水坝法案的修正案进一步限制了在可航行的河流修建水坝，1912年通过公共健康服务法案并成立公共健康服务局调查河流的污染状况，1914年公共健康服务局颁布了针对州际间输水管道的饮用水标准（Rogers，1993）。

（4）多种工程措施防治洪水。1912年和1913年，俄亥俄州迈阿密河流域发生了灾害性洪水，1916年密西西比河也发生洪水。1917年美国通过第一部专门的洪水控制法案——《防洪法》。这是美联邦政府参与洪水控制迈出的重要一步（Trottier，2004）。该法案规定在分担公共费用的基础上，国家提供资金用于密西西比河下游的堤岸建设及另外的拨款用于加利福尼亚州萨克拉门托河的改善，并授权陆军工程师兵团研究其他河流。该法案的制定结束了"堤防万能"的治河政策，主张用多种防洪工程措施来控制洪水。1917年联邦政府在密西西比河和萨克拉门托河修建的防洪工程，是联邦政府第一次修建的防洪工程（Rogers，1993）。1927年密西西比河下游发生特大洪水，成为美国最严重的洪水之一。遭受多次洪水灾害之后，陆军工程师兵团的权限进一步扩大，有权对全国各河流流域进行综合研究。这项研究工作的成果通称为"308报告"。1928年通过了《密西西比河下游防洪法》，规定由陆军工程师兵团负责全国的防洪和航道整治管理，授权陆军工程师兵团整治河道、建设滞洪区、开辟泄洪道，标志着水资源多目标开发和流域综合治理即将开始（郭晶，2010）。

（5）积极协调水资源分配。在西部开发过程中长期实行先占水权制度。先占水权制度源于加利福尼亚州早期的矿业习俗，后逐步扩展至西部各州。1848年加利福尼亚州发现了巨大的金矿，最后终于引发了美国历史上著名的"淘金热"。1848年2月12日，美国军队的长官宣布废止墨西哥法律在此地的实施，但却没有规定新的法律。为了维持秩序，各地的矿工们成立了矿区组织，每个矿区都有自己的规章。这些规章的本质极为相似，主要是关于财产权利，基本原则是自然资源对所有人都是免费的，在先的占有人将获得保护，"先到先得"原则获得了广泛的适用，各地都规定第一个占有矿场的人拥有矿业权，矿区内实施的免费开矿、免费获得土地、免费取水等制度都是矿工们自己决定的。1850年9月，加利福尼亚州正式被纳入联邦政府。1851年4月29日，加利福尼亚州第一部立法《民事法》正式通过。拓荒者们按照"先到先得"原则占有矿区、森林、水体和其他公有物的习俗被这一法律所认可，正式具有了法律效力。由于采矿活动需要大量用水，因此取水权也成为了采矿习

第五章 中美西部水资源开发比较分析

俗或规章的内容，通常规定水权的获得采用先占原则。1866 年，美联邦政府颁布《矿业法》，西部的先占水权制度得到正式确认[①]。随着西部开发的推进、用水需求的增长，西部的先占水权制度的实施不可避免地产生了一些用水冲突，联邦政府开始积极协调水资源分配。以科罗拉多河流域水资源分配的协调为例。美国西南部严重缺水，而科罗拉多河作为西南部的主要水源，成为各州争夺的焦点，特别是伴随着 20 世纪 20 年代加利福尼亚州洛杉矶等主要城市的迅速发展，对水资源的需求增长迅速，科罗拉多河流域的用水冲突凸显。一方面，当加利福尼亚州得知垦务局将在科罗拉多河上修建一座大坝的计划时，洛杉矶开始聚集周围各城市和南加利福尼亚工程附近居民们的力量，以争取获得科罗拉多河电力和水资源，由此产生的一系列利益争夺开始出现在国会的博尔德峡谷工程法案中。另一方面，由于科罗拉多河流域除加利福尼亚州外，还有科罗拉多、新墨西哥、犹他、怀俄明、亚利桑那和内华达 6 个州，这些州担心快速发展的加利福尼亚州将拥有更大的用水权，会明显地限制自己发展，特别是当 1922 年最高法院在"怀俄明诉科罗拉多案"中宣布"先来者优先"的占用原则可被应用于各州时，它们的担心进一步加剧，于是便控制住正在审理中的博尔德峡谷工程法案。在这样的背景下，联邦政府积极协调科罗拉多河流域水资源的分配，结果于 1922 年签订了科罗拉多协议。这是解决州际间水资源使用争端的一项开拓性的工作，很快被西部其他流域所仿效（EL-Ashry et al., 1988）。

二、20 世纪 30~60 年代多目标和综合性的开发

到 20 世纪 20 年代末，西部社会经济发展已呈现多样化态势，对西部水资源开发提出了多样化的需求，联邦政府开始考虑从法律上规定西部水资源工程必须兼顾灌溉、防洪、航运、发电、供水等多种效益，对西部水资源进行多目标开发。如 1928 年国会通过的《博尔德河谷法》授权在科罗拉多河上修建博尔德水坝，实现包括洪灾控制、航运、水电和灌溉等在内的多个目标（Miller et al., 2001）。随后，美国爆发了历史上最大的一次经济危机。1932 年富兰克

---

① 《矿业法》规定，用于矿业、农业、工业或其他用途的先占水权都是合法的既得权利，地方习惯、法律和法院判决确认的权利及为了以上目的建造的水渠和河道也将获得同样的保护，但如果权利人在建造过程中侵害了其他人的权利，权利人必须对其进行赔偿。

林·罗斯福总统当选，开始实施新政应对经济萧条。20世纪30年代成为西部多目标水资源工程的大发展时期，其直接推动因素是新政时期联邦政府为解决失业问题和稳定国家经济，采取了大规模兴建公共工程的政策，其背景是"一战"①后西部制造业开始起步，20世纪30年代已经出现了飞机制造等大工业生产，工业的发展带来了城市的发展和繁荣，从而对供水、供电产生了较多的需求（周彬，1986）。在"二战"期间，为满足战时军火工业需要，西部水电工程迅速发展。"二战"后，西部现代产业和城市大规模发展起来，经济规模日益扩大，西部水资源开发随之进入了新时期，一是开始在整个流域范围内进行水资源的多目标综合开发；二是将娱乐、生态和环境保护变为水资源工程规划中必须考虑的因素。总的来说，在20世纪30~60年代，联邦政府在一系列水法律法规和政策框架下，通过建立健全相关水管理机构，大量增加财政资金投入等措施，大力修建大规模的多目标水资源工程，综合开发和治理流域，采取措施控制水污染，实现了西部水资源的综合开发和高效利用，极大地推进了西部开发进程。

（一）建立和健全水管理机构

联邦政府通过调整机构职能和成立新机构的方式，建立健全相关机构。一是扩展已有机构职能。陆军工程师兵团自1935年起开始负责制定全国的防洪工程规划并承担部分工程建设。垦务局从1933年起开始介入联邦公共工程建设项目，部分资金来自公共工程局的拨款，到1937年后期，其经费来源渠道转为垦殖基金和财政拨款，在1939~1940年其经国会授权负责干旱地区的水土保持工作。二是成立新机构。1932年，政府把大批失业青年组织起来成立民间资源保护队，主要承担防土壤侵蚀、分洪堤坝、供野生动物需要的蓄水池和植树等种类的工程建设（刘绪贻、杨生茂，2002c），把水土保持工作提到了重要的地位（徐更生，1987）。1933年，成立国家规划委员会（后重组为国家资源委员会），通过《田纳西河流域管理局法》，设立了一个直属联邦政府领导，既有政府权力，又有私人企业灵活性的公司——田纳西河流域管理局，统一规划和开发利用田纳西流域水资源，并对田纳西流域进行综合治理，具体涉及流域内的水电工程、洪水控制、土壤保护、植树造林、土地休耕、河流净

---

① 第一次世界大战，时间为1914年8月至1918年11月。

化和通航及各类小工业的建造等事宜（李春芳，2006）。此外，根据美国《宪法》，各州政府对于其辖区内的水和水权分配、水交易、水质保护等问题拥有大部分的权力。这一时期，州级水管理机构也逐步建立健全起来。

(二) 大量增加水利工程建设方面的财政资金投入

进入新政时期，美国水利投资主要来自政府。1933 年，通过实施的《国家工业复兴法》规定，成立公共工程局，拨款 33 亿美元举办大规模公共工程（刘绪贻、杨生茂，2002c）。1935 年通过《紧急救济拨款法》，建立工程振兴局，1935～1936 财政年度，国会拨款 50 亿美元用于以工代赈和公共工程计划（刘绪贻、杨生茂，2002c）。由于联邦政府加强宏观调控，在兴办的公共工程中提高了财政预算，加大了资金投入，使急需兴建水利工程的西部获益匪浅。

(三) 大力修建服务于多目标的水资源工程

于 1931 年 4 月开始兴建、于 1935 年投入使用的博尔德河谷工程，是联邦政府在西部建设的第一个水资源多目标综合开发工程。博尔德水坝高 725 英尺，是当时世界上最大的水坝，控制了科罗拉多河两年的径流量，像一个水龙头一样可以控制科罗拉多河的开和关（Miller et al., 2001）。为纪念大坝兴建的倡议者美国总统胡佛，1947 年博尔德水坝改名为胡佛大坝。博尔德河谷工程确保了南加利福尼亚州和亚利桑那州西南部 200 万英亩的土地和墨西哥州 40 万英亩的土地得以灌溉，使大量的农副产品投向国内市场，使南内华达州、亚利桑那州和南加利福尼亚州的 2000 多万个居民和大量的工业得到了科罗拉多河水；对于"二战"期间飞机和其他设备制造的电能供应起到了至关重要的作用，有助于美国西南部工业的发展和扩张；吸引大量游客前往观光旅游①。

中央河谷工程是为解决加利福尼亚州中部和南部干旱缺水及城市发展需要而兴建的一项将萨克拉门托河流域的水引到圣华金流域南部的调水工程。早在 1933 年，加利福尼亚州的立法机关批准《1933 年中央河谷工程法案》，准备兴建中央河谷工程，但因财力不济只好申请联邦政府支持。1937 年《开垦法案》颁布，联邦垦务局依据《开垦法案》，经《河流和港口法案》授权，承担

---

① 美国垦务局水坝工程网站，http://www.usbr.gov/Projects/dams.jsp。

了中央河谷工程的修建和管理。兴建这一工程有三个目的：一是调节河道以改善洪水控制和航运，二是提供灌溉和居民用水，三是发电。后来根据特殊附加工程的授权和立法的要求，新增了服务于娱乐、鱼类和野生动物保护和水质改善等目的的附加工程。

1939年颁布的《垦荒工程法》正式授权垦务局在西部州的任何水利工程都包含为市政和工业供水、灌溉、控制洪灾、航运及发电的目标，同时规定了水利工程建设成本的分摊原则，即航运和洪灾控制方面的成本全部由联邦政府支付，电力生产、市政和工业用水方面的工程成本，通过向电力和用水受益者收费，连本带息归还联邦政府，还款期限通常为50年，灌溉用水的成本由灌溉用户偿还，但不含利息①（冯泽峰，1992）。

除了博尔德河谷工程和中央河谷工程外，还有一批多目标大型水资源工程上马。1944年开发整个密苏里流域的皮克—斯隆恩计划被授权建设，哥伦比亚河干、支流上的水电站群也相继动工。"二战"期间垦务局负责修建的水电站达到30多个，1946年西部水电建设的10个州的水力发电量占美国水电量的近45%（周彬，1986）。1956年开发上科罗拉多河流域的科罗拉多—大汤普逊工程上马。1962年加利福尼亚州水资源工程投入建设。

1946年《鱼类和野生动物法》、1965年《联邦水资源工程娱乐法》和1969年《国家环境法》的颁布，使水资源开发目标扩大到生态、娱乐和环境保护等新的领域，体现了战后工业化、城市化和社会生活的变化，使生态、娱乐和环境保护成为水资源工程规划中不得不考虑的因素。因此，本时期建设的大规模水资源工程有一个共同的特点，那就是统筹兼顾灌溉、防洪、发电、供水、航运、生态、娱乐和环境保护等多种效益。即使有些工程兴建时没有顾及生态、娱乐和环境保护等多种效益，但在后来通过附加工程等措施进行了弥补。

（四）综合开发和治理流域

20世纪早期，西奥多·罗斯福总统就声明，每一个河流系统从它在森林的发源地到它的入海口应当被当作一个整体对待，他提出了一个综合开发美国水资源的设想，以期把美国的主要河流建成集发电、灌溉、航运于一体的综合

---

① 这实际上是给农场主以巨大的补贴。

水力体系。1928年《博尔德河谷工程法案》的通过是流域计划的开始。20世纪30年代动工兴建的田纳西河流域工程，实际就是西奥多·罗斯福总统上述设想的实施（李剑鸣，1994）。田纳西河流域和盐河流域的治理则充分代表了联邦政府开发和治理流域所取得的成就。长期的伐树拓荒、垦殖耕种，特别是内战后过度的森林砍伐，曾使美国田纳西河流域内的植被遭到毁灭性的破坏，导致洪涝灾害频繁，土壤侵蚀严重。田纳西河流域工程从防洪入手，综合开发利用水资源，以干流为重点，实行梯级开发，通过修建众多大坝控制了洪水灾害，同时疏浚了河道，兼顾了航运，使流域能够全年通航。盐河流域的开发和治理在20世纪20年代就已酝酿，新政时期为了满足菲尼克斯市的发展和解决干旱的盐河流域灌溉等问题，对盐河流域进行了进一步的开发和治理。盐河工程既提供灌溉用水，使亚利桑那州的一部分沙漠变成了万顷良田，每年生产价值数百万美元的农作物，又给菲尼克斯提供了充足的电力，使其得以迅速发展成为西部的新兴工业城市，还使流域内的水库能提供全年的划船和各种温水鱼类物种垂钓等娱乐项目[①]。

（五）采取措施控制水污染

根据1977年美国水资源保护协会发表的资料，在20世纪20年代末，全美国只有低于30%的城市污水是经过处理的，其中大部分只是经过一级处理，效率高的市政污水处理设施更是寥寥无几（周一平，1999）。1948年，美国颁布了《联邦水污染控制法》，标志着美国政府对水污染控制的开始。这一法案认为水污染控制首先是各州和地方政府的责任，联邦政府相对于州政府来说处于次要地位，其主要是提供技术和资金上的支持。这一法案首次授权联邦政府帮助州政府和地方政府解决水污染问题，包括帮助地方政府规划和设计污水处理厂，同时授予联邦政府对州际污染提起公共损害赔偿诉讼的权利，但这种权利是受限的。随后，国会在1956年、1961年、1965年、1966年多次修改了《联邦水污染控制法》，逐步通过立法的方式扩大了联邦政府控制水污染的权力范围。1956年的修正案允许联邦政府不必取得污染源州的同意对州际污染提起诉讼。1961年的修正案增加了联邦政府召开《联邦水污染控制法》执行会议的权力，并将联邦政府的管辖权从州际水污染扩大至所有可航水域，但对

---

① 美国垦务局水坝工程网站，http://www.usbr.gov/Projects/dams.jsp。

于州内的水污染，联邦政府行使管辖权必须事先取得州政府的同意。由于缺乏切实可行的污染控制标准，水污染控制法中的强制执行程序并未取得明显的效果。1965年的修正案（又称《水质法》）授权在卫生教育福利部下设联邦水污染控制管理局专司联邦水质计划，要求各州均采取水质标准，各州针对州际水域制定的水质标准、实施的计划和强制程序必须报经联邦水污染控制管理局审核批准，如果州政府没有制定出合适的标准，卫生教育福利部部长公布适用于该州的标准。1966年的修正案（又称《清洁水恢复法案》）出台了允许针对国际边界水域使用联邦水污染控制的规定等。

此外，《空气污染控制法》（1955年）、《清洁空气法》（1963年）、《机动车空气污染控制法》（1965年）、《空气质量法》（1967年）等各项空气污染控制法令的颁布控制了酸雨的形成，间接防止了水资源被破坏（周军英，1998）。

然而，20世纪70年代前的立法在改进国内水质上的成果是有限的，到1972年，大约有一半的州已经接受了水质标准，但是联邦立法却没能推动有意义的进步以强制实现那些标准，更严重的是，联邦政府对水污染控制的有限权限和复杂的程序被证明是效率低下的（徐祥民、于铭，2005）。

三、20世纪70年代以来以水资源和环境保护为主要目标的开发

虽然在20世纪30~60年代西部水资源开发遵循包含生态和环境目标在内的多目标综合开发原则，并采取了一定措施控制水污染，到20世纪60年代末和20世纪70年代初，西部开发带来的西部工业的快速发展和城市化水平的大幅度提高还是引起了较严重的生态问题和水土污染等环境问题，加剧了西部水资源的短缺。与此同时，伴随着经济发展和人民生活水平的提高，美国社会逐步向后工业社会转型，居民对美好环境的需求也日益增长。这两个方面对西部水资源的开发提出了更高要求，这就使水资源和环境的保护成为在水资源开发中必须考虑的重要因素。在此背景下，20世纪70年代以来，改善水质、为居民生活提供可靠用水及保护水生态和环境成为摆在联邦政府面前的新重任，美联邦政府在水资源法规政策上突出强调水资源和环境保护目标，进一步加强了对西部水资源开发的治理和协调。最明显的表现是，20世纪70年代以来，在西部主要水资源工程投资中，防洪、生态和环境投资逐步占据压倒优势。在1960~1969年，灌溉投资约占28.3%，水电开发投资约占27.8%，防洪、生

态和环境投资约占 15.8%，城市和工业供水投资约占 28.1%；到 1970 年以后，灌溉投资降为约 6.1%，水电开发投资降为不足 0.001%，城市和工业供水投资降为约 12.4%，防洪、生态和环境投资增长到约 81.5%（周彬，1986）。此时期西部水资源开发的具体措施如下：

（一）逐步健全水权管理制度

早期的先占水权制度有其局限性，如没有考虑到用水优先权的变化，水权确定等方面加重了公共的负担等。进入 20 世纪 40 年代以后，特别是 20 世纪 70 年代以来，随着西部城市人口的迅速增加和人们环保意识的不断加强，城市和环境用水的需求量增加，需要农业用水向城市用水和环境用水转移。早期的先占水权制度因难以适应西部开发和西部社会经济发展对于用水优先权提出的新要求，一度成为水资源和环境保护的绊脚石[①]，并制约经济发展[②]，由此产生了以水权冲突为表现形式的用水矛盾。面对矛盾，美国政府对早期的先占水权制度进行调整和改革，主要表现为消除对水权的转让与交易的障碍、强调对水资源的合理配置（如满足河道内用水权）、启用公共水权以调整或削弱先占水权人的权利保障程度、满足公益性用水需求等（李可可等，2004），从而逐步形成了以水权许可、水权转让和交易、水权中介公司和完善的水法规体系为要素的西部现代水权管理制度。西部现代水权管理制度按优先权合理分配水资源，倡导培育完善的水市场体系，鼓励水权之间的转让和交易，在保护水权的私有属性的同时，引导水资源向城市生活用水、环境用水等方面合理转移。

（1）西部水资源分配和使用采用取水许可制度，法律明确水资源用户按规定交纳水费或水资源费。水费或水资源费由州指定的单位或机构收取。美国《宪法》赋予各州政府对于其辖区内的水权分配、水权交易、水质保护等拥有大部分的权力。州级水资源管理机构相当健全。西部水资源由各州以国家经济

---

① 李梦（2014）的研究表明，各州的先占水权制度曾一度限制河道内用水的发展。河道内用水的水权通常是各州政府所有，而相对于其他水权人，他们的权利没有优先性，这就导致在先的水权人用水时可以毫不考虑河道内剩余的水量，始终抑制河道内用水的发展。

② 先占原则经常导致用水无法转移至更高效的目的。例如，在先占人的权利用于灌溉农田时，这种用水产生的经济效益较低，若其他权利人要将该权利用于更高经济效益的城市用水或工业用水等用途，就要向先占人购买该水权，而水权的交易可能是法律明令禁止的，或因交易价格过高而使交易无法达成。

利益最大化和保护环境为目标，按优先权进行分配。

（2）在用水优先权方面，几乎西部各州都规定家庭用水优先于农业和其他用水，且服务于鱼类和野生动物及人类娱乐的环境用水，如为保护河道中的基本水流和挽救濒危物种的河道内用水，取得了较高的优先权，但一般根据申请时间的先后被授予相应的优先权。当水资源不能满足所有需求时，水权等级低的用户要服从于水权等级高的用户的用水需求。

（3）各州水权机构在授予水权时，通过一整套管理程序，以水资源有益利用、公众信任和不伤害其他水权持有者等为原则，以体现水资源分配和使用的国家经济利益最大化和保护环境目标。其中，公众信任原则日益受到重视。它主张政府受公众信任保留一定权力，并可采取行动保护这些权力不受私人利益侵害，甚至可以为了避免违反公众信任原则，撤销现有的水权（邵自平，2004）。1969年颁布的《国家环境法》赋予公众参与水权许可从申请、编制到审查、批准的全过程的权利。依据该法律，1983年加利福尼亚州最高法院做出了"洛杉矶市对于从莫诺湖流域引水的水权要服从公众信任原则"的裁决，这一裁决体现了环境价值具有较高的优先权，具有里程碑意义。这是因为，莫诺湖是内华达山东麓一片美丽水域，湖中的藻类和盐水虾吸引着数百种候鸟，但由于从该湖的主要支流引水过量，湖水已经减少一半，盐浓度翻了一番。1993年，洛杉矶市在确定莫诺湖的水权时指出：该湖是"国家环境的、生态的和景观的财富，不应当用它做实验，哪怕是短短几年"（李可可等，2004）。

（二）建立发达的水市场

随着西部开发的推进，人们逐步认识到，西部供水能力越来越有限，而用水需求日益增长，通过水市场重新配置现有的水供给，是解决水供求矛盾的有效办法，这使西部水市场逐步建立和发展起来，西部水市场交易日益活跃。1991年，西部12个州报道的各种各样的水交易有127件，出售或出租的水几乎全部来自灌溉水，其中2/3的交易结果是水资源从农村向城市转移（邵自平，2004）。农民通过节约用水、改进灌溉方式等方法将额外的水权通过交换取得相应的补贴，促使他们进一步节水，而城市用户也会通过节水来尽可能少付费用。水市场交易价格的变动和区域差异很大。1991年，在占西部总交易数的1/2的科罗拉多州，水权交易价格为1.74美元/立方米，几乎是1989年交易平均价格的2倍，而2003年南内华达州水务官员决定支付给加利福尼亚州820万美元，以换取其在超过20年的时间里来自科罗拉多河水分配份额中的330000立方英尺（约9345立方米）的水，以解决被长期延迟的科罗拉多河水分配计划（邵自平，2004）。

（1）美国西部水市场可分为地表水市场和地下水市场及正式水市场和非正式水市场。非正式水市场是没有政府干预、由地方自发形成的、基于信用的水交易市场，典型的如农民向邻近农民销售某一时期、一定数量的自家多余的水，一组农民向邻近乡镇销售部分水量。非正式水市场不借助法律或行政手段，依靠买卖双方的信誉，市场范围往往只局限于同一地区，适用于水权不很明确或记录不很清楚，水交易不影响第三方，建立正式水市场交易成本过高的情况。相比之下，正式水市场在交易范围上不受限制，包含跨地区的交易，而且使可交易水权能够很好监控和实施，更有效地服从于法律法规，确保水权交易不影响第三方的利益，并有利于环境保护。

（2）水资源有社会属性，需要保持人们基本生活对用水的需要，需要维持生态环境用水量，可进入水市场的只有经济用水。经济用水体现水权的经济属性，进入水市场交易可达到最大效益的利用。政府往往保留或购买一些水权，以维持公益用途，如加利福尼亚州政府保留了一部分用水权，以满足日益增长的娱乐和环境要求。

（3）美国西部大多数买进水权或出售多余水权的交易由水权管理部门（州水机构或法院）批准，需要办理有关手续，交付相应费用，通过正式水市场来进行。通过市场交易，使水权得到重新分配，水资源的经济价值得以充分体现。

（4）在西部水市场上，多数水权交易通过水权咨询服务公司进行。水权咨询服务公司作为中介在水权交易中发挥非常重要的作用。它可为委托人提供水权占有量和水权有益利用等方面的证明，鉴定有关水权的档案材料，完成详细的水权调查报告，做水权管理计划，对水权的实际价值进行评估、代理诉讼，等等。

（5）基于水银行的水权交易。美国西部还出现了水银行，如美国加利福尼亚州成立了世界上首家水银行，水银行将每年的主要来自休耕地用水和地下水的来水量按照水权分成若干份，以股份制形式对水权进行管理，利用水市场机制，组织水权持有人和水权买主之间的交易，实现水资源在短期的重新分配。这不仅大大便利了水权交易,而且推进了水资源的合理配置①,产生了较大的经济效益。譬如,1991 年,加利福尼亚州水银行 45 天内竟买到了 10 亿立方米的水,其买入价为 10 美分/立方米,卖出价是 14 美分/立方米,据估计带来的经济效益达 3.5 亿美元(李可可等,2004),且有效地促进了水资源的合理流通。

(6)利用互联网的水权交易。水权的买卖双方都可以到水权市场网站进行登记,从而在网上完成水权交易。

(三)强力控制水污染

(1)逐步完善水污染控制法规体系。美国立法决定了水污染控制的法治化框架。20 世纪 70 年代以来,美国水污染控制法规体系逐步完善。①1972 年《联邦水污染控制法修正案》(又称《清洁水法》)颁布,是美国水污染控制史上的一个里程碑。该修正案将联邦政府行使管辖权的范围扩大到"包括领海在内的全部水域";改变了联邦水污染的控制方法,在继续实施 1965 年修正案要求的水质标准的同时,制定并实施了在全国范围内统一适用的、以可行性污染控制技术为基础的排放限制标准,建立了一个由联邦环保署执行的排污许可证制度。②1972 年的《清洁水法》又经过 1977 年、1987 年和 2002 年多次修订逐步完善,最终形成了现行的《清洁水法》。它主要致力于规范向水体排放污染物,恢复和保持国家水体化学、物理和生物的完整性。依据《清洁水法》,环保署有建立工业污水排放的标准(基于技术)和针对地表水中所有污染物的水质标准的权力,有委托各州政府执行多种许可程序、行政管理和强制执法的各种任务的权力,在各州有权实施清洁水法案的各项计划的同时,环保署保留其监督责任。《清洁水法》使任何人,除非据该法获得排污许可证,否则不得向水中排放污染物。为保证这一联邦水法的实施,环保署还公布了一系列相应的行政法规。③20 世纪 70 年代以来,美国颁布的与水污染控制和水质保护有关的联邦法规还有 1972 年的《联邦环境农药控制法》、1974 年的《安全饮用水法》、1976 年的《资源保护及恢复法》和《有毒物质控制法》、1977 年的《水土资源保护法》及 1986 年的《濒危物种法》。1974 年制定的《安

---

① 促进水向使用价值更高的用途转移,水富裕户通过销售多余的水权获得财产收入,缺水者可以通过购买水权来满足需求。

饮用水法》中明确了"地下灌注控制计划"及"唯一水源含水层"等相关法律规定及管理措施，对西部地下水的监督、检测及使用控制做出了明确规定（刘晓佳，2005）。《安全饮用水法》分别在1986年和1996年得到了两次修正，其目的是通过对全国饮用水供给进行管理来保证公众健康。该法授权美国环保署制定安全饮用水标准，以防止天然和人工污染物进入饮用水中。《濒危物种法》要求各州为河流确定一个最低流量标准，以保护特种鱼类和整个环境。这项法律对灌溉、水电、航运及类似项目有重要影响。此外，各州和地方也制定了水污染控制法规，形成了完整的水污染控制法规体系。

（2）强化水污染控制行政机构的职能。20世纪70年代以前，美联邦政府没有专职的环境机构，水污染控制由内务部负责，而且主要由州和地方政府实行环境管理。1948年的《水污染控制法》中授权水污染管理的部门是卫生教育福利部下属的公共服务局及其所属医务处。1961年的《水污染控制法修正案》中将水污染控制管理者提升为卫生教育福利部，从行政级别的提升上加强对水污染控制的管理。1965年的《水质法》规定专门设立归属卫生教育福利部的联邦水污染控制局，主要负责由联邦制定的水污染控制项目及项目建设拨款。20世纪70年，直属联邦政府的独立机构——联邦环保署（全称为环境保护署）成立，其下设专门的水办公室，负责出台与水务相关计划（包括水质保护、饮用水保护、废水处理、江河湖海水保护及其他水务相关计划）的政策、方针和指南。水办公室下设地下水和饮用水办公室、科学技术办公室、废水办公室、湿地海洋和流域办公室等独立办公室及10个负责地区污染控制、治理和监测工作的地区办公室，这些机构连同其他相关部门分工协作，共同确保水质安全（曾睿，2014）。各州也都设州一级的环境保护管理机制，与联邦环保署一样在环境保护中发挥重要作用。

（3）实施周密的水污染排放许可证制度和水排污权交易制度。1972年经过对《联邦水污染控制法》全面修订后颁发的《清洁水法》详细规定了国家污染物排放削减制度（NPDES），亦即水污染物排放许可证制度。这一制度是美国水污染治理法律的基础和核心（徐祥民等，2004），它授权环保署或执行该计划的各州政府颁发排污许可证给点源污染者，并要求所有的点源排放都必须遵守许可证规定的排放限制标准和污染排放时间，否则将被认定为违法（美国环境保护局，2010）。第一批NPDES许可证在1973~1976年间发放。1987年修订后的《清洁水法》中关于NPDES许可证制度已经很完善。除《清洁水法》外,《安全饮用水法》等也涉及水污染物排放许可证制度。从20世纪70年代中期开始,美国等发达国家把排污权的初次分配逐渐从无偿转向有偿(通过拍卖、奖励等方式),还出台了排污权交易政策,使排污权像商品一样在市场上流转(刘明等,2013)。从20世纪70年代到20世纪90年代初,水排污权交易只在部分地区进行,且交易量少。从20世纪90年代初以来,政府逐步减少了行政干预,投资者、投机者、环保主义者的加入,使水排污权市场主体逐渐增多,市场渐趋活跃。

(4)健全公众参与水污染控制的制度。在进行水污染控制的过程中,政府通过建立环境信息公开、公民诉讼等公民参与法律制度,发动社会力量,强化水污染控制的社会责任。一是水污染控制的公众知情权法律制度。《清洁水法》规定,环保署有权要求排污单位提供所需要的信息,包括排污许可证的执行情况、排污设施和污染物的排放清单等。《清洁水法》也规定了听证会这一公众参与了解水污染治理情况的方式,以满足公众知情权。例如,在水质标准的规定程序中,为检查和修订州的水质标准,每三年举行一次公众意见听取会。二是水污染控制的公民诉讼制度。《清洁水法》为阻止违法行为,确立了公民讼诉制度。《清洁水法》中的公民诉讼包括公民、公众团体或其他非官方法律实体对污染者提起的旨在迫使其遵守法律规定排放标准、限额或追究其法律责任的诉讼与"任何利害关系人"向巡回上诉法院指控联邦环保署未按法律规定履行监督排放标准和发放排污许可证职责的诉讼(瓦伦·弗雷德曼,1988)。同时,各州出台了公民环境诉讼的法律,1970年密歇根州就通过一条法律,授权这个州的每个公民,不论直接或间接受到环境污染的影响,都可以去法院控告涉嫌破坏环境的公共机构和私人公司(阿瑟·林顿等,1983)。

(四)综合管理和保护水生态系统

水生态系统由无数条相互交织的循环链条组成,任何环节出现问题都会导致各种各样的问题。因此,随着美国西部开发的推进,政府越来越重视水资源开发的统筹兼顾,着眼于水生态系统整体效益,对水生态系统进行综合管理和保护。

(1)湿地的综合管理和保护。20世纪50年代以前,联邦政府基于发展农业和防止传染性疾病通过蚊虫传染与扩散的需要,一直鼓励开发湿地用于农业生产或其他用途,以致不少湿地被转化为农业用地或居民用地。20世纪80年代后，湿地作为一种水生态系统，其防洪、改善水质、提供鱼类和野生动物栖息地、保护生物多样性、供观赏及发展渔业生产等多种作用得到人们的充分认识，政府开始重视湿地的保护。1988年，布什总统提出了"无湿地净损失"的口号，之后，联邦政府及州政府相继立法保护湿地，包括规定将湿地用作其他用途，必须得到州或联邦政府的批准，未经批准擅自破坏湿地的人将被罚款甚至判刑；确因工程需要，必须占有某块湿地的，可经州政府批准后在别的地点修建比原湿地大2~3倍的人工湿地来弥补原湿地的损失（Rogers，1993）。

（2）流域内水生态系统的综合管理和保护。每一个河流从源头到入海口是一个整体，在水资源开发和治理上应该将流域作为整体统筹考虑。在20世纪早期，联邦政府曾重视流域的多目标开发。在20世纪90年代期间，联邦政府重新强调流域的整体治理，在地下水、地表水、湿地、森林生态系统的开发规划、设计、实施和保护的过程中统筹考虑，统一目标和项目，进而精简管理机构，减少或防止部门之间相互推诿和扯皮的现象，节省人力物力，以提高水资源政策实施过程中的效率（Doppelt et al.，1993；Rogers，1993）。

一方面，在《清洁水法》这一保护水资源的总体法律框架下，政府制定了一系列重要的政策措施，以强化流域范围内水生态系统的综合管理和保护。这些政策措施包括日最大负荷水污染物总量限制，在水质管理规划中规定流域管理原则（《美国联邦规制》第40篇第130章）及面源污染控制计划。联邦环保署将面源污染列为内陆水资源的第一大污染源，投入了大量人力和资金从事于面源污染的研究、控制和管理，与各州政府协作研究评价主要流域的水资源问题，列出管理计划，由联邦政府和州政府共同投资，逐步按流域控制面源污染（贺缠生等，1998）。2003年，环保署根据《清洁水法》第319节的内容为各州和准州管区制定了新的面源污染控制计划和资助方针，要求在可行的情况下，为保护未被污染的水体和恢复被污染的水体，制订和实施以流域为单位的项目计划，并规定基于流域的面源污染控制计划必须包含以下内容：①需要控制的污染源及其原因；②采取措施可能削减的污染量；③为达到预期削减量需采取的措施；④需要的技术和资金支持、相关成本及有关管理机构；⑤为提高公众认识和鼓励公众参与的信息提供措施和教育培训计划；⑥时间进程安排；⑦计划执行情况的评估标准；⑧计划实施效果的监测措施。

另一方面，服务于流域内水生态系统的综合管理和保护的需要，大力精简水管理机构和协调各水管理机构之间的职能分配。以内布拉斯加州的自然资源管理区运作为例。1939 年，内布拉斯加州有 172 个机构涉及水资源管理，1969 年这类机构数进一步增加到 500 个，其中有 15 个机构由州政府立法建立，包括水土保持区、水利区、排水区、流域规划委员会、开垦区、污水排放区和地下水保护区等，为消除机构重叠导致的办事互相扯皮和效率低下的情况，州政府合并了其中 300 个机构，在全州建立了以流域为单位、由州政府自然资源委员会统一管理的 24 个自然资源区，各区内的水土保持、防洪、灌溉、供水、地下水保护、固体废物处理、污水排放及森林、草地、娱乐和生态资源被纳入统一管理，各自然资源区可以收取税收，建立水利工程，收购水权和提供贷款，进行水资源开发和利用方面的研究工作（贺缠生等，1998）。不过，自然资源区无权管理地表水或地下水的分配和质量，这些功能由州水资源厅和环境保护厅来管理（Viessman et al., 1985）。

第二节　中国西部水资源开发

中国西南地区水多地少，西北地区水少地多，水土资源组合极端不平衡和不合理，是中国西部大开发面临的最根本的矛盾之一（张基尧，2001）。西部水资源开发不仅在西部大开发中占有极其重要的战略位置，而且对东部和中部地区防洪、减少河道泥沙淤积、保护水质及生态环境都具有十分重要的作用。西部大开发战略实施以来，西部水资源开发作为西部大开发中一项十分重要又紧迫的任务，引起了党中央和国务院的高度重视。2000 年 1 月 22 日，朱镕基同志在西部开发会议上的讲话中指出："水资源短缺是西部的一个严重问题。没有水，人民生活和经济发展都会有很大困难。必须坚持把水资源合理开发和节约利用放在十分突出的位置。要切实加强水利建设。" 2000 年 1 月 22 日，温家宝同志在西部开发会议上讲道："基础设施建设也要突出重点，要优先安排最为紧迫的水利、交通、通信等重要项目的建设。缺水问题是制约西部发展的主要因素，要把水资源的合理开发和有效利用放在突出位置。" 2001 年 11 月 29 日，江泽民同志在中央经济工作会议上指出："西部开发要重点抓好交通、通信、农业等基础设施建设，尤其要把水资源的合理开发和有效利用放在突出位置。" 2014 年 3 月 9 日，张德江同志在第十二届全国人大第二次会议上

第五章　中美西部水资源开发比较分析

所做的工作报告中强调："……要采取找水、调水、节水等多种措施缓解西部水资源短缺问题。"总体而言，西部大开发以来，西部水资源开发取得了较明显的成效，但目前仍存在不少问题。

一、建立水法律法规体系

在新中国成立初期，中国实行计划经济管理体制，经济发展较为缓慢，人口少，对水的使用没有压力，可使用的淡水资源相对丰富，国家不太注重对水资源开发利用的管理和制度建设。当时西部水权虽然属于国家，但国家对水资源的管理相当宽松，这使西部水资源使用较为粗放，使用效率较低，水资源浪费严重。改革开放以来，特别是西部大开发战略实施以来，随着工业的发展和人口的增长及西部沙漠化的加剧，对水资源需求增长，西部水资源越来越紧俏，一系列相关法律法规逐步建立起来。

为合理开发、利用和保护水资源，防治水害，实现水资源的可持续利用，适应国民经济和社会发展的需要，国家以《宪法》为基础，制定了水资源开发利用和保护的基本法《中华人民共和国水法》（以下简称《水法》）。该法于1988年1月21日第六届全国人大常委会第24次会议通过，之后经过了2002年8月、2009年8月和2016年7月的三次修订，对包括西部在内的全国各地区的水资源的所有权，水资源规划，水资源的开发、利用和保护制度，水资源的配置及管理体制和相关法律责任等做出了原则性的规定。

除《水法》外，中国制定的涉及水资源的重要法律主要有《中华人民共和国水污染防治法》（以下简称《水污染防治法》）、《中华人民共和国环境保护法》（以下简称《环境保护法》）、《中华人民共和国水土保持法》（以下简称《水土保持法》）、《中华人民共和国防洪法》（以下简称《防洪法》）等。《水污染防治法》旨在防治水污染，保护和改善环境，保障饮用水安全，促进经济社会全面协调可持续发展。该法于1984年5月第六届全国人大常委会第五次会议通过，经过1996年5月第八届全国人大常委会第十九次会议和2008年2月第十届全国人大常委会第三十二次会议的修订，对除海洋外[①]的水

---

① 《水污染防治法》将防治污染的水范围界定为中华人民共和国领域内除海洋外的江河、湖泊、运河、渠道、水库等地表水体及地下水体，海洋污染防治适用《中华人民共和国海洋环境保护法》。

污染防治的总方针、标准和规划、监督管理、措施、饮用水水源和其他特殊水体保护、水污染事故处置和法律责任做出了规定。《环境保护法》于1989年12月第七届全国人大常委会第十一次会议通过，经过2014年4月第十二届全国人大常委会第八次会议修订后于2015年1月1日起施行。该法将保护环境作为国家的基本国策，要求环境保护坚持保护优先、预防为主、综合治理、公众参与和损害担责的原则，对环境保护的监督管理、保护和改善环境、防治污染和其他公害、信息公开和公众参与及相关法律责任做出规定。《水土保持法》于1991年6月第七届全国人大常委会第二十次会议通过，经过2010年12月第十一届全国人大常委会第十八次会议修订，规定了水土保持工作的总方针、管理体制、水土保持规划、水土流失的预防、治理、监测和监督及相关法律责任，旨在预防和治理水土流失，保护和合理利用水土资源，减轻水、旱、风沙灾害，改善生态环境，保障经济社会可持续发展。《防洪法》于1997年8月第八届全国人大常委会第二十七次会议通过，之后经过2009年8月第十一届全国人大常委会第十次会议和2015年4月第十二届全国人大常委会第十四次会议两次修订。该法对防洪的总方针、防洪规划、治理与防护、防洪区和防洪工程设施的管理、保障措施和法律责任做出了规定，旨在防治洪水，防御、减轻洪涝灾害，维护人民的生命和财产安全，保障社会主义现代化建设顺利进行。

我国制定的水行政法规主要有《水土保持法实施条例》《取水许可和水资源费征收管理条例》《水污染防治法实施细则》《水污染物排放许可证管理暂行办法》《中共中央　国务院关于加快水利改革发展的决定》等，国家标准有《地面水环境质量标准》《污水综合排放标准》《生活饮用水标准》《农田灌溉水质标准》等。2010年12月31日出台的《中共中央 国务院关于加快水利改革发展的决定》，提出实行最严格的水资源管理制度，这一制度的主体是四项制度和三条红线，即确立水资源开发利用控制红线和建立用水总量控制制度，确立用水效率控制红线和建立用水效率控制制度，确立水功能区限制纳污红线和建立水功能区限制纳污制度及建立水资源管理责任和考核制度，为中国水资源管理提出了更加明确具体的要求。

在国家水法律法规框架下，包括西部在内的全国各省级地方政府也制定了一些地方性的水法规和规章。在取水许可和水资源费征收管理方面，四川、重庆、甘肃、云南、贵州和新疆等省区制定了《取水许可和水资源费征收管理办法》。在排污许可证管理方面,典型的有《甘肃省排污许可证管理办法》和《青海省排污许可证管理暂行规定》,这两个规章中对排放工业废水、医疗污水和餐饮污水,运营城乡污水和工业废水集中处理设施及排放规模化畜禽养殖污水等情形下申领排污许可证做出了规定。在水权转换方面,宁夏制定了自治区《黄河水权转换实施意见》《水权转换实施细则》《水权转换资金使用管理办法》等,明确了出让方和受让方的责、权、利,使水权转让工作有章可循;内蒙古先后出台了《关于黄河干流水权转换实施意见》和《自治区水权转换节水改造建设资金管理办法》等,对国家有关规定进行细化和补充,丰富和完善了水权转换规章制度,提高了水权转换工作的规范性和可操作性(刘峰等,2016)。

国家和地方多种具有不同法律地位和效力的水法律法规规定了违反的惩戒措施,包括对相关管理部门及其工作人员不履行职责、造成严重后果、构成犯罪的,依照刑法的有关规定追究刑事责任,尚不够刑事处罚的,依法给予行政处分;对违反水法律法规的水事活动当事人,责令其停止违法行为、限期改正或恢复原状,或采取补救措施、承担赔偿,或按照情节轻重处以不同罚款,情节严重的吊销取水许可证等,给予治安管理处罚,甚至追究刑事责任,从而基本上实现了西部大开发中水资源开发活动有法可依。

二、实行分级管理和分流域管理相结合的体制

中国根据《水法》等水法律法规的规定,实行分级管理和分流域管理相结合的水资源管理体制。中国西部水资源管理体制与全国一致。

国务院水资源管理行政主管部门为水利部,负责全国水资源的统一监管、全国防洪的日常工作及全国水土保持工作。县级以上地方政府水行政主管部门——水利厅(局)按照规定的权限,负责本行政区域内的水资源的统一监管、防洪的日常工作及水土保持工作。

国务院发展计划、国土资源、卫生、建设、农业、渔业、环境保护等有关部门按照职责分工,协同水利部负责水资源开发、利用、节约和保护、防洪及水污染防治的有关监督和管理工作。县级以上地方政府国土资源、卫生、建设、农业、渔业、林业、环境保护等有关部门按照职责分工,负责本行政区域内水资源开发、利用、节约和保护、防洪、水污染防治和水土保持的有关监督

和管理工作。

国务院水利部在国家确定的重要江河、湖泊设立的流域管理机构，目前包括长江水利委员会、黄河水利委员会、海河水利委员会、淮河水利委员会、珠江水利委员会、松辽水利委员会、太湖流域管理局七大流域管理机构，在所管辖的范围内行使法律、行政法规规定的和水利部授予的水资源监管职责、防洪协调和监督管理职责以及水土保持监管职责，并在职责范围内对有关水污染防治实施监督管理。2016年12月11日，中央全面深化改革领导小组第二十八次会议通过《关于全面推行河长制的意见》，决定在全国推行河长制，要求2018年底全面落实河长制。河长制于2007年首创于曾深受太湖污染之害的江苏省无锡市。2014年，水利部开始在全国推广试点河长制。目前东部和中部地区的8个省区全面实行了河长制，包括西部部分省区在内的16个省区部分实行了河长制。河长制的核心是河湖水管理的首长负责制。其组织形式是：各省区设立总河长，由党委或政府主要负责同志担任；各省区内主要河湖设立河长，由省级负责同志担任；各河湖所在市、县、乡均分级分段设立河长，由同级负责同志担任，县级及以上河长设置相应的河长制办公室（贾绍凤，2017）。河长制在实践中取得了一定的成效，但面临进一步完善和全面推行的问题及是否能适用于水资源开发的各个领域和各个方面的问题。

三、大力建设水利基础设施

水利基础设施的建设是调节水资源配置中最主要的方法，是调节水资源分配不均匀的重要手段，是储备水资源的重要方法，是防止旱涝灾害的必要措施。中国三大流域的源头都位于西部，西部水利发展是支撑中国实施西部大开发战略、统筹区域发展战略全局的重要基础。因此，自新中国成立以来，特别是西部大开发战略实施以来，中国不断加大对西部水利基础设施建设的投入，西部水利基础设施得到了全面改善，为西部大开发和中国水资源的合理使用、水能的开发和防旱涝灾害做出了较大的贡献。

2000年1月至2009年9月，国家累计安排西部中央水利建设投资1270亿元，西部中央水利建设年均投资达119亿元，年均投资增速达21%，远高于同期其他地区中央水利建设投资增长速度（方圆，2009）。西部大开发10年，开工兴建了以（内蒙古和黑龙江嫩江）尼尔基水枢纽工程、（广西郁江）百色、(宁夏黄河)沙坡头、(四川岷江)紫坪铺等西部大开发的标志性水利枢纽工程;民生水利建设共解决西部农村9437万人的饮水困难和饮水不安全问题,占同期全国解决饮水问题农村人口的42%;实施3324座病险水库除险加固工程,占同期全国安排项目总数的44%;大力推进灌区配套和节水改造及节水型社会建设,灌溉用水有效利用系数从10年前的0.35增加到0.44,增幅高于全国平均水平;突出生态环境建设,推进水土保持和黄河、西北内陆河综合治理,加快水体修复力度,逐步恢复河流健康,再现河流生机(姚润丰,2009)。

"十二五"时期以来,水利部深入贯彻落实中央实施西部大开发战略的重大决策部署和2012年中央西部大开发工作会议精神,突出加强农田水利等薄弱环节建设,全面加快水利基础设施建设①。一是进一步完善西部水利规划体系。《西部大开发水利发展"十二五"规划》《贵州省水利建设生态建设石漠化治理综合规划》《甘肃"两江一水"区域综合治理规划》和《青海省三江源区水资源综合规划》等规划相继出台。二是加快重点水利工程建设。2012年,安排西部中央水利投资682亿元,占全国中央水利投资总规模的43%。其中约120.8亿元的农田水利投资重点用于94处大型灌区续建配套与节水改造、47处大型灌溉排水泵站更新改造、449个小型农田水利重点县等项目建设,约116亿元的农村饮水安全投资解决了西部2400多万个农村居民和350多万个农村学校师生的饮水安全问题,约228亿元的防洪工程投资重点用于黄河、长江、西江等大江大河治理项目,渭河、嘉陵江、乌江、清水河、苦水河等江河重要支流治理,17座大中型病险水库、31座大中型病险水闸、2646座小型病险水库除险加固及中小河流治理和山洪灾害非工程措施建设,约154亿元的水源工程投资用于西部枢纽水源及中型水库等水资源配置工程建设,约40亿元的水保及生态中央投资用于西部水土流失治理、甘肃省石羊河流域综合治理、敦煌水资源合理利用与生态保护、农村水电等项目建设,完成水土流失治理面积4180平方公里。三是深化水利管理改革。具体内容涉及加强水资源开发利用和水环境保护的统一管理;加强西部节水型社会建设试点工作力度;选取内蒙古、重庆、四川、云南、甘肃、宁夏、新疆七省区开展农业水价综合改革;在甘肃、重庆开展全国加快水利改革试点。

---

① 本部分资料来源于中华人民共和国水利部网站。

四、实行总量和定额管理相结合的制度

根据中国《水法》中水资源所有权属于国家的规定，国务院代表国家行使水资源的所有权，农村集体经济组织的水塘和由农村集体经济组织修建管理的水库中的水（归各农村集体经济组织使用）除外。国务院发展计划主管部门和国务院水行政主管部门负责全国水资源的宏观调配。全国实行用水总量管理和定额管理相结合的制度。

国务院水行政主管部门会同有关部门制定全国和跨省区的水中长期供求规划，经国务院发展计划主管部门审查批准后执行。县级以上地方政府水行政主管部门会同同级有关部门依据上一级水中长期供求规划和本地区的实际情况制定地方水中长期供求规划，经本级政府发展计划主管部门审查批准后执行。

水量的分配依据流域规划和水中长期供求规划，以流域为单元制订方案。县级以上地方政府水行政主管部门或流域管理机构根据批准的水量分配方案和年度预测来水量，制订年度水量分配方案和调度计划，实施水量统一调度。

省级政府有关行业主管部门制定本行政区域内行业用水定额，报同级水行政主管部门和质量监督检验行政主管部门审核同意，县级以上地方政府发展计划主管部门会同同级水行政主管部门，根据用水定额和水量分配方案确定的可供本行政区域使用的水量，制订年度用水计划，对本行政区域内年度用水实行总量控制。

五、实行取水许可并有偿使用的制度

直接从江河、湖泊或地下取用水资源的单位和个人，应向水行政主管部门或流域管理机构申请领取取水许可证，并缴纳水资源费，取得取水权，家庭生活和零星散养、圈养畜禽饮用等少量取水除外，农村集体经济组织及其成员使用本集体经济组织的水塘、水库中的水除外。

2006年颁布和实施的《取水许可和水资源费征收管理条例》规定了实施取水许可制度和征收管理水资源费的具体办法。根据这一办法，取水单位或个人应按经批准的年度取水计划取水并缴纳水资源费，超计划或超定额取水的，对超额部分累进收取水资源费，水资源费征收标准由省级政府价格主管部门会同同级财政部门、水行政主管部门制定，报本级人民政府批准，由流域管理机

构审批取水的中央直属和跨省区水利工程的水资源费征收标准,由国务院价格主管部门会同国务院财政部门、水行政主管部门制定。使用水工程供应的水,应当按照国家规定向供水单位缴纳水费,供水价格由省级政府价格主管部门会同同级水行政主管部门或其他供水行政主管部门制定;依法获得取水权的单位或个人,通过调整产品和产业结构等措施节约水资源的,在取水许可的有效期和取水限额内,经原审批机关批准,可依法有偿转让其节约的水资源,并到原审批机关办理取水权变更手续。

六、实施水资源保护和水污染治理措施

为保护水资源和包括水生态环境在内的自然环境,保障饮用水安全和经济社会可持续发展,中国《水法》等水法律法规规定了水资源保护和水污染治理措施。相关的主要内容如下:

(1) 按流域和区域统一制定开发、利用、节约、保护水资源和水害防治的规划及水污染防治规划。具体而言,在国家制定全国水资源战略规划框架下,开发、利用、节约、保护水资源和水害防治的规划及水污染防治规划按流域和区域统一制定,分专业规划和综合规划,流域范围内的区域规划服从流域规划,专业规划服从综合规划,且规划一经批准,必须严格执行,经批准的规划需要修改时,须按照规划编制程序经原批准机关批准。

(2) 开发和利用水资源须考虑生态环境用水需要和防止对生态环境造成破坏。一是县级以上政府水行政主管部门、流域管理机构及其他有关部门在制定水资源开发、利用规划和调度水资源时,应注意维持江河的合理流量和湖泊、水库及地下水的合理水位,维护水体的自然净化能力。二是从事水资源开发、利用、节约、保护和防治水害等水事活动及防治水污染时,都应当遵守经批准的规划,违反规划造成后果的,应当承担治理责任。三是开发和利用水资源,应当首先满足城乡居民生活用水,并兼顾农业、工业、生态环境用水及航运等需要,在干旱半干旱地区开发、利用水资源,应当充分考虑生态环境用水需要。四是跨流域调水,应当进行全面规划和科学论证,统筹兼顾调出和调入流域的用水需要,防止对生态环境造成破坏。五是在水能丰富的河流进行多目标梯级开发,建设水力发电站,应当保护生态环境。

(3) 实行对江河、湖泊的水功能区划和饮用水水源保护区制度。一是由

水行政主管部门会同环境保护行政主管部门、有关部门和省级等地方政府共同制定江河、湖泊的水功能区划。如国务院水行政主管部门会同国务院环境保护行政主管部门、有关部门和有关省区人民政府拟定国家确定的重要江河、湖泊的水功能区划，报国务院批准；跨省区的其他江河、湖泊的水功能区划，由有关流域管理机构会同相关省级政府水行政主管部门、环境保护行政主管部门和其他有关部门拟定；其他江河、湖泊的水功能区划，由县级以上政府水行政主管部门会同同级人民政府环境保护行政主管部门和有关部门拟定，报同级人民政府或其授权的部门批准。二是国家建立饮用水水源保护区制度。由省级政府划定饮用水水源保护区（分为一级保护区、二级保护区及在饮用水水源保护区外围一定区域划定的准保护区），并采取措施，防止水源枯竭和水体污染，保证城乡居民饮用水安全。在饮用水水源保护区内，禁止设置排污口。国家通过财政转移支付等方式，建立健全对位于饮用水水源保护区区域和江河、湖泊、水库上游地区的水环境生态保护补偿机制。

（4）实行对重点水污染物排放总量控制和排污许可制度。一是制定水污染防治的标准。国务院环境保护主管部门制定国家水环境质量标准。省级政府可对国家水环境质量标准中未做规定的项目制定地方标准，国务院环境保护主管部门会同国务院水行政主管部门和有关省级政府，确定重要江河、湖泊流域的省界水体适用的水环境质量标准，报国务院批准后施行。国务院环境保护主管部门根据国家水环境质量标准和国家经济、技术条件，制定国家水污染物排放标准。省级政府可制定地方水污染物排放标准，但地方标准须严于国家标准或限于国家标准中未做规定的项目。已有地方标准的水体排放污染物的，应当执行地方标准。二是对重点水污染物排放逐级实施总量控制。省级政府按照国务院的规定削减和控制本行政区域的重点水污染物排放总量，并将总量控制指标分解落实到市、县政府，市、县政府再将总量控制指标分解落实到排污单位。三是实行排污许可制度。直接或间接向水体排放工业废水和医疗污水及其他按照规定应当取得排污许可证方可排放的废水和污水的单位，城镇污水集中处理设施的运营单位，应当取得排污许可证，直接向水体排放污染物的企业事业单位和个体工商户，应当缴纳排污费。实施排污权有偿使用和交易的地区，排污单位按各地有关规定取得排污权。2010年底出台的最严格的水资源管理制度要求建立水功能区限制纳污制度，即要求确立水功能区限制纳污红线，从严核定水域纳污容量，严格控制入河湖排污总量。

第三节 中美西部水资源开发的异同

一、开发背景、目标和手段有相似之处

(一) 开发背景的相似之处

(1) 两者都是在发展市场经济的背景下进行的。美国已是高度发达的市场经济国家,美国西部开发伊始走的就是发展市场经济道路,美国西部水资源开发自然是在发展市场经济的背景下进行的。中国正在发展社会主义市场经济,始于20世纪末的西部大开发不会如前两次西部开发一样,采用计划经济模式,而是逐步探索市场化开发之路。因此,中国西部水资源开发,也必然是在发展市场经济的背景下进行的。

(2) 两者在开发初期都面临东西部地区间发展和水资源分布很不平衡的现实。美国西部开发初期,东部相对发达,人口稠密,降水丰沛,水资源丰富,是湿润与半湿润地区;而西部很落后,人烟稀少,几乎是未开发的处女地,年降雨量少,气候相对干旱,特别是西经98度经线以西的17个州为干旱与半干旱地区。与美国类似,在中国西部大开发之初,东部相对发达,人口稠密,城市众多,地形平坦,降水丰沛,河流湖泊多,水资源丰富,气候湿润;而西部相对落后,人口和城市稀少,地形复杂,降雨量少,河流湖泊少,气候较干旱。不过东部水能资源少,且不少城市由于环境污染严重引起水质性缺水,西部水能资源丰富且开发潜力较大。

(3) 两者在开发初期都面临西部水资源时空分布不均的问题。从美国方面来看,西经98度经线①以西的广大地区,即从达科他州到得克萨斯州,是与美国其他区域截然不同的一片区域,这里只有少数河流和稀疏降雨,而且降

---

① 西经98度经线是一条降雨量逐渐减少的界线,是最重要的地理界线之一,是50毫米雨量线(张友伦,2002:38)。这条经线在美国北起南达科他州的东部,往南通过得克萨斯州的中部,由北向南贯穿美国。

雨时间分布不均。在冬季的几个月中，大量的降雨来到这一地区，但如果灌溉者不能很好地加以利用的话，它不能起到什么作用，在春天还有一定流量和流速的河流，通常在夏末或秋季就干涸了，其结果是，谁控制了这里的水资源谁就控制了这里（EL-Ashry et al., 1988）。这一片区域具体包括亚利桑那、加利福尼亚、科罗拉多、爱达荷、堪萨斯、新墨西哥、蒙大拿、内华达、犹他、华盛顿、怀俄明、北达科他、内布拉斯加、南达科他、俄克拉荷马、俄勒冈、得克萨斯17个干旱和半干旱州，毗连的土地有768.9万平方千米，年降雨量少于500毫米。特别是亚利桑那州、新墨西哥州、加利福尼亚州和科罗拉多州由于降雨量少引起缺水严重。亚利桑那州境内沙漠广布，以烈日、高温、干燥的沙漠著称，州府菲尼克斯年降雨量不到15毫米，缺水一直是该州面临的最大危机；新墨西哥州是干旱沙漠地区，年平均降雨量只有127毫米，有些地区甚至不足50毫米；加利福尼亚州南部年平均降雨量约为250毫米，其中有些地区只有50毫米；科罗拉多州的丹佛市年均降雨量为329毫米（郭晶，2010）。与美国西部类似，中国西部在降雨时间上较集中，而且降雨南多北少，呈现明显的西北与西南差异，水资源时空分布极不均匀。西南地区气候湿润，降雨丰沛，水资源与水能资源均十分丰富，水资源总量占全国的45%，占西部的82%，人均水资源量远远超过全国平均水平，水能资源占西部的75.6%，但开发难度很大。占西部总面积57%的广大西北地区，干旱少雨，水资源贫乏，年均降水量和单位面积产生的年均径流量在全国都是最少的，大部分区域的年降水量在400毫米以下，其中有200万平方公里的区域年降水量不足200毫米，不少地区人均水资源占有量远远低于国际公认的1700立方米/人的水资源紧张警戒线，是世界上干旱缺水最严重的地区之一（张鑫等，2003；张永安，2013）。

（二）开发目标的相似之处

从美国方面来看，东部地域狭窄，人口密集，相对发达；而西部地域广阔，人烟稀少，几乎是未开垦的处女地，实现美国现代化，必须开发广阔而又落后的西部，但西部水资源时空分布不均，不少地区为干旱半干旱地区，水资源十分匮乏，成为西部开发面临的一大障碍。美国西部水资源开发的目标在于实现西部水资源的合理开发和有效利用，从而为西部开发乃至美国经济长期可持续发展提供必要的水资源支撑。

第五章 中美西部水资源开发比较分析

从中国方面来看，中国西部大开发之初，东部经济发达，人口稠密，西部经济落后，人口稀少，地域相对广阔，实现中华民族的伟大复兴，必须开发广阔而又落后的西部，但西部水资源的时空分布不均，西北地区为干旱和半干旱地区，资源性缺水较严重，西南地区水资源丰富但开发利用难度大，西部大部分城市面临水资源短缺和水环境污染的双重压力，这些是西部开发面临的障碍。促进区域协调发展，推进中国现代化，必须抓好西部水资源开发这一关键。因此，必须合理开发和有效利用西部水资源，为西部大开发乃至中国经济的长期可持续发展提供必要的水资源支撑。

(三) 开发手段的相似之处

中美两国政府均综合运用法律手段、经济手段和行政手段进行西部土地资源开发管理。

(1) 美联邦政府和州政府适应西部开发的需要，以水法律法规的颁布和实施为先导，综合运用法律手段、经济手段和行政手段，对西部水资源开发进行引导和管理。①在西部开发早期，西部经济发展缓慢，对水资源的需求主要是灌溉需求，移民、私营灌溉公司和州政府对西部水资源开发起主要作用，联邦政府在19世纪后半期才开始颁布相关法案，成立相关机构，对西部水资源开发采取激励措施。早期的西部移民学着印第安人引水灌溉。到19世纪末，铁路公司、土地投机公司、牧业公司等受利益驱动，发展私营灌溉事业，成为开发西部水资源的一支主要力量。西部各州政府在运河水道建设方面给予了70%以上的投资，并通过立法推动农业灌溉用水资源的开发，如加利福尼亚州于1887年颁布《赖特法案》，授权成立灌溉特别区，得到了西部其他一些州的支持和认可。进入19世纪后半期，伴随着大量移民的进入，美国西部地区特别是西部极干旱地区的农耕灌溉和基本的生产、生活用水得不到充分的保证，为解决这一问题，同时为发展航运和防洪，联邦政府开始颁布相关法案，成立相关机构，对西部水资源开发采取激励措施，其内容主要涉及航运、防洪和灌溉等方面。1849年，国会授权陆军工程师兵团控制密西西比河下游的洪水，并通过一项法案，允许路易斯安那州用出售沼泽地所得资金修建防洪堤和排水渠，这一做法于次年在各州普及。1879年，建立密西西比河委员会，以规划密西西比河的防洪和通航等开发和治理问题。联邦政府虽不直接参与兴建西部水利设施，但通过颁布《荒漠土地法》《干旱土地法令》和《凯里法令》

· 147 ·

来扩大售地面积,以鼓励购地农户发展农业灌溉。②20世纪初,伴随西部要求联邦政府发起西部水利开发的呼声高涨,1902年《垦殖法》得以颁布,促使联邦政府开始直接参与和协调西部水资源的开发,之后到20世纪20年代,联邦政府在《垦殖法》《公共健康服务法案》《防洪法》《密西西比河下游防洪法》《博尔德河谷法》等水法律法规的框架下,通过联邦垦务局、公共健康服务局及陆军工程师兵团等机构,积极地干预农业灌溉、蓄水和水能开发、内河航运条件的改善、水污染的治理和防治洪水,并通过组织签订科罗拉多协议等方式协调州际间水资源分配。③在跨越美国经济大危机后的新政时期、"二战"时期及之后西部现代产业和城市开始大规模发展的20世纪30~60年代,联邦政府适应西部开发与西部人民生产生活对水资源的多样化需求,颁布和实施一系列水法律法规,建立健全相关水管理机构,大量增加财政资金投入以大力修建服务于多目标的大规模水资源工程,综合开发和治理流域,进行水污染的治理,以综合开发和高效利用西部水资源。在此时期,联邦政府颁布的水相关法律法规主要包括1933年的《田纳西河流域管理局法》、1937年的《开垦法案》、1939年的《垦荒工程法》、1946年的《鱼类和野生动物法》、1948年的《联邦水污染控制法》(及其1956年、1961年、1965年、1966年的修正案)、1965年《联邦水资源工程娱乐法》和1969年《国家环境法》,还有1955年的《空气污染控制法》、1963年的《清洁空气法》、1965年的《机动车空气污染控制法》、1967年的《空气质量法》等控制酸雨形成和间接防止水污染的法律;建立的机构主要有1933年设立的田纳西河流域管理局和公共工程局,1935年设立的工程振兴局,1965年设立的从属于卫生教育福利部的联邦水污染控制管理局,还涉及各州政府根据美国《宪法》设立的对于州辖区内的水和水权分配、水交易、水质保护等问题拥有大部分权力的州级水管理机构。此时期,联邦政府大量增加财政资金投入于博尔德河谷工程、中央河谷工程、田纳西河流域工程等多目标水资源工程与流域开发和治理工程建设,统筹兼顾灌溉、防洪、发电、供水、航运、生态、娱乐和环境保护等多种效益,使西部获益匪浅。④进入20世纪70年代,伴随着西部经济发展和城市化水平的提高引起水生态和水环境问题凸显及美国向后工业社会转型过程中居民对美好环境的需求日益增长,美联邦政府开始在水资源法律法规上突出强调水资源和环境保护目标,强化对西部水资源开发的治理和协调。最明显的表现是,20世纪70年代以来,在西部主要水资源工程投资中,防洪、生态和环境方面的投资逐步占据压倒优势。

（2）与美国类似，中国中央政府和各省区地方政府依据国家和地方水法律法规的规定，综合运用法律手段、行政手段和经济手段开展西部水资源开发管理。①建立水法律法规体系，赋予相关主体法律手段、行政手段和经济手段并用，规范水资源开发管理。1988~2016年，为推进水资源的可持续利用，国家制定并逐步修订完善水资源开发利用和保护的基本法《水法》，对包括西部在内的全国水资源的所有权、规划、开发、利用和保护、配置及管理体制和相关法律责任等做出原则性的规定。中国还相继制定了《水污染防治法》《水土保持法》和《防洪法》等水法律及《取水许可和水资源费征收管理条例》《水污染物排放许可证管理暂行办法》《关于加快水利改革发展的决定》《污水综合排放标准》《生活饮用水标准》《农田灌溉水质标准》等水行政法规和国家标准，西部各省级地方政府也在国家水法律法规框架下制定了一些地方性的水法规和规章。上述水相关法律法规规定了刑事处罚、行政处分、罚款和吊销相关证件及赔偿或采取补救措施等违反后的惩戒措施。②根据水法律法规的规定，实行分级管理和流域管理相结合的体制，体现了对行政手段的充分运用。国务院水利部负责全国水资源的统一监管，县级以上地方政府水行政主管部门——水利厅（局）按照规定的权限，负责本行政区域内水资源的统一监管，国务院和县级以上地方政府发展计划、国土资源等有关部门按照职责分工，负责相关领域的监督和管理工作，国务院水利部设立的流域管理机构则在所管辖的范围内行使法律、行政法规规定的和国务院水利部授予的水资源监管职责。③大力投资建设西部水利基础设施，反映了中央政府运用经济手段解决西部水资源开发中的一些问题。西部大开发战略实施以来，中央政府对西部水利建设投资以空前的速度增长，兴建了一批西部大开发的标志性水利枢纽工程，加强了解决饮水问题的民生水利建设和农田水利等薄弱环节建设，推进了灌区配套和节水改造及河流综合治理，为全面改善西部水利基础设施，推进西部大开发做出了较大贡献。④实行用水总量和定额管理结合及取水许可并有偿使用制度，体现了政府在水法律法规框架下，运用行政手段和经济手段调节水资源的使用。根据中国《水法》，水资源所有权属于国家（有除外规定），直接从江河、湖泊或地下取用水资源，应向水行政主管部门申请领取取水许可证，并缴纳水资源费，取得取水权。取水者应按经批准的年度取水计划取水并缴纳水资源费,超计划或超定额取水的,对超额部分累进收取水资源费。使用水工程供应的水,应按国家规定向供水单位缴纳水费,依法获得取水权者节约水资源的,经批准可依法有偿转让其节约的水资源。⑤采取多种手段保护水资源和治理水污染。中国《水法》等规定了水资源保护和水污染治理措施。这些措施涉及按流域和区域统一制定水资源开发利用和保护规划,进行水功能区划和建立饮用水水源保护区,对重点水污染物排放总量进行控制和实施排污许可制度,允许各地根据本地实际进行排污权有偿使用和交易。

二、开发的水资源基础和社会制度环境有差异

(一) 中国西部水资源开发的水资源基础相对薄弱

美国西部在开发之初基本处于原始状态,虽有土著居民,但人口十分稀少,地域广阔,除有少数山区和沙漠缺水,大部分是无边无涯的绿色耕地,一些地方水资源条件比东部好;与此同时,由于西部经济活动稀疏,水生态环境没有遭到破坏,不存在水质性缺水问题。

中国西部大开发时,西部已有悠久的历史,经济发展已具备一定的基础,西部人口密度虽小于东部,但河谷川道等水热条件好的地方人口密集,西部水生态环境已经遭到了一定程度的破坏,西部不少地方,特别是一些城市面临资源性缺水和水质性缺水双重问题。

(二) 中国西部水资源开发的社会制度环境与美国有所不同

美国是资本主义国家,以生产资料私有制为基础,中国是社会主义国家,以生产资料公有制为基础,尽管中国也在发展市场经济,但发展的是社会主义市场经济,走的是中国特色的社会主义道路。水资源是生命之源,是社会经济发展的战略性基础资源和生态环境的控制性要素,在中国这样的社会主义国家,不可能将其私有化。也就是说,中国必须维护水资源所有权的公有性质,在此前提下,进行水权制度等方面的市场化改革,制定并实施符合中国国情的西部水资源市场化开发战略、政策和措施。

三、水资源管理体制和水权制度有差异

(一) 水资源管理体制的差异

水资源管理体制是水资源管理机构设置和权限划分等方面的体系和制度的总称。从中美西部水资源开发管理过程看,中美西部水资源管理体制明显不同。

(1) 为合理开发利用和有效保护西部水资源及防治水害,美国在西部开发中逐步建立了各州自行立法管理为主与联邦政府直接参与和监督协调相结合的水资源管理体制。①20世纪70年代以前,美国的水资源法律法规强调联邦政府的主导作用,全部的或主要的水利工程投资都由联邦政府负担,而忽略了州政府和地方政府、企业商界和民众的参与和配合,花费了巨大的财力,导致了不少的批评和不满,取得的成效不理想。②20世纪70年代以后,联邦政府将水资源管理权限移交到各州政府,且征求和重视地方政府和社会团体的意见,强调各方或各部门间的协作和配合,水利工程的费用由联邦政府和州政府或地方政府分摊,收到了很好的成效。一个典型的例子是加利福尼亚州在1988~1993年连续6年大旱期间严重缺水问题的解决。加利福尼亚州政府基于联邦政府赋予的水资源管理权限,与各城市、企业和农场主协作,设立了"水资源银行",农场主及其他水权拥有者自愿把水权卖给"水资源银行",各城市及其他用水户到"水资源银行"买水,政府、买方和卖方互相协作,成功地解决了大旱期城市严重缺水问题(Doppelt et al., 1993;贺缠生等,1998)。③按照美国现行水法律的规定,美国西部水资源的开发管理涉及联邦政府、州政府和地方政府,其中,地方政府水管理机构实际上是一些经济实体,按照市场经济法规运行,各州自行立法进行管理,联邦政府对水资源的管理主要集中在宏观上调配水权和协调矛盾上。联邦政府通过垦务局、陆军工程师兵团、流域管理机构等机构协调州际水资源开发利用的矛盾,如协调不成则诉诸法律,通过司法程序予以解决。当水权当事人违反了联邦政府的水资源管理法规,损害了第三方的利益甚至危及水资源可持续利用时,联邦政府基于维护社会总体利益、保护水资源与生态系统及行使人民授予的权力的需要,进行必要的干预(邵自平,2004)。法律地位平等的水权人间通过自由协商决定他们间的权利关系,联邦政府原则上不干预,当发生纠纷且不能协商解决时,由

司法机关出面裁决。

（2）目前中国在西部开发中实行分级管理与分流域管理相结合的水资源管理体制，涉水管理部门很多，形成了水资源管理的条块分割。条块分割体制使水资源管理在较大程度上表现出政出多门和难以协调等弊端，从而影响了西部水资源的合理开发和有效配置。例如，水利部和环境保护部分别作为中国水资源和环境的主管部门，在水资源保护与水污染防治的管理方面存在职责交叉，在河湖水系和流域管理中往往存在难协调的问题。2014年开始推行的河长制对于水资源管理体制改革有长远意义，突出的表现为，由地方首长任河长，具有协调的权限和权威，便于协调各部门的工作，在一定程度上有利于解决条块分割管理体制下"多龙治水互不协调"的问题。但河长制本身仍有待于进一步完善。其一，河长制的精髓是"首长负责制"，但在以往的试点中，出现了很多"非首长"担任河长的情况，"非首长"的河长起不了首长综合协调的作用。其二，河长制不只是挂牌公示而已，目前河长制的组织机构和工作机制还不健全，河长制的推行面临如何调整已有的水管理机构的问题。其三，区域之间的水矛盾最突出地表现在省区之间，目前河长制没有规定设立国家级的河长，不涉及国家层面的河湖综合管理协调问题。其四，目前的河长制强化了河湖管理的行政机制，引入了社会监督机制，给政府党政首长戴上了一顶紧箍咒，但如何建立政府—市场—社会协同作用的水治理体系，尤其是如何进一步划分好政府—市场—社会的行为边界，仍需要进一步探索（贾绍凤，2017）。

（二）水权制度的差异

水权是指水资源的所有权及从所有权中分设出的用益权，它通常包括水资源所有权、开发使用权、经营权及与水有关的其他权益。水权制度是明晰水资源权属并对水资源权属进行管理的制度。构建合理的水权制度，是合理开发水资源的前提。从中美西部水资源开发管理的过程来看，中美西部水权制度有差异。

（1）随着西部开发的推进，美国西部水权制度逐步建立和完善，从最初优先占用水权制度发展到以水权许可、水权转让和交易、水权中介公司和完善的水法律体系为特点的现代水权管理制度。美国西部开发是在市场经济的框架下展开的，西部水资源开发管理虽然以州政府立法为主，但西部各个州水权立法大致相同，都承认水权是财产权，而法律规定私人财产权神圣不可侵犯，因

第五章　中美西部水资源开发比较分析

此，美国西部的水权制度一开始就遵循了优先权的分配体系。在一个较长的发展时期，美国西部水权制度的核心是优先占用权，随着西部开发的推进，市场经济的发展，水资源从灌溉农业向城市和环境转移，优先权也随之发生了变化，适应了历史的发展，到现在逐步形成了以水权许可、水权转让和交易、水权中介公司和完善的水法律体系为特点的现代水权管理制度（邵自平，2004）。

(2) 中国在西部开发中逐步确立了以取水许可制度为核心的行政主导的水权初始分配体系。中国现行的水权制度主要包括水资源所有权和使用权制度（俞树毅等，2012）。如前所述，《水法》规定，除农村集体经济组织的水塘和由农村集体经济组织修建管理的水库中的水，归各农村集体经济组织使用外，水资源所有权属于国家并由国务院代表国家行使，水资源使用权为国家政府部门委授。国务院水行政主管部门负责全国取水许可制度和水资源有偿使用制度的组织实施。《水法》及其配套法规《取水许可和水资源费征收管理条例》确立了以取水许可制度为核心的行政主导的水权初始分配体系。其中，后者为取水许可制度设置了两个配套制度。一是"利害关系人承诺"制度，即当取水许可申请与第三者有利害关系时，申请取水许可人应当提交第三者的承诺书或其他文件。二是"不用则废"制度，即连续停止取水满一年的，由水行政主管部门或其授权发放取水许可证的行政主管部门核查后，报县级以上人民政府批准，吊销其取水许可证（郭平，2009）。这种制度便于国家更好地分配和保护现有资源，但不可避免地具有行政手段的固有缺陷（李梦，2014）。①行政主导的取水许可制度意味着，从开展水资源论证到通过取水许可授予取水权，再到计划用水、节约用水等有关取水权行使的监督管理活动，均主要依靠行政手段。②行政主导的取水许可制度不注重水权交易。中国现行的《水法》对水权是否可以交易并无相关具体规定。《取水许可和水资源费征收管理条例》虽然允许依法获得取水权的单位或个人经原审批机关批准有偿转让其节约的水资源，但并不涉及水权交易市场。虽然随着西部大开发的推进和全国经济的快速发展，水资源供需矛盾越来越突出，为提高水资源的利用效率，一些地方自发探索水权交易形式，水利部也于2014年开始在宁夏等七个省区开展水权交易试点工作①，于2016年联合北京市政府发起设立国家级水权交易平台——

---

① 2014年水利部贯彻落实党中央、国务院关于水权水市场建设决策部署，经国务院同意，在宁夏、湖北、江西、内蒙古、河南、甘肃、广东七个省区开展了水权交易试点，试点内容包括水资源使用权确权登记、水权交易流转和开展水权制度建设三项内容，试点时间为2~3年。

中国水权交易所①，但具体到西部，虽然目前有一些形式的水权交易②，但政府的行政力量在水权价格形成过程中发挥了主导作用，即水权交易定价以协商为主，市场机制体现不充分，价格构成不规范，水资源微观配置环节主要依赖行政手段；进行水权交易时，由政府或水行政主管部门作为中介规定指导价，然后由买卖双方根据自身的供需状况，在政府指导价基础上上下浮动而形成，市场的作用尚未有效发挥（刘峰等，2014）。

四、水资源保护力度和开发利用效益有差异

（一）美国西部大开发中对水资源的保护力度相对较大

水生态环境是以水为核心或根本的、可直接或间接影响人类生存和发展的各种天然的和经过人工改造的自然因素构成的统一体。水生态环境作为人类生态环境的一部分，有其自身的承载能力——水体的自净能力，一旦由于人类活动超出水体的自净能力，水生态环境就会遭到破坏。因此，在水资源开发过程中注重对水资源的保护十分重要和必要。相对而言，美国在西部开发中对水资源保护的力度较大。其原因在于，美国西部开发经过了较长的历史时期，在这个过程中积累了较丰富的水资源保护经验，而中国实施西部大开发战略的时间不长，加之水资源管理的条块分割等原因，水污染和地下水过度开采等威胁水生态环境的问题还没有引起足够的重视。

（1）美国在西部开发中比较重视水资源的长期可持续利用。从美国西部主要水资源工程投资结构来看，20世纪30年代以前，美国西部水资源开发主要服务于灌溉目标，也为纺织、钢铁和煤炭等工业和城镇化的发展提供能源和水，在水资源与环境保护方面也有一定比例的投资。到20世纪20年代末，西部社会经济发展的多样化态势对水资源开发提出了多样化需求，联邦政府开始

---

① 中国水权交易所正式挂牌营业，这是运用市场机制配置水资源的一个标杆，是水利改革发展历程中具有里程碑意义的一件大事，为充分发挥市场在水资源配置中的决定性作用和更好地发挥政府作用，推动水权交易规范有序开展，全面提升水资源利用效率和效益，为水资源可持续利用、经济社会可持续发展提供了一个良好的开端。地方自发探索和试点工作既对水权交易平台提出需求，也为平台建设提供经验借鉴。

② 典型的如在内蒙古和宁夏两省区比较普遍的水权置换方式，即工业部门投资于农业部门的节水改造，并将节约下来的水用于工业生产，还有在灌溉用水领域用水个体户之间的水权交易。

第五章　中美西部水资源开发比较分析

以颁布一系列水法律法规为先导,进行多目标和综合性的水资源开发,大力修建大规模的多目标水资源工程,使娱乐、生态和环境保护成为水资源工程规划中必须考虑的因素,综合开发和治理流域,采取措施控制水污染。如 1948 年颁布《联邦水污染控制法》,首次授权联邦政府帮助州政府和地方政府解决水污染问题,并在 1956 年、1961 年、1965 年、1966 年多次修改《联邦水污染控制法》,逐步通过立法的方式扩大联邦政府控制水污染的权力范围。不仅如此,美国还将水污染控制与空气污染治理结合起来,颁布《清洁空气法》《空气质量法》等一系列空气污染控制法案,控制酸雨,间接防止水污染。尽管如此,到 20 世纪 60 年代末和 20 世纪 70 年代初,由于西部工业化和城市化的快速推进带来的对水资源需求的大幅度提升,还是引起了较严重的水生态和水土污染问题,加之此时美国社会逐步向后工业社会转型,居民对美好环境的需求日益增长,水资源和环境保护成为水资源开发中必须考虑的重要因素。在此背景下,20 世纪 70 年代以来,美国西部水资源开发以水资源和环境保护为主要目标,以改善水质、为居民生活提供可靠用水及保护水资源和水生态环境为主要内容。政府的相关举措主要涉及逐步健全水权制度、强力控制水污染与综合管理和保护水生态系统。联邦政府和州政府调整和改革早期的不利于水资源和环境保护的优先占用水权制度,逐步建立起按优先权合理分配水资源的西部现代水权管理制度。这一制度赋予环境用水较高的优先权,要求遵循水资源有益利用、公众信任等原则分配和使用西部水资源,认定破坏水资源和水生态环境违反公众信任原则。在强力控制水污染方面,政府逐步完善水污染控制法规体系,强化水污染控制行政机构的职能,实施周密的水污染排放许可证制度和水排污权交易制度,并健全公众参与水污染控制的制度。此外,联邦政府及州政府相继立法保护湿地,并实施日最大负荷水污染物总量限制和流域水质管理等计划,大力精简水管理机构和协调各水管理机构间的职能分配等一系列政策措施,强化流域范围内水生态系统的综合管理和保护。

(2) 学界研究表明,自西部大开发战略实施以来,由于产业发展与生产和生活用水需求的增长,西部水污染有蔓延的趋势,且不少地方地下水开采过度,对包括西部在内的全国水生态环境构成威胁,为西部大开发和中国经济长期可持续发展带来不利影响。其一,随着西部大开发的推进,西部生产和生活污水产出量增长迅速,但西部由于基础设施较落后,管理水平相对较低和资金缺乏,工业废水达标排放率和城市污水集中处理率均较低。西部多数各省区工业废水达标排放率始终低于全国平均水平（李桂连，2015），西部城市污水集中处理率低到平均不足8%（周波等，2010）。其二，在西部一些矿产资源丰富和工业占比较大的地区，采矿带来的重金属和酸性废水造成江河湖水严重污染，大量工业废气直接排入空中，污染大气，形成酸雨，继而带来大面积的水污染。虽然水法律法规有防治水污染的相关规定，但水法律法规制度的不健全和政出多门等政府管理体制上的弊端，使各部门在治理污染上的配合遇到瓶颈，对工业废水、废气和废物的排放缺乏严格的监管，排污许可和收费制度的实际收效不大，以营利为目的的企业大多宁愿选择上缴排污费用，而不选择建设花费较大且建设时间跨度长的污水处理系统，更何况在水污染防治领域存在权力寻租等腐败现象，使一些企业可以漏、逃掉部分排污费用。其三，西北不少地方大量开发地下水资源，引起地下水位下降、地下水资源水质恶化和地下水资源枯竭（闫丽娟，2013）。西北大部分地区干旱少雨，水资源贫乏，地表水时空分布极为不均，且利用率已较高，这为超采地下水埋下了隐患。据新华网报道，新疆水资源相对短缺的地（州）、大中城市及铁路沿线工业相对集中的地区，如天山北坡经济带及吐鲁番市、哈密市等，地下水开采已接近或超过可开采量，局部区域地下水位持续下降，形成地下水降落漏斗，造成区域生态环境的恶化。在甘肃省敦煌市，由于人口和耕地的增加，大量超采地下水，靠地下水补给的月牙泉水位降低，湖水面积持续萎缩，这一著名自然景观的存在受到了严重威胁。武威市人口压力也导致地下水超采。武威市属于地下水严重超采区，其民勤盆地地下水位目前累计下降幅度大于20米，有识之士已发出了绝不能让甘肃民勤盆地成为第二个"罗布泊"的呐喊（赵建中等，2010）。

（二）美国西部开发中水资源开发利用效益相对较高

（1）在美国西部开发中，面对西部水资源的时空分布严重不均，移民、企业和政府充分认识到水资源开发利用对西部开发的重要性，并适应西部开发的需要，采取措施逐步提高西部水资源开发利用的综合效益。在西部开发早期，西部经济发展较落后，对水资源的主要是灌溉需求，移民学着印第安人引水灌溉，私营灌溉企业是开发西部水资源的一支主要力量，西部各州政府通过立法和直接投资推动农业灌溉用水资源的开发，联邦政府自19世纪后半期开始颁布相关法案，成立相关机构，激励航运、防洪和灌溉设施建设，水资源开发利用效益不高，以至于西部极干旱地区的农耕灌溉和基本的生产、生活用水得不到充分的保证。进入20世纪,《垦殖法》《博尔德河谷法》等一系列水法律法规的颁布,促使联邦政府开始直接参与和协调西部水资源的开发,西部水资源开发利用的效益明显提高。一是通过水资源开发极大地促进了西部干旱、半干旱土地的开垦,使西部市政、工业及农业等部门的发展得到了充分的水资源和水能资源保障。二是20世纪30~60年代服务于多目标的大规模水资源工程的修建,对流域的综合开发和治理,对水污染的治理,实现了西部水资源的综合开发和高效利用,极大地推进了西部开发进程。三是20世纪70年代开始强化对西部水资源开发的生态效益的追求,西部主要水资源工程投资中追求生态效益的投资占据压倒优势,较好地解决了西部城市化水平的提高引起的水生态和水环境问题,也适应了美国向后工业社会转型过程中居民对美好环境的日益增长的需求。

(2) 虽然中国中央政府和各省区地方政府也综合运用法律手段、行政手段和经济手段开展西部水资源开发管理,但由于中国西部大开发的时间不长等原因,目前中国西部水资源开发利用的效益还很低,不仅低于美国西部,甚至低于中国东部和中部地区。学界研究表明,将中国东部、中部和西部地区相比较,西部万元国内生产总值用水量、农田实际灌溉亩均用水量最多,水资源利用效率最低,特别是农业用水效益最低。2013年东部、中部与西部地区万元国内生产总值用水量分别是63立方米、129立方米、158立方米,西部比东部地区高2.5倍,东部、中部与西部地区农田实际灌溉亩均用水量分别为379立方米、378立方米、512立方米(李桂连,2015)。①西北地区土地资源丰富,水资源极其短缺,水资源利用效率不高,地表水和地下水资源的利用还有较大潜力可挖。具体体现为,河川径流的水库调蓄控制度低,农业灌溉效率低,挤占生态环境用水严重,并造成土地盐碱化问题,且不少地方水资源开发利用缺乏统一管理,上游城市的工业和农业灌溉分流过多,导致河流下游断流和湖泊萎缩,水生态环境被破坏。农业用水中高效节水灌溉技术远未推广普及,通过节水扩大灌溉面积的潜力很大,估计在灌溉用水总量不变的情况下,通过推广普及膜下滴灌技术可以实现节水50%、灌溉面积翻一番的理想目标;非农业用水的循环利用率也有提高潜力;地表水利用强度大,但仍然有增加调节库容、提高用水保障水平的潜力(梁书民等,2016)。②西南地区水资源(含水能资源)非常丰富,但由于时空分布不均、地势陡峭、山多平地少、水土流失严重、自然生态环境脆弱及经济发展落后导致的水利建设资金短缺等原因,目前控制性水工程缺乏，水资源开发利用程度低。虽然兴修了很多水电与农田灌溉系统，但在有些地方灌溉利用率不高，仍存在农民靠天吃饭的情况，有的地方水电却出现了相对过剩的境况，表明西南地区完整、有效率的水利灌溉系统仍未形成，水电资源的开发也缺乏规划，显得有些盲从与盲目（张永安，2013）。③整个西部水资源利用结构还不合理。一是水资源北少南多，与土地资源分布匹配程度极差，但目前却没有修建如美国西部那样的跨流域调水工程，水资源利用的地区结构不合理。二是农业用水和生活用水浪费严重而工业用水紧张。农业用水因为普遍采取"漫灌"等传统灌溉方式而存在着严重的浪费现象。居民对水资源的知识缺乏，不注重水资源的节约，生活用水浪费严重，如使用过程中流水浪费问题广泛存在。与此同时，工业用水相对紧张。如果允许水权转让，则企业可以通过投资农业节水设施，以换取农业节约下来的水用于扩大生产。这样，农业用水人并没有进行任何投资即可更换新的灌溉技术，而工业用水人的成本也远低于其购水成本。三是忽视生态环境用水和人们基于精神生活的用水需求。资源法律法规一向都是重自然资源经济价值的利用，轻自然资源生态价值的利用和保护（黄萍，2013）。如《取水许可和水资源费征收管理条例》第五条第一款规定，取水许可应当首先满足城乡居民生活用水，并兼顾农业、工业、生态与环境用水及航运等需要。从中可看出，水资源的生态功能并没有受到足够的重视，因而在社会经济生活中，生态用水常常被弃之不顾。虽然《取水许可和水资源费征收管理条例》规定了生活用水无须申请取水许可，但却并未考虑到精神生活对于个人的生存发展的必要性，未将游泳、垂钓、泛舟等娱乐用水纳入获得特许取水豁免权的范围。这些违背了水资源利用的优先性原则和重要性原则。

第四节　对深入推进中国西部水资源开发的启示

美国西部开发过程中积累了丰富的水资源开发经验，中国西部水资源开发一直困扰西部大开发的进程，需要学习和借鉴美国的成功经验，解决西部水资源开发方面存在的一系列问题，进一步推进西部水资源开发，为西部大开发提供水资源保障。纵观中美西部水资源开发的做法，比较中美西部水资源开发的异同，可以获得如下对深入推进中国西部水资源开发有意义的启示：

一、进一步理顺水资源管理体制

建立和健全水资源管理体制，是合理开发利用和有效保护水资源及防治水害的重要保证。美国西部水资源开发成功的一条重要经验就是适应西部开发的需要，逐步建立了各州自行立法管理为主与联邦政府直接参与和监督协调相结合的水资源管理体制。美国是联邦制国家，水资源属州所有，水资源开发管理基本以州为主进行，管理行为以州立法和州际协议为准绳。联邦政府与州政府的权力边界非常明晰，联邦政府与州政府间不仅是纵向的委托代理关系，更多的是横向分工关系。历史上，美联邦政府有关部门一方面进行过大量水利基础设施工程的建设，另一方面也协调制定并监督执行了许多州级分水协议。

针对中国水资源管理上的条块分割导致政出多门和难以协调等弊端，借鉴美国经验，中央政府要摒弃计划经济的思维模式和管制理念，尊重市场和公民的主体性，强化依法治理理念，理顺与地方政府的分权关系，在此基础上构建适应西部大开发需要的西部水资源管理体制。

二、进一步健全水法律法规体系

美国有一套与市场经济体制相适应的较完善的水法律体系，在西部开发中，一切水事活动依法进行。虽然在美国西部开发的不同历史时期，因水资源开发目标不同制定出的水法律的侧重点不同，但水法律对于水资源开发管理的每一个环节都有较为详尽的规定，为西部水资源开发的顺利推进提供了坚实的法律保障。中国西部大开发战略实施以来，水法制建设取得了很大成绩，《水法》《水污染防治法》《环境保护法》《水土保持法》《防洪法》《水土保持法实施条例》《取水许可和水资源费征收管理条例》《水污染防治法实施细则》《水污染物排放许可证管理暂行办法》等水法律法规陆续颁布和实施。然而，这些法律法规只对水资源开发管理提出了一些原则性规定，许多规定因可操作性不强，在执法中遇到阻力和干扰，导致有法难依的现象十分严重。此外，在水权确认和交易、水污染治理和地下水开发等方面缺乏全面的立法规定，存在不少漏洞。

以美国的经验,结合西部实际,健全水法律体系,特别需要完善水权制度、水污染防治制度和地下水保护制度。

(一) 完善水权制度

构建合理的水权制度,是合理开发水资源的前提。美国在西部开发中逐步建立健全了水权制度。与美国西部水权制度相比,中国西部水权制度存在明显的缺陷,不适应西部大开发的需要。①行政主导的取水许可制度的效率低下是不言而喻的。一是水权分配成本较高。水权初始分配需要经历区域水权、行业水权和用户水权的分配三个层次,区域水权的分配完成必须能为之后的行业水权、用户水权的分配奠定基础。各个层次的水权分配都需要依赖行政力量,不论各水权分配方式的实际效果如何,水权分配过程中所耗费的高行政成本是可想而知的。二是不利于充分发挥水资源的资源价值。根据《取水许可和水资源费征收管理条例》的规定,在水量不能满足所有用水人使用时,由水事管理部门决定水量的分配,这表明水权分配事实上遵循的是水权一律平等原则,并不存在用水优先权的问题,于是,对于发挥水资源的资源价值而言,应该有用水优先权的用户在水量不足时得不到足够的水量。三是在缺水时节,由于行政部门不能准确计算各水权人的需要,无法保护水权人的权利。②行政主导的取水许可制度易导致水事纠纷和滋生腐败。由于权利人之间的水权没有优先顺序,在缺水时势必争相用水,导致水事纠纷。如果水行政部门为了减少水事纠纷,尽量减少审批的水权的水量,就会造成资源浪费;如果因此产生"寻租"行为,不仅会加剧水权人间的纠纷,还会滋生腐败行为,加深权利人对政府的"负面印象"。③行政主导的取水许可制度不利于西部水资源的优化配置。由于行政分配机制因信息失灵等显得能力不足,水权交易价格没有体现水权与环境、水质、稀缺程度、用水效率等因素的关系及对出让方和受影响的第三者(包括公众)的利益补偿,不能反映水资源的真实价值①,从而在推进西部水资源优化配置方面所起的作用不大。

中国已初步建立了社会主义市场经济体制,水权制度自然不能遵循计划经

---

① 刘峰等(2014)的研究表明,内蒙古河套灌区跨盟市水权转让造成河套灌区的水管理部门水费收入减少,水权转让价格只反映对取水成本的静态补偿,不包括对灌区和农户的补偿;宁夏的水权转让费用只考虑了节水工程建设费用,其他如风险、利益及补偿等都未明确;其他地区的水权转让也多因为价格难以确定,其费用也是以工程建设投资分摊的形式进行补偿结算。

济框架,而必须坚持市场导向原则,加快水权制度的立法。要在水资源国家所有的前提下,根据用水方式的不同,合理界定水权,并探索有效保护、开发利用水资源的产权结构和管理制度。借鉴美国经验,可从以下几方面完善西部水权制度:

(1) 建立基于优先权的水权初始配置制度。可仿照美国西部用水优先权配置的办法,按用水需求的性质将整个社会用水分为生活用水、公共用水和经济用水,与其对应的水权分为基本水权、公共水权和竞争性水权,三种水权的优先等级依次降低,其中竞争性水权虽然优先等级最低,但用水总量最大、流动性最强,是水权体系中最活跃、最能体现水资源与经济发展关系及市场调节机制的部分(邵自平,2004)。也就是说,借鉴美国经验,中国西部建立基于优先权的水权初始配置制度,一是要保障居民生活用水需要,二是要重视生态环境用水,三是在前两者基础上配置好竞争性水权。在美国西部水权制度中,虽然对于水权的设立有各种条件的约束,但对于居民的生存用水,各州都予以保留,即无论个人是否拥有水权,其都有为生存而取水的权利,任何人不得以任何理由进行阻止,这种生存权不仅包括饮水的权利,还包括为满足精神愉悦而进行的观赏、游乐等水上权利(李梦,2014)。应参考美国西部的水权制度,规定公民可以在没有获得取水许可的情况下,在河流进行游泳、垂钓、泛舟等活动。生态环境用水属于公共用水,是维持良好的生态环境的需要。在进行各流域水量规划时应充分考虑河流维持自身生态系统所需的水量,对于水权分配的方案必须做出适当的环境评估后才能通过(单平基,2012)。对于单纯以保护水资源为目的而不进行实际取水行为的申请,也应给予取水许可。通过这种方式,可以提高水资源保护的公众参与程度,缓解政府保护水资源的重担。

(2) 制定水权交易和水市场建设法规。水权交易依赖于水市场,而水市场是一个不完全市场,是一个准市场,是特别需要政府调控的市场。为实现水资源的优化配置,美国西部在水权和水市场领域,已经具有相对完善的法律法规体系。中国西部水资源开发应借鉴其先进做法,加强水权交易和水市场建设方面的立法,通过引入市场机制,鼓励水权交易,让市场在水资源配置中起基础性作用。通过水权交易和水市场建设立法,明确在国家对水资源拥有所有权的前提下,可以逐步放开使用经营权,将水权特别是经济水权中的所有权和使用权剥离,把使用权(用水权)纳入市场,按照市场规则进行运作,通过认购水权、转让水权等方式,将水资源配置到效益高的地方,以利于效益低的地方可以转让部分或全部用水权,进行节水改造或兴修水利工程。水权交易和水市场建设立法应涉及水权交易的主体、条件、程序、政府在水市场中的作用及在水权交易中如何保护第三者的利益,防止对环境可能造成的负面影响,如何保障水权交易双方的利益,出现水事冲突的解决办法等。

(二) 完善水污染防治制度

中国有关排污许可设定的最重要的现行立法为《大气污染防治法》和《水污染防治法》。两者均直接设定了行政许可的三种情形,并且授权其他法律、法规、规章设定排污许可的其他情形,同时特别授权国务院规定排污许可的具体办法和实施步骤。2014 年修订的《环境保护法》第 45 条规定"国家依照法律规定实行排污许可管理制度",由此拉开了全面实施排污许可的序幕,但该法缺乏程序性、操作性的具体规定,即未规定排污许可的适用范围或事项和排污许可的程序性问题。由于国务院迄今没有出台排污许可的配套法规①,致使排污许可制度未能落地生根。一些地方立法为实施排污许可规定了程序性事项,有的设定了新许可事项,但是其许可设定权的限制面临着合法性问题(吴卫星,2016)。此外,中国排污许可证制度存在强调末端许可、忽视源头和过程许可、行政许可多于技术许可、统一许可而非分类许可等诸多不足,直接影响了排污量许可的科学性,造成许可证制度长期以来实效不佳(李艳萍等,2015)。

全面推行排污许可制度,需要由国务院制定《排污许可证管理条例》,在《大气污染防治法》和《水污染防治法》所设定的排污许可事项之外根据实践需要增设一些新的许可事项,并对排污许可做出程序性、操作性的具体规定。要借鉴美国经验,全面推进基于污染全过程控制设计的许可证制度,实现科学许可排污。即在排污许可证制度设计中充分体现污染源头预防、过程控制和末端治理的污染全过程控制理念,将原料类型、生产工艺、技术装备、产品及末端治理技术等要素作为许可证监管内容,构建基于清洁生产标准、污染物排放

---

① 2008 年 1 月,原国家环保总局发布了《排污许可证管理条例》(征求意见稿),但其后未有立法进展,及至 2014 年 4 月,环境保护部又公布了《排污许可证管理暂行办法》(征求意见稿),2016 年 11 月 10 日,国务院办公厅发布了《控制污染物排放许可制实施方案》(国办发〔2016〕81 号),提出了全面推行排污许可制度的时间表和路线图。

标准及环境质量标准的许可证技术标准评估和监管体系，实现基于污染全过程防控的排污许可证设计（李艳萍等，2015）。

(三) 制定完善的地下水保护制度

美国建立了完善的地下水保护法律体系，其对地下水的保护覆盖了从地下水的开采到使用、分配、处理及回灌的全过程（李印，2012）。地下水的肆意滥用一直是困扰中国西部开发的问题，而且地下水污染的防治也是一个难题。借鉴美国西部地下水资源开发的经验，解决西部地下水问题，应将地下水保护问题提高到较高的战略位置，立法先行，制定地下水保护和管理方面的专门法律，或对地下水资源利用和污染防治的相关法律法规进行修正与完善，建立地下水水源地保护区制度。在地下水相关法律法规中规定详细的地下水开采监管措施，确立严格的民事和刑事责任。

三、逐步建立适合国情和西部区情的水市场

水市场泛指各种状态水及其相关权利在持有人间进行交易的市场，其主体是水权转让市场。促进水资源从低效益用途向高效益用途转移，加强对生态环境的有效保护，实现水资源的优化配置，必须允许水权转让和交易，在此基础上培育和发展水市场。美国西部水资源开发的一条重要经验就是，逐步调整和完善水权管理制度，最终形成以水市场制度为核心的西部现代水权管理制度。这一制度倡导培育完善的水市场体系，鼓励水权间的转让和交易，引导水资源的优化配置。长期以来，包括西部在内的全国水资源配置一直采用计划经济的手段，没有形成真正意义上的水市场。这是西部水资源开发利用效益较低、水资源的利用结构不尽合理及水污染和地下水过度开采等水生态环境问题出现的一个重要原因。参考和借鉴美国的经验，逐步建立适合国情和西部区情的水市场，势在必行。

(一) 健全西部水权价格形成机制

建立适合国情和西部区情的水市场，要以明晰初始水权和完善西部水权价格形成机制为基础。水权价格应该在政府调控下由市场来决定。这是因为，水不同于其他一般商品，具有一定的社会性、公益性和不可替代性，是一种特殊

商品，相应地，水权作为水资源的所有权及从中分设出的用益物权的集合体，也具有特殊性。水对权利人来说是一种财产，水权由此呈现出私权性，而与此同时，水资源又是一种公共资源，水资源上附着了一些不具有竞争性和独占性的、涉及社会公共利益的功能，如维持人类生存及生态环境的功能，且水资源作为公共资源的价值大于财产价值。如果水权价格的形成缺乏政府的调控，完全由市场来决定，就不能充分地实现水作为公共资源的价值，而如果水权价格完全由政府来决定，又不能充分地实现水作为财产的经济价值。

美国西部水权价格的形成机制就是一个在政府调控下由市场决定的机制。由于用水按需求性质可分为生活用水、公共用水和经济用水，相应地，水权分为基本水权、公共水权和竞争性水权，各州水权管理机构在授予水权时，要以水资源有益利用、公众信任和不伤害其他水权持有者等为原则，要通过一整套管理程序，且公众参与程度较高，一般只有经济用水或竞争性水权可纳入市场交易。大多数水权交易由水权管理部门（州水机构或法院）批准，并办理有关手续和交付相应费用后通过正式市场来进行，也有一些水权交易在地方自发形成的、基于信用而无政府干预的非正式市场上进行。通过市场交易，使水权得到重新分配，水资源的经济价值得以充分体现。政府会根据需要保留或在水市场上购买一些水权，用以维持公益用途。这样，水权价格形成实际上是政府调控下由市场决定的过程，在不同地区和不同时期，水的市场供需及成本费用不同，水权价格不同。

目前，行政力量占主导地位、缺乏市场机制是我国西部水权交易价格形成过程中的最大问题。西部水权价格分为资源水价、工程水价和环境水价。资源水价即水资源费，是国家行使水资源所有权的一种形式。工程水价是使用水利工程供应的水而向水利工程管理单位支付的费用，主要用于补偿成本及取得合理收益，具体体现为供水价格，由供水成本（含水资源费）、利润和税金构成。环境水价就是经使用的水体排出用户范围后污染了他人或公共的水环境，为治理污染和保护水环境所需要的代价，具体体现为污水处理费（黄寰，2009）。资源水价是非市场的定价，其设计存在较大的问题，主要是其作为一种政府行政事业性收费，收取标准明显偏低，不能准确体现出水资源的真实价值，没有包括对水环境生态重建费用，对取水或调水引起的水生态变化影响的补偿，促进节水和保护水资源技术进步的投入等诸多方面，此外，资源水价也缺乏调控的刚性（黄寰，2009）。工程水价和环境水价虽然由市场进行一定的调节，但由于水资源费标准偏低，市场机制对其形成的影响不足等原因，无法充分反映市场供求关系、水资源的稀缺性、水生产效率及对相关损失的补偿、生态补偿和必要的利益补偿。

促进西部大开发，需要学习和借鉴美国西部水市场建设经验，在西部水权价格的决定中引入市场机制，构建以成本费用和市场供需为基础并考虑用户承受能力和水资源稀缺性的水权价格形成机制，形成有区域特色的市场调节水权价格体系，真正实现水资源的价值和水作为一种稀缺商品的价值，为优化西部水资源配置创造前提。现阶段，政府部门应增加对西部水工程、污水处理基础设施和交易信息系统建设等的投资，实施激励政策以培育各类水市场中介组织，提高公众保护水资源和水环境的意识，增强公众参与度，降低交易成本，促使更多经济主体参与水权交易，逐步形成政府调控下市场机制决定的西部水权价格形成机制。

（二）加强西部水市场的组织体系建设①

（1）建立多类型或多层次的水市场。从西部水权转让的实践来看，应该结合水权转让的类型，着力构建流域和区域两级、长期和短期两类水市场（黄寰，2009）。建立西部不同流域和沿江河湖区域的两级水市场，有利于充分发挥各流域管理机构的作用，统筹安排整个流域的水资源使用、水利工程投入和生态环境重建，强化流域水资源统一管理，并稳步推进流域内区际之间、区域内不同行业之间的水权转让。区域水市场的建立则可以充分适应西部各地的区情，方便各水权人进行有偿转让。区域水市场可结合实际情况做进一步的划分。西部水市场应分别建立短期和长期水市场。短期水市场以转让年度内的短期水权为主，重点在于培育同一区域（水系）内部不同行业用户之间的年度内水权转让。长期水市场以转让年际间的长期水权为主，重点在于通过长期水权的转让为大型水工程提供可靠资金（蔡守秋等，2004）。

（2）着力培育市场主体。市场的内部组织结构涉及市场主体、客体和价格。客体是指水市场上供求双方具体交易的对象——水权。价格是通过市场供求等关系影响水权的最终价格。主体是指在水市场上进行水权销售、转让、租赁等交易活动的参与者，包括供给方、需求方和中介方。西部水市场的主体包

---

① 本部分参考了黄寰（2009）的研究成果。

括水利委员会、水资源管理委员会、供水公司及其他组织。水权转让必定要反映政府的所有权主体地位。各流域的直接管理机构——水利委员会及各行政区域的水资源管理委员会，直接行使水资源管理和初始水权分配转让的职能。它们是水权的最高分配机构，是对流域（区域）水资源进行综合规划、治理开发、统一调度和工程管理的专职机构，负责协调不同地区（部门）存在的用水矛盾。由水管部门改制而来的供水公司应该是按照市场经济原则组建的国家独资或国有控制的有限责任公司，直接参与到水权的初始分配中，并根据有关的合同或协议，向用水组织提供水资源。供水公司应根据社会主义市场经济的需要，推进企业内部改革，不断创新企业管理，使企业能满足水资源开发和转让的需求。其他组织涉及企业和民间团体、协会等。企业既可以是水权的转让者，也可以是水权的受让者。因为企业可通过技术创新实现节水用水，然后把节约的用水权在水市场上转让。大量分散的个人由于水权极少、话语权不足，不适合直接参与到水市场交易，应组成相应的组织并通过组织参与水市场交易。如在农村，可以在明确农户的商品水所有权、小型农村水利设施所有权或中小型灌区水管组织改制的基础上，通过联合的私人产权组建主体多元化的协会或合作组织，广大农民经由该组织参与民主管理辖区农业水资源的开发利用、保护及水利设施投资活动。由于水权转让操作较复杂，有必要在水市场中建立相应的水权转让中介服务机构。水权中介服务机构应是具有独立法人资格的经济组织，在自愿、公平、诚实信用的基础上按照核准的业务范围接受相关水权主体委托，提供水权转让的咨询、调查、资产评估和代理等服务。

（三）健全西部水市场交易制度

推进西部水市场的发展，需要通过有效的交易制度安排，为水权的买卖双方进行交易提供行为准则。西部水市场交易制度安排主要涉及市场准入制度、社会公平制度、交易信息公告制度和转让合同制度等。

（1）市场准入制度是关于市场主体的资格、权利、责任的一系列制度，旨在正确引导、科学规范买卖双方的市场行为。它要科学、公正地进行水权交易主体的资格认定，对相关企业进行资产及水权评估，规定买卖双方的权利、责任和义务，防止市场交易中的不规范行为引起的资产流失（胡继连等，2002）。

（2）社会公平制度作为水市场交易制度，意味着西部水权转让要确保居民生活用水和生态环境用水的优先，以确保西部社会经济的可持续发展；要保护第三方的利益,防止对生态环境可能造成的负面影响。在社会公平制度框架下,对有利于社会公平的水权转让,相关各项审查、交易手续要从简从快,对涉及或有可能危害社会公平的水权转让,如以生活用水和生态环境用水为客体的水权转让,必须在交易中严格把关。

(3)交易信息公告制度要求水权的转让信息必须对社会公开。水权的转让必须由相应级别的水管理机构或法院批准且需要有一个公告期,以便社会公众监督。

(4)转让合同制度要求进行水权转让的交易应签署相关的协议或合同。合同内容应包括用水权、转让年限、转让价格、付款方式、供水方式、违约责任等诸多方面。

(四) 创新西部水市场管理制度

西部水市场管理制度的创新意义十分重大。不仅有利于建立起西部水权转让的科学管理模式,而且要对水权持有者进行规范性引导,促使西部水资源得到更有效的开发利用,提高西部水资源使用效率,确保西部的水资源安全。一是建立西部水权转让监督机制。对水权转让实施监督是保证水权持有者权益的必要措施和手段,要对水权行使过程中相应的权利与义务的履行情况进行监督检查。二是建立水权转让信息系统。该系统应该充分利用现代化计算机网络和通信技术,建立一个基于互联网开放的、实时的水权转让信息服务平台。由流域和区域水资源主管部门提供相应的水资源资料、公报、水权转让信息,以简捷、直观、方便的操作方式,为水权转让提供有效的信息平台。

第五节 本章小结

实现区域可持续发展,必须合理开发区域水资源,保证区域水资源的循环使用。美国政府高度重视西部水资源问题,实施了科学的水资源战略,制定了合理的水资源法规政策,成功开发了西部水资源,这极大地推动了美国西部开发进程。中国西部大开发的成败在水,必须合理开发西部水资源,加强对西部水资源的综合利用和保护,这需要学习和借鉴美国西部水资源开发的成功经验。总体而言，目前涉及中国和美国西部水资源开发的成果不算少，但缺乏专门和系统地比较中美西部水资源开发的成果。对中美西部开发之水资源开发进行比较研究，可为中国西部水资源开发提供有益的借鉴，对深入推进中国西部大开发有积极意义。

本章在前人研究的基础上，系统分析中美西部水资源开发的主要做法，比较两者的异同。结果表明，中美西部水资源开发既有一些相似之处，也有不少差异。一方面，开发的背景、目标和手段都有相似之处。两者都是在发展市场经济，在开发初期西部与东部地区间发展很不平衡、水资源分布很不平衡及西部水资源时空分布不均衡的现实背景下进行的，都是为了实现西部水资源的合理开发和有效利用，从而为西部开发乃至全国经济长期可持续发展提供必要的水资源支撑。两者均综合运用法律手段、经济手段和行政手段。另一方面，开发的水资源基础和社会制度环境、开发过程中建立的西部水资源管理体制和水权制度及对水资源的保护力度和开发利用效益都有差异。美国西部逐步建立了各州自行立法管理为主与联邦政府直接参与和监督协调相结合的水资源管理体制和以水权许可、水权转让和交易、水权中介公司和完善的水法律体系为特点的现代水权管理制度，由于开发历史较长，对水资源保护的力度较大，水资源开发利用的综合效益较好。中国西部水资源开发的水资源基础相对薄弱，且开发的社会制度环境与美国有所不同。中国西部实行分级管理与分流域管理相结合的水资源管理体制，建立了以取水许可制度为核心的行政主导的水权初始分配体系。由于实施西部大开发战略的时间不长，加之水资源管理体制上的条块分割等原因，对水污染和地下水过度开采等威胁水生态环境的问题还没有引起足够的重视，开发利用的效益还很低。

美国西部水资源开发积累了丰富的经验，中国西部水资源开发一直困扰西部大开发的进程，解决西部水资源开发方面存在的一系列问题，深入推进西部水资源开发，为西部大开发提供水资源保障，需要学习和借鉴美国的成功经验，进一步理顺水资源管理体制，进一步健全水法律法规体系，逐步建立适合国情和西部区情的水市场。

第六章 中美西部产业开发比较分析

美国西部开发取得了巨大成功,其中产业开发的成功是根本。大批移民以超常规的方式移植到西部的广大地区,迅速完成了生产资料与劳动力的结合,带来了农业的巨大发展,引发了交通运输业的革命,加快了工业发展的进程,农业、工业、交通运输业三者又互为因果,相辅相成,共同滚动发展,成为美国西部经济腾飞的强大驱动力量,使美国在战后几十年迅速完成农业国向工业国的转变,并奠定了国家经济持续发展的农业基础(王雯,2003)。美国西部产业开发为欠发达地区产业开发提供了许多有益经验,也留下了一定的教训。

中国西部大开发战略实施以来,中央政府把产业培育和发展作为西部大开发的战略重点和中心内容,采取一系列倾斜性的政策措施,对西部产业开发进行宏观引导和调控,着力推动西部产业开发和产业结构优化升级。西部各地地方政府也高度重视产业在经济社会发展中的支撑地位,在中央政府的宏观引导和调控下,结合本地实际,提出产业开发和产业结构调整的思路和举措。然而,由于中国西部大开发时间不长,中国西部产业结构低度化和不合理的状况仍没有得到根本的改观,因此需要研究美国西部产业开发的经验和教训,并以之为鉴,深入推进中国西部产业开发进程。

伴随着中国西部大开发战略的实施,关于中国和美国西部产业开发的研究成果均呈上升态势,但系统探讨中国西部产业开发存在的问题、美国西部产业开发的经验和教训及其对中国启示的成果十分少见。

本章在前人研究基础上,系统分析美国西部产业开发的过程与经验和教训、中国西部产业开发的成效与问题,以此为基础,探寻美国西部产业开发经验和教训对中国西部产业开发的启示,以期为深入推进中国西部产业开发提供决策依据。

第一节 美国西部产业开发

研读相关文献，回顾美国西部开发的历史，不难得知，以美国建国、内战、"二战"为分界点，美国西部产业开发可分为产业初步开发、产业综合开发和产业深度开发三个阶段。

一、从建国到内战结束以农业发展为主的产业初步开发

美国建国时，西部人烟稀少，存在着一片肥沃富饶、尚未开垦的辽阔土地，推进人与土地这两个要素的有机结合，是西部产业开发的关键，只有这样，才能迅速产生生产力。基于此，从建国到内战结束这一时期内，美联邦政府和州政府制定和实施了一系列开发促进措施，对西部进行了以农业发展为主的初步开发，使西部农业、轻纺工业、采矿业和交通运输业都得到一定发展。

（一）农业的拓荒式发展

农业是美国西部开发中最早开发的产业，也是初步开发时期美国西部产业开发的主要内容。美国建国后，根据1783年签订的英美《巴黎和约》，美国西部边界推进到密西西比河，许多居住在大西洋沿岸新英格兰地区的居民便越过阿巴拉契亚山向西迁移，在该山脉以西五大湖周围地区从事耕种，由此揭开了西部产业开发的序幕（兰建英，2007）。

如本书第三章所述，美国于1784年、1785年、1787年和1796年等先后颁布了一系列重要的土地法令，确立了在西部建立新州和分配西部土地的原则，对吸引移民到西部垦殖起到了巨大的推动作用。1803年，杰弗逊总统以1500万美元的低价从法国手中买下路易斯安那，路易斯安那变成了美国向佛罗里达、得克萨斯、新墨西哥等扩张的走廊，进一步引起大量移民因觊觎西部土地和企盼西部新生活而涌向西部（王储，2008）。1841年，政府又颁布《优先购买权法案》，正式承认自行占地进行开垦的农民有购买其占用土地的优先权，而且是按照最低价格优先购买。1862年，又颁布近乎无偿分配土地的

《宅地法》。一系列的西部土地法令，使移民能获得的西部土地越来越多。大量的西部土地需要耕种，引起对农业机械和农业科技的需求迅速增长，从而使市场上改进的农具和研制的农业机械不断出现①。西进的移民、积极的土地政策，加上不断创新的农业科技，使旧西部和新西部的东部地区在内战前已经得到了明显的开发。移民们在这里建立了大量的家庭农场和牧场，种植小麦、玉米、棉花、烟草、水稻、亚麻等作物，发展畜牧业，特别是俄亥俄、印第安纳、伊利诺伊、威斯康星等地先后变成了美国小麦、玉米的主要产区，之后又逐步发展成为以种植业为龙头，涵盖农产品加工、出口等内容的农业产业带，西南部的海湾平原地区变成了棉花主产区。

拓荒者们在旧西部和新西部的东部开发出来后，没有在新西部大草原停留下来便直奔远西部去了。这一方面是因为大草原降水量很少，每年平均降水量不足51厘米，是干旱荒无人烟之地，移民们不能很好地在这里定居开发；另一方面则是因为在远西部地区出现"淘金热"。远西部地区采矿业发展，引起了适应矿工生活需要的种植业和畜牧业的发展。据统计，1852年，加利福尼亚州耕地仅有110748英亩，三年后耕地面积就猛增至461772英亩，到19世纪50年代中期，该州已经有部分剩余粮食可供出口②。

实际上，新西部大草原广阔无垠，土地易得，牧草丰美，没有大森林隔断牧场，可任意牧放牛群。当远西部的"淘金热"开始降温后，一些勇敢的牧牛人（亦称牛仔）发现了大草原的巨大价值，踏上了征服新西部大草原的征程。他们在这里放牧，养牛和马，向矿业营地、筑路人员和移民供应需要的牛肉和马匹，使新西部大草原牧畜业发展日益兴旺。畜牧业的专业化发展相应促进了牲畜屠宰加工等的发展。

（二）采矿业的粗放式经营

1848年1月，在加利福尼亚州发现金矿，引发了波及全球的美国历史上第一次"淘金热"，远西部的开发得以启动，采矿业开始在远西部兴起。加利

---

① 1833年和1834年，奥贝德·赫西和塞勒斯·麦考米克试制成收割机；1835年，乔治·布朗发明了播种机；1837年，约翰·迪尔发明了对草原地带的耕作极为有利的钢犁；1858年，C.W. 马希与W.W. 马希两人向政府申请了马希式收获机（Marsh Harvester）的专利权，使收获效率提高了1倍多。因此，王储（2008a）等学者认为，内战前，美国就实现了农业的半机械化。

② http://www.docin.com/p-672180882.html。

福尼亚州的"淘金热"从1854年开始降温,金的产值从1853年的6500万美元下降到1855年的5500万美元。尽管如此,1848~1859年,加利福尼亚州共开采出价值6亿美元的黄金,占同期世界黄金总产量的45%(Hine,1973)。

1848年在加利福尼亚州发现金矿后,远西部陆续发现了大量的贵重金属矿藏,掀起一次次疯狂的"淘金热"。如1859年在内华达境内发现了蕴藏大量白银的库斯托克矿,掀起一次比1848年更疯狂的"淘金热"。19世纪50年代在内华达和科罗拉多,19世纪60年代在爱达荷和蒙大拿都因发现金银矿而掀起了"淘金热"。"淘金热"逐步扩张,到内战结束时,在落基山区已经建成了四大矿区中的三个①,即科罗拉多的派克峰(1859年)、爱达荷的克利尔沃特(1861年)和蒙大拿的奥尔德峡谷(1863年)。1859年6月,到达派克峰的采矿者已经不下10万人(其中不少来自加利福尼亚州),两座城市奥拉里亚和丹佛很快出现在美国版图上。1863年,蒙大拿出现"淘金热",在此后的三年中,怀俄明、犹他、新墨西哥、亚利桑那等地也建立了大大小小的矿区,矿区逐步遍布远西部各州(王储,2008b)。

(三)以轻纺工业为主的制造业的起步

在农业发展的同时,面粉、罐头等食品加工,木材加工,纺织等以农副产品为原料的轻纺工业逐步发展起来。随着西部交通运输条件的逐步改善及农业的拓荒式发展,铁犁、铁栅栏、收割机、播种机、轧棉机、缝纫机、钻井机等机器开始不断从东部运输到西部。这推动着西部机械化程度的提高,使面粉、罐头等食品加工,木材加工,纺织等工业企业普遍开始使用机器作业,生产率逐步提高。如随着制罐业的机械化,罐头成本大大降低,内战时期形形色色的西部罐头开始销往全国各地。

西部采矿业的发展也带动了日用品制造业及与采矿业密切相关的木材、铸造、机械等方面的制造业的发展。加利福尼亚州就是一个典型。由于"淘金热"吸引了大量人口集中,使当地衣食住行等的供应突然紧张起来,造成物价飞涨。例如,一个面包在大西洋沿岸只要4~5美分,而在旧金山卖到了50~75美分;肯塔基出产的威士忌酒在加利福尼亚州一夸脱涨到了30美元;在"淘金热"的中心城市萨克拉门托,一把刀子卖到了30美元,一床绒被40

---

① 落基山区的第四大矿区——南达科他的黑山矿区于1874年建成。

美元，一双长筒靴 100 美元，一磅钉子 192 美元，一头牛 500 美元，旅馆住宿一个月 1000 美元。至于土地更是价格高涨，旧金山原来一块地皮只要 15 美元，在淘金热中卖到了 8000 美元①。供给的不足或需求的上升，推动着相关制造业的发展。据统计，在内战前，加利福尼亚州已有各类加工厂 3505 个，比远西部任何一个州都多。

（四）交通运输业的逐步发展

直到 19 世纪初期，向西部移民的路线大多是印第安人打猎的羊肠小道，西进移民行路和农矿产品运输的需要，对交通运输业的发展产生了拉力，而在这一时期，适逢第一次科技革命使蒸汽机船和蒸汽火车等机器问世，又对交通运输业的发展产生了推力②，因此，美国西部逐步兴起了建设收费公路、开凿运河和修建铁路的热潮。

在公路建设方面，从 1792~1794 年修建第一条公路，到 19 世纪初，西部已建造出多条收费性质的公路，到 1830 年，修筑公路总里程长达到 6400 千米。1830 年美联邦政府规定，美国西部出售的土地免税 5 年，其中一部分土地用于建造西部的公路，地价收入的 5%用于建造公路，这些措施促进了美国西部公路的迅速修建，不仅有助于美国的移民西进，而且方便了西部的交通运输，从而加速了西部的开发（Bailey et al., 1987）。1848 年开始的"淘金热"，带来了西部采矿业的发展，采矿业成为交通建设推进的主要拉力。如 19 世纪 50 年代中叶，加利福尼亚州已经建立了 12 条驿站线路，大都是为便于采矿营地建立必要的联系，为采矿业服务的③。

随着蒸汽机船的发明与使用，美国加强了水运建设，1817~1825 年由纽约州资助修筑了长达 350 英里的伊利运河④。伊利运河是第一条连接美国东海岸与西部内陆的快速运输工具，它不仅加快了运输的速度，也使美国东部港口与

---

① http://www.docin.com/p-672180882.html。
② 第一次科技革命在美国始于 1790 年，完成于 19 世纪 50 年代，它是一场以纺织业革命为起点，以蒸汽动力广泛运用为动力的革命，1807 年克雷蒙特号汽船在哈得孙河上首航成功标志着美国交通史从轨道时代转入汽船时代。
③ http://www.docin.com/p-672180882.html。
④ 位于美国纽约市北部，从伊利湖东岸的水牛城，穿过摩和克（Mohawk）谷地的山峡，到达哈得孙河上游的奥尔巴尼（Albany）（纽约州政府所在地），于 1817 通过国家立法修建，于 1825 年 10 月 25 日通航，以后曾数度扩建，从 1909 年起经改建后，运河长 544 千米，宽 45 米，水深 3.6 米。

西部内陆之间的运输成本降低了95%①。伊利运河的建立,使五大湖的水运与纽约港连通,成为纽约州通航运河系统的主要水道。快捷的运河交通使移民经运河蜂拥向西,到密歇根、俄亥俄、印第安纳的伊利诺伊等地安营扎寨,从那些地方的运河运输农产品到纽约上市,回程则满载工业品和物资,也使纽约州西部乃至整个东部和中西部地区的市场连接起来,适应了东部与中西部地区发展对市场的需要,特别是促进了纽约与中西部地区人口快速增长和经济的发展②。到1840年,美国成为当时世界上运河最发达的国家。尽管在19世纪后期曾一度忽视运河,但到20世纪,纽约发展了连接山普伦(Champlain)湖、安大略湖和芬格(Finger)湖的运河网,伊利运河仍是中央干线。

1828年美国开始修筑铁路,1830年建成了美国第一条近代意义上的铁路,从巴尔的摩(马里兰州)到俄亥俄,用蒸汽作动力,当时只有13英里可通行。这条铁路与伊利运河一样,不仅把大量移民带入西部,更重要的是把西部带入了美国市场(王储,2008b)。随着移民的大量西移,铁路作为跨州交通干线的地位显现,1850年联邦政府颁布了援助铁路建设的第一个土地赠予法令《伊利诺伊中央铁路土地赠予法》,通过向州政府赠地等优惠措施,援助西部铁路建设。自此以后,相继于1852年、1853年、1856年和1857年颁布了四项赠地法案,赠地1800万英亩用于10个州的45条铁路建设(Taylor,1951)。西部铁路建设速度加快,到美国内战爆发时,美国铁路长度为3万英里,虽然大部分修建在西部,但显然西部铁路规模仍然有限。内战期间,联邦政府则直接颁布法令赠地给铁路公司修筑横贯铁路,如1862年通过了《太平洋铁路法》,决定首先由联合太平洋铁路公司(UP)与中央太平洋铁路公司(CP)联合修建中线太平洋铁路,1864年国会又对《太平洋铁路法》进行修正,给予铁路公司巨大的优惠和支持,如铁路公司每修一英里的铁路,可以得到铁路沿线一定面积的土地,可以根据修筑铁路的长度和地形的不同,从政府那里获得不等的贷款。不过,在内战期间,由于劳动力缺乏,加之政府赠予的

---

① 19世纪初期,美国从东部港口向西到内陆去的货物运输,主要靠马拉牛拽的大篷车队,陆上运输的运费曾达每吨100美元,而由运河运则只要5美元,即由1英里20美分的运价降到1美分。伊利运河建成后9年内所收的通行费就超过了建设费,到1882年取消通行费时,已用运河的收入支付了几条运河支线的建设费用,并向国家上缴了大量税收。

② 当时比费城(宾夕法尼亚州最大城市,在华盛顿特区成立前是美国首都)和波士顿(马萨诸塞州的首府)小得多的纽约,迅速发展成为全国最大的港口城市。

土地在短时期内难以出售和债券的发行很缓慢，资金短缺，联合太平洋铁路公司与中央太平洋铁路公司修建铁路的进展十分缓慢。

(五) 政府的开发促进措施

在初步开发时期，政府制定和实施的产业开发促进措施主要涉及推进西部新州建立和土地的分配、向西部移民、推动西部交通基础设施建设与农业教育和科技的发展等几个方面。

(1) 依法在西部建立新州和分配西部土地。先后颁布《西部领地组织法》(1784年4月23日)、《西部土地出售法》(1785年5月20日) 和《俄亥俄西北合众国领地组织法》(1787年7月13日) 等法令，对在西部建立新州和分配西部土地做出明确的规定，为西部产业开发提供了一定的组织保障和土地载体。

(2) 以土地和移民法规政策吸引国内外公民移居西部。《西部土地出售法》(1785年5月20日) 法令规定将公有土地分块拍卖出售，每块土地最小640英亩 (约合388亩)，每英亩地价最低1美元，一次付清。1796年的土地法将每英亩土地最低出售价提高为2美元，付清期改为一年以后，分4年付清。为了满足向西迁徙的大量小农对土地的需求，联邦政府多次调整土地法令，减少出售土地面积的最低限额，放松付款条件。为从根本上解决小农获得土地的问题，1862年颁布的《宅地法》，规定年满21岁的公民从1863年1月1日起，只要付10美元的费用，就有权取得160英亩以下面积的土地，耕种5年后，土地就归个人所有。为吸引国外公民移居西部，1802年美国颁布《移民归化法》，规定外国移民只需在美国住满5年，便可由任一州的公共法院授予公民权。1864年美国设立了联邦移民局，接着颁布了一系列移民法，在欧洲、亚洲和拉丁美洲各地宣传招徕移民。有学者研究表明，在1820~1860年，大约有500万移民来到美国，为美国西部开发提供了充足的劳动力。

(3) 对西部交通基础设施建设进行依法资助和实施政策优惠。其一，联邦政府制定和实施赠地法，赠地给予州政府和铁路公司，资助修筑通往西部的公路、运河和铁路。1823~1869年共有5个州获得修筑公路的赠地。从1827年国会通过决议鼓励修筑运河到1860年，联邦政府拨给俄亥俄等州的赠地达到400万英亩 (Taylor, 1951)。在铁路建设方面，联邦政府颁布了多个资助州政府或铁路公司修筑铁路的赠地法令，最典型的是1862年通过的《太平洋铁路法》，依据这些法令的赠地数量极为庞大。其二，为了给西部交通基础设施建设提供充足的资金，联邦政府鼓励私人投资，同时发挥州政府的作用。在公路建设方面，联邦政府推出土地和税收等方面的优惠政策，促进收费公路的建设。由于开凿运河的成本高，非民间资本可以负担，修建运河资金多数来自各个州政府（韩启明，2004）。在1815～1840年，各州投资1.25亿美元，建造了3000英里的运河。当铁路被视为州内运输工具时，各州主要依靠私营体制从事铁路建设（Splawn，1928），州政府主要采用减免税收、发行政府债券、认购股票和海外债券担保、州属公地转让等优惠措施（荣朝和，2006）。

(4) 依法拨赠土地支持办高等院校和培养农业技术人才。根据1785年的土地法令，西部建立的每个州都可为兴办一所公共学院获得一片土地。1862年，美国国会又通过《莫里尔农业学院土地赠予法》，即第一个莫里尔土地法，决定由政府把至少3万英亩公地永久赠予每个州的有关院校，各州按该项法令总共得到1300万英亩公共土地，先后成立了69所州立农工商学院（赠地学院）。这些赠地学院的建立和发展为西部农业开发提供了智力支持。

二、从内战结束到"二战"前以工业和交通运输业为主的产业综合开发

从内战结束到"二战"爆发前，是西部以工业和交通运输业发展为主的产业综合开发时期。内战结束后，美国消除了资本主义发展中存在的奴隶制度这个"赘瘤"，特别是经过南方的重建后，南方资本主义经济获得了大发展，北方资产阶级和南方农场主相互妥协，政治上出现了相对稳定的局面；与此同时，"淘金热"导致丰富的矿产资源在西部被发现及19世纪下半叶到20世纪初以电力发明和应用为标志的第二次科技革命的迅速兴起，多种有利因素汇集在一起，使美国蕴藏的巨大潜力爆发出来，其经济发展进入了"飞跃期"，迅速赶超了当时处于工业垄断地位的英国，登上了头号经济强国的宝座。在这一时期，西部工业化快速推进，交通运输业大规模发展，农业、工业和交通运输业发展关联互动。到19世纪末，美国西部已经基本形成了专业化生产格局，不仅有美国的小麦、棉花和畜牧几大王国之称，也形成了远西部的矿业帝国和大湖地区制造业带。到"二战"爆发前新政基本结束时，西部逐步替代东北部成为美国的工业重心，美国完成了工业化进程，成为工业化国家。不过，此时西部的经

第六章 中美西部产业开发比较分析

济发展水平仍远低于东部,对作为老工业区的东部的依赖性依然较强。

(一) 工业化的快速推进

第二次科技革命使电力和石油成为新能源,电灯、电话和汽车等问世,加之西部农业和交通运输业的发展已经有了一定的基础,为工业发展提供了原料基础和市场,使西部工业化具备了强大的动力。在一系列有利因素推动下,美国西部工业化快速推进。到19世纪末,美国西部工业生产专业化格局基本形成,即远西部的矿业帝国和五大湖地区制造业带。1860~1913年,美国西部的纺织业增长约6倍,钢铁工业和煤炭工业增长了几十倍,1910年美国西部的工业产值大大超过农业(葛承群,2000a)。1930年以后,罗斯福总统实施"新政",联邦政府对西部实行一系列优惠措施,增加投入、贷款与财政补贴,建设大型水利工程,努力改善投资环境,发展军工企业,改变经济结构,西部逐步成为美国的工业重心①。

(1) 采矿业的纵深发展。内战结束后,在远西部一些州又陆续发现了金属和非金属矿藏,如19世纪70年代在内华达、爱达荷、蒙大拿和南达科他等地区相继发现了金银矿,博伊西、赫勒纳和卡斯特等矿业城镇应运而生,19世纪80年代在蒙大拿比由特发现了当时世界上最丰富的铜矿,在科罗拉多等地区发现了大量的铝及在亚利桑那发现铜矿,在加利福尼亚州发现石油矿藏,等等。这些发现都有力促进了远西部采矿业的发展。据统计,1860~1890年,远西部生产的金子价值12亿美元,银子价值9亿美元(董继民,2002)。正是由于各个金矿区的发现或建立,使美国作为世界最大产金国的地位一直保持到1898年。除金银外,其他金属和非金属矿产量增长十分迅速。例如,蒙大拿铜产量在1882年为900万磅,10年后产量增长了17倍②,19世纪80年代末铜产值超过了金的产值,到1900年接近于金银产值的总和(杨生茂等,1990)。随着中西部地区石油和煤矿产资源及铁矿资源相继被发现③,中西部地区,特别是五大湖平原地区的采矿业也迅速发展起来。

---

① 美国《第十二届国情调查报告》指出,1850年的制造业中心是靠近宾夕法尼亚中心的地区,到1880年,制造业中心转移到了宾夕法尼亚西部,到1890年,制造业中心靠近俄亥俄的中部,40年内,制造业中心向西移动了225英里。

② http://www.docin.com/p-672180882.html。

③ 在得克萨斯发现大量石油,在亚拉巴马、密歇根和明尼苏达发现铁矿,在阿巴拉契亚地区发现石油和烟煤矿产资源,等等。

如果说西部采矿业最初局限于只需要简单设备和技术的浅层采矿，资本主要来源于矿业工人，那么，进入19世纪70年代，最富有的金银矿已被占领和开采，表层矿已被彻底勘查，剩下的只是深层岩石中的黄金和白银等矿时，单个矿业工人对采矿已无能为力。1872年，美联邦政府颁布《通用矿业法》，规定只要发现矿产资源，就可在公有土地上自由地立杆标界，在地面上圈定出范围，从而可获得勘探或开发的权利（严良等，2008）。在此背景下，加之出现了许多适于深层矿作业的采矿机器，美国国内外大量商业和银行资本纷纷组织采矿公司进驻西部①，使西部采矿业进一步资本化，向纵深发展。在激烈的竞争中，财力雄厚、技术高端的大型采矿企业逐步控制了许多中小型采矿企业，例如，1879年2月组成的"霍恩银矿公司"拥资达1000万美元以上（Gressley，1996），大型采矿企业依靠先进的采矿技术和手段，建立碾矿场和开凿矿井进行深层次采矿。以1874年落基山的第四大矿区——南达科他黑山矿区的建立为标志，西部涌现出了南达科他地区和科罗拉多克里浦河地区等著名的深层富矿区（王储，2008b）。大量资本的投入为西部矿业开发提供了充足的资金，同时，外来资本作为一条强有力的纽带将西部矿业与全国市场乃至世界市场联系起来。

（2）制造业的快速崛起。在西部农业、采矿业和交通运输业发展已有一定基础，西进移民增加和东部工业化产生较大需求等因素的共同作用下，西部制造业快速崛起。一是以农副产品为原料的轻纺工业，如粮食和肉类加工业、罐头工业和纺织工业等迅速发展。二是受采矿业发展带动的相关机械和设备制造业和加工工业迅速发展。三是利用煤炭、炼焦和冶金的副产品发展起其他轻工业。远西部工业化的发展使加利福尼亚、内华达、科罗拉多、蒙大拿等先后建制成州，远西部成为矿业帝国。在中西部地区，伴随着采矿业、农业和交通等的发展，著名的美孚石油公司和安德鲁·卡内基钢铁厂等一批规模巨大的公司型企业在五大湖平原地区创立，形成美国新的石油工业、钢铁工业和汽车工业等制造业基地，形成了以钢铁工业、机械制造工业为核心，采掘工业、原料

---

① 在远西部采矿业发展过程中，外国资本和东部资本都起到了重要作用。1860~1901年这段时间内，在所有的外国投资中，英国投资占统治地位，自加利福尼亚州淘金热后，英国商行在落基山区共有518家股份公司建立，投资总额达430多万英镑。西部采矿业的发展也得到了东部资本的支持。例如，爱达荷克达伦地区开采铅矿的邦克山和沙利文矿业与精矿公司在1887年成立后不久，就在东部发行300万美元的股票。又如，19世纪末，纽约的通用发展公司在短时间内向亚利桑那迈阿密地区的铜矿业投资500万美元。

工业、加工工业等环环紧扣，轻重工业同步发展的五大湖地区制造业带。在五大湖地区制造业带内出现了芝加哥（伊利诺伊州）等一些著名的工业城市。1879 年，芝加哥市已有企业 2271 家，其中木器厂 343 家、机械铸造厂 246 家、金属厂 156 家、酿酒厂 111 家，年产值达 26800 万美元（何顺果，1992a）。到 1900 年，五大湖地区制造业带的肉类加工厂供应了全美几乎 1/3 的肉食品，面粉成为美国最大的出口商品（福克纳，1964）。

（二）农业的进一步发展

美国内战结束以后，受 1862 年颁布的《宅地法》等的鼓励，农民移民大规模向西迁移，西部土地开垦面积迅速提高，农业机械化高速发展，农业商品化程度加深，农业生产力迅速提高，农业产量以惊人的速度增长，形成了以商品交换为基础的农业专业化生产格局。19 世纪 70~90 年代，西部逐步形成小麦、玉米、棉花等的各种经营地带，成为农畜产品的主要基地，西部农业生产总值在全国农业总值中的比重迅速提高。到 1900 年，西部作为"小麦王国""棉花王国"和"畜牧王国"拥有占全美国 71% 的农场数，占 79% 的耕地面积和 78% 的资产总值，畜养了全美国 50% 的牛、56% 的羊、25% 的猪，生产了全美国 32% 的谷物、58% 的小麦，成为全美国重要农业区和牧业区，为西部乃至东部工业发展提供了大量食品和原料（兰建英，2003），也提供了市场，且刺激了第三产业的发展。

（1）农业机械化、商品化和专业化的高速发展。19 世纪 60 年代西部土地开垦面积为 50 万英亩，19 世纪 70 年代达到 1.9 亿英亩，相当于英、法两国土地面积的总和，在 19 世纪 80 年代又增加了 30300 万英亩（王储，2008a）。大量土地的开垦，加上西部地广人稀的事实，对农业机械化产生了需求，促进了农业机械的发明、引进和应用。1878 年约翰·阿普尔比发明"盘绕扎谷机"，使收获速度增加了 8 倍，24 匹马拉的集收割、脱粒、装载于一体的"康拜因"联合收割机在太平洋沿岸推广使用，完成了加利福尼亚 2/3 的小麦收割任务；1868 年发明的带平滑板的冷淬犁和 1888 年引进的带播种器的"弹簧齿式单人双铧犁"在红河产麦区和远西部都加以采用（福克纳，1964）。在农业机械化高速发展的同时，农业产量以惊人的速度增长，例如，1866~1913 年，小麦产量增加了 342%，玉米增长了 200%，棉花增加了 600%，农业商品化程度因而加深，形成了以商品交换为基础的专业化生产格局。

(2) 旧西部地区发展成为美国的"小麦王国"和"棉花王国"。旧西部地区在内战前后已经建立起小麦、玉米、棉花种植和牲畜养殖专业农区，之后，随着农业机械化、商品化和专业化的高速发展，农业生产力水平明显提升，到1890年西进运动结束或19世纪末时，成为美国的"小麦王国"和"棉花王国"。

(3) 远西部地区采矿业发展和矿业城镇建设，推动了畜牧业和种植业的进一步发展。例如，怀俄明是最适于大规模放牧的地区，内战后，公司放牧在此地兴起，东部的1200万美元的联合资本、20家公司在怀俄明获得特许证，组成的"怀俄明畜牧业者协会"对该地区实际统治达20年之久（董继民，2002）。

(4) 新西部大草原逐步发展成为"畜牧王国"和重要的大农业基地。内战结束以后，牧牛人大批涌进新西部大草原建立牧牛场，发展畜牧业，相应地带动了种植业的发展。1860~1880年，大草原地区作为牧牛业的"大本营"，开始向东北部市场贩运。1867年，堪萨斯太平洋铁路线向西延伸到阿比林（新兴的牛镇），将牛群在此装上火车运往芝加哥屠宰场，后来太平洋铁路线继续向西延伸，牧场主则把小牛从得克萨斯赶往堪萨斯和科罗拉多，在青草茂盛的牧区放牧，第4~5天再运往中西部和东北部市场，原来一头仅值5美元的小牛到东北部可卖到60美元，从而使西部畜牧业成为当时美国获利最多的行业（杨生茂、刘绪贻，1990；董继民，2002）。到1890年西进运动结束至19世纪末时，大草原因牧牛场众多，被誉为世界上最大的"畜牧王国"，成为内战后美国大农业的重要基地。不过，由于大草原生态环境的破坏和气候的变化及农民开始在大草原定居和圈养牛羊的肉质较好，使牧区牛羊肉等价格大跌，19世纪80年代中期后，大草原畜牧业开始衰退。在19世纪最后30年，新西部的艾奥瓦、内布拉斯加和堪萨斯等州成为玉米产区。

(三) 交通运输业的大规模发展

内战结束后，工业化的纵深推进和农业的进一步发展，对交通运输业发展产生巨大需求，推动西部交通运输业大规模发展。

铁路建设对交通运输业大规模发展做出了最大贡献。如本书第三章所述，内战结束后，随着1862年通过、1864年修正的《太平洋铁路法》等法规政策的实施，比内战前更为优惠的政府资助推动了西部铁路的大规模扩张。当时铁路建设和发展主要表现为横贯大陆铁路线的修筑和全国统一铁路网的形成。1869年5月，美国第一条横贯大陆铁路——全长1900英里的中线太平洋铁路或联合太平洋—中央太平洋铁路在犹他州的普罗蒙特利接轨,全线通车。这条铁路是联结美国东部和西部的主干道,东起内布拉斯加州的奥马哈,经怀俄明、犹他、内华达,西抵加利福尼亚州的萨克拉门托,将东、西两大地域连为一体(王旭,2000)。它被誉为"自从伊利运河建成以来美国史上运输工程的一项最高成就"(何顺果,1992a)。随后,美国西部又掀起了多次铁路建设高潮,相继完成了圣菲、北方太平洋铁路、南方太平洋铁路和大北铁路4条横贯大陆铁路线的建设。1881年建成的圣菲铁路,从密苏里州堪萨斯城到加利福尼亚州洛杉矶,中途经过圣菲和阿尔伯克基;1883年建成的北太平洋铁路,从明尼苏达州的德卢斯到华盛顿州的塔科马,中途经过俾斯麦(北达科他州)、比灵斯(蒙大拿州)和斯波坎(华盛顿州);1887年建成的南太平洋铁路,从旧金山到新奥尔良,中经尤马、图森和埃尔帕索;1893年建成的大北铁路,从明尼苏达州圣保罗和杜鲁斯到西雅图,中途经斯波坎和迈诺特(北达科他州)(王旭,2000)。到1900年,总长7万英里的5条横贯大陆铁路及无数支线及若干条南北干线的建成,使铁路线深入到西部各个角落(徐欣,2005),美国铁路网扩大到19.3万英里,几乎等于世界的一半。到"一战"结束时,铁路总长度几乎增加到25.5万英里(刘绪贻、杨生茂,2002b),1882~1900年美国铁路客运量从2.89亿人次增到5.77亿人次,翻了一番,货运量也增加了2倍①,这些都离不开西部铁路高速发展的巨大贡献。

进入20世纪,联邦政府和州政府转向资助西部公路建设。20世纪20年代开始大规模发展汽车和公路,进入汽车王国时代。

西部交通运输业的大规模发展,为其他产业部门和社会提供廉价、迅速、可靠的运输服务,刺激了技术进步和生产发展,还刺激了沿线地区的投资热,促进了西部经济(王春法,1990),推进了全国统一市场的形成,加速了人员、物资和资本的流动,促使美国由农业国向工业国转变(杨洪波、郭彦堂,2001)。

(四)服务业逐步繁荣

法国历史学家保尔·芒图(1983)指出:"工业的进步和贸易的发展,彼此那么紧密地连在一起,而且彼此又那么大地互相影响着,以致往往难以发现

---

① Historical Statistics of the United States, Colonial Times to 1970 [M]. Washington: United States Government Printing Office, 1975.

它们真实的演变关系。有时是工业发展迫使商业去扩大销路,因而扩大并增加了商业关系;有时反而是商业市场的扩大及其所引起的新需要促使工业企业的产生。在今天,前一种情况是常见的。那被内在力量——机械装置的力量——所推动的大工业,在其进程中带来了贸易和信贷,后二者便为它着手征服世界。"这表明,工农业的进步对服务产生了强大的需求,而交通运输业的大规模发展,特别是铁路网的构建,使全国市场进一步联结,便利了商业贸易等服务业的发展。因此,内战结束以来,随着工业化的纵深推进和农业的进一步发展,面向居民生活消费的住宿餐饮、批发零售、居民服务等服务业及面向工农生产的生产性服务业逐步繁荣起来。如到19世纪末,旧的直接出售农产品和工业品的现象逐渐减少,代之以直接与大企业集团挂钩的百货商店、联号商店、邮购商店及它们下属的零售商店,形成了中心城市和外围城市连接的商品销售网(刘绪贻、杨生茂,2002a)。

在服务业发展过程中,金融和保险、科技和教育服务、租赁和商务服务等生产性服务业逐步占据重要地位,而批发零售业和交通运输业等传统服务业的地位相对呈下降态势。服务业的发展在经济危机或萧条期间起到了缓和或减轻破坏性的作用,成为吸纳劳动力的重要场所。由于服务业的逐步繁荣,美国服务业就业人员比重在1930年以后超过工业就业人员比重,成为城镇化健康快速发展过程中吸纳农村剩余劳动力转移的主力军(麻永建,2014)。

(五)政府的开发促进措施

这一时期美国政府为更好地促进西部开发,实施了更优惠、更开放的法规政策和措施。

(1)对铁路等交通基础设施建设提供更加优惠的资助。①联邦政府的特别资助主要涉及对进口铁轨豁免关税、以贷款形式直接援助和无偿赠地三个方面。这些主要体现在1862年通过、1864年修正的《太平洋铁路法》中。《太平洋铁路法》虽在内战结束前颁布,但在内战结束后才得以充分实施。它给予私人投资公司修建铁路以特别的、巨大的优惠。联邦政府给予铁路公司的贷款数额因修筑铁路的长度和修筑的铁路线穿越的地理条件的不同而变化,铁路公司在平原地区、丘陵地带和山地每修筑1英里铁路的贷款数额是递增的,联邦政府给予铁路公司的土地赠予数额也是以修筑铁路的长度为单位计算的(详见第三章的相关内容)。②各州政府为了鼓励本州内交通基础设施建设,也采取比内战前更加优惠的措施吸引国内外私人投资。州政府往往免征投资公司的税项，给予其有利的建筑权特许状，为其提供贷款，购买其股票或债券，甚至对其所发行的债券提供责任担保。③内战结束后，宏观环境变得平稳，联邦政府给予铁路公司的特别的、巨大的优惠政策及各州政府的优惠措施，都充分彰显其激励效应。许多私人投资公司为获取更多的贷款和赠地等优惠，竞相多多筑路，并尽可能向西部山区延伸，甚至到达荒无人烟的地方，使西部交通基础设施建设进程明显加快，从而也就对西部开发特别是远西部的开发起到了先导作用。有学者统计，19世纪80年代初，主要来源于英国的欧洲资本家对美国的经济事业的投资为20亿美元，其中有15亿美元以上投资在西部铁路的修建上。

（2）为吸引国外移民实施开放的移民法规政策。这一时期，联邦政府和州政府实施开放的移民法规政策，重点吸引国内外高素质的移民到西部，美国移民潮开始进入高潮。联邦政府专设移民机构——联邦移民局及其国外办事机构，颁布一系列移民法，直接干预移民问题。西部各州也设立了移民推进局，派人到欧洲、亚洲和拉美各地招徕移民。一系列的移民法给予国外移民各种便利，特别是移民法中有针对科技专家移民美国的专门条款，规定诸如优先获取绿卡等种种优厚条件（参见第四章相关内容）。于是，欧洲不少国家出现"美国热"，不少梦想者不辞辛劳苦来到他们神往的美国，特别是美国"西部花园"。1820~1860年，大约有500万个移民来到美国，而在1861~1914年，到美国定居的国外移民超过2700万人（莫里森、康马杰，1979），其中大部分到西部钢铁厂、纺织厂、铁路、农场、牲畜围场和矿山工作，对西部开发和促进美国繁荣做出了不可磨灭的贡献（详见第四章）。

（3）为促进国内外移民西迁进一步实施优惠的土地法规政策。促进国内外移民西迁的一个重要动因，是优惠的土地法规政策。1873年颁布的《木材种植法》、1877年颁布的《荒漠土地法》、1878年颁布的《木材和石料法》、1906年颁布的《森林宅地法》、1909年颁布的《扩大宅地法》、1912年颁布的《三年宅地法》和1916年颁布的《牲畜饲养宅地法》等土地法规的实施，无疑吸引了大批国内外移民西迁，其中有相当数量的高素质劳动力或人才。以1878年美国颁布《木材和石料法》为例，该法案准许任何公民和已提出申请加入美国国籍的侨民，按1英亩2.5美元的价格购买160英亩不宜种植而其主要价值在于木材和石料的地段，而当时美国修建铁路大规模需求木材和石料，这就自然增加了西部的主要价值在于木材和石料的地段对外来移民的吸引力。

(4) 为促进西部干旱半干旱地区的农业开发实施优惠措施和进行直接资助。开发西部干旱土地，关键在于发展水利灌溉设施。1877 年颁布的《荒漠土地法》对灌溉做出了要求（详见第三章），但由于既未规定应当灌溉的面积，又没有严格的检查制度，法令的实施没有达到应有的目的。1894 年联邦政府颁布《凯里法令》，规定拨给每个干旱州不超过 100 万英亩的干旱地，由有关州负责吸引移民定居、兴修水利设施，并垦殖其中的部分土地，出售给每个人的限额不得多于 160 英亩，每英亩 50 美分，但各州不得出租所得到的土地，或将土地移为它用。实践表明，各干旱州各自为政地解决水利问题，效果不佳。1902 年，联邦政府成立了土地开发署，负责西部灌溉工程的修建和管理，并颁布了有重要意义的《垦荒法令》（又名《纽兹兰法》）。法令规定联邦兴建除印第安保留地以外的灌溉工程，工程修成后，交给用水者，十年后用水者需出资偿付政府作为建筑费用。由于《垦荒法令》的实施，1902～1908 年的 28 项灌溉工程，干渠总长超过 7000 英里，小的配套设施数以万计，可灌溉 300 多万英亩土地，使 3 万个农场受益（董继民，2002）。到 1914 年左右，用于建筑经营与维持灌溉计划的费用超过 9600 万美元，建成的工程有怀俄明的萧雄堰、亚利桑那的罗斯福堰、爱达荷的箭石堰等，受益于这些工程，昔日干燥的几百万亩土地上，此时已生产出甜菜、紫花苜蓿、稻米和水果（董继民，2002）。此后联邦政府还为西部干旱地区不断拨付水利专款。据统计，到 1950 年，耗费在干旱地区水利工程的探查、建筑和营运上的费用达 3 亿美元以上，而经过灌溉后投入耕种的土地在 22.75 万英亩以上，每年可以生产价值 2.5 亿美元的农产品（福克纳，1964）。

三、"二战"爆发以来以高科技产业发展为主的产业深度开发

西部开发向纵深推进，西部经济发展状态的根本改观是从"二战"时期开始的。"二战"爆发时罗斯福新政基本结束，但新政时期产生的一些制度或机制，仍对西部开发产生着较大的影响。伴随着"二战"的爆发及第三次科技革命，西部产业开发进入了以高科技产业发展为主的较深层次，西部工业化向纵深推进，独立的综合工业体系迅速建立，以科技为武装的现代农业得以发展，生活和生产服务的服务业空前发展，产业结构日趋合理。1980 年，美国西海岸与太平洋国家和地区的贸易额首次超过了东海岸与大西洋国家和地区的

贸易额，西部经济发展速度和城市化水平已远远高于全美平均水平，西海岸大都市已经崛起成为美国新的经济中心，美国东西部一体化发展和平衡发展目标得以实现。

(一) 国防工业和新兴高科技工业的兴起

"二战"前夕，美国政府在确定军事工厂与基地时，优先考虑西部，通过增加军事订货合同的方式向西部倾注财力。在"二战"期间，联邦政府在西部投入巨资，创办了许多军事工业，并建立了许多军事基地。"二战"后的"冷战"时期，联邦政府继续在西部投入巨额国防经费，剧增的国防开支源源不断地流入西部地区，为西部创造了大量就业机会，刺激了西部城市人口剧增，繁荣了西部的市场，与此同时，资本、技术和人力要素的引入，导致了西部产业结构的调整，使国防工业逐渐成为西部的主导产业，并吸引了众多相关工业部门和企业迁往西部，有力拉动了西部产业开发。

20世纪30年代，西部开发过程中建立起来的斯坦福大学及其周围的加利福尼亚大学、加利福尼亚工学院等的高科技研究和开发活动兴起。20世纪40年代初期，美国政府又开始在新墨西哥州的洛斯阿拉莫斯投资建立国家原子能基地，此后位于拉斯克鲁塞斯附近的新墨西哥州立大学的科学研究也开始活跃，从而形成了以上述两地为端点的"格兰德河学术研究走廊"。走廊中心的阿尔伯克基市建立了研究高技术的桑迪亚国家实验室。科技研发活动带动了当地的经济发展，通用电器等著名的高技术公司纷纷在当地设厂和建立研究生产基地。据有关资料记载，1940~1990年，阿尔伯克基市的人口从3.5万人猛增到38.5万人，阿尔伯克基市由仅靠出售羊毛和砖坯等初级产品的小城镇发展成生产和销售高技术产品的繁华大城市。不过，"格兰德河学术研究走廊"的许多科研成果带有保密性质，其对新墨西哥州产业开发的推动作用受到一定的限制。发端于斯坦福大学及其周围地区及"格兰德河学术研究走廊"的科技研究与开发活动，直接引致20世纪60年代在美国西部掀起以电子计算机技术、原子能技术、生物技术和空间技术为主要标志的第三次科技革命。

第三次科技革命结合国防工业的基础或优势，催生了西部的高科技工业，进一步促进了西部开发。高新技术的研制与应用，不仅改造了传统制造业，大大提高了劳动生产率，而且使宇航工业、原子能工业、电子计算机工业、高分子材料工业等一大批新兴高科技工业在西部崛起，使西部特别是加利福尼亚州

中美西部开发比较研究

及远西部其他各州，形成了依托硅谷高科技园区（以下简称硅谷）的集高科技产业、钢铁工业、国防工业和其他制造业于一体的独立的综合工业体系。硅谷的信息技术和计算机技术的生产处于世界领先地位，其所在的加利福尼亚州圣何塞市因此变成了一个充满生机的高技术工业城市，成为美国高科技工业综合体。硅谷作为科学研究和工业创新的孵化器，对加利福尼亚州经济发展起到了巨大的推动作用。在高技术工业的带动下，加利福尼亚州经济自20世纪60年代开始腾飞，到1994年，加利福尼亚州国民生产总值在美国50个州中跃居第一位（在世界各国和地区中居第六位），惠普、美洲银行、英特尔、沃尔特·迪士尼、苹果电脑、太阳微系统等列入《财富》500强中的58家公司在加利福尼亚州设总部（胡国成，1999）。硅谷对工业创新和科研成果的孵化作用为西部乃至全美经济发展做了生动的示范①。随后，西部充分凭借其科技革命策源地的地理优势及资源丰富、土地和劳动力廉价、气候温和等有利条件，利用部分国防工业的"军转民"契机，大力发展与硅谷类似的高科技园区，如西雅图利用设在该市的华盛顿大学及贝特尔研究所建立了研究和开发生命科学及计算机软件的基地。

（二）传统工业的改造提升

由于第三次科技革命的兴起，在第一次和第二次科技革命中崛起的纺织、钢铁、通用机械、煤炭、造船等工业部门，变成了传统工业部门。这些传统工业部门主要位于伊利诺、印第安纳、明尼苏达、俄亥俄、密歇根、威斯康星、北达科他、南达科他、内布拉斯加、堪萨斯、爱荷华、密苏里、缅因、佛蒙特、新罕布什尔、马萨诸塞、罗得岛、康涅狄格、纽约、宾夕法尼亚和新泽西21个州。这些州中除新罕布什尔、马萨诸塞、罗得岛、康涅狄格、纽约、宾夕法尼亚和新泽西7个州属于东部地区外，多数属于本书所研究的中西部地区的北部地区，包括原属西北领地、五大湖地区的6个州。由于传统工业部门设备相对陈旧，在同日本和西欧的激烈竞争中，曾一度大量丧失国内外市场，为了增强竞争力，便利用第三次科技革命的新成果，进行技术更新和改造，使资本的有机构成得到较快的提高，由劳动密集型向资本和技术密集型转变，劳动

---

① 美国东部地区也效仿西部建立类似的高科技园区，如波士顿利用拥有麻省理工学院和哈佛大学等高校的优势，在市郊开发了"128号公路科学园区"，建立了东部计算机工业中心（胡国成，1999）。

生产率大大提高。

(三) 现代农业的发展

"二战"以后至1960年,农业生产过剩的危机加深,国内农产品市场竞争加剧,促使美国政府和农场主竭力用现代科学技术武装农业,进一步提高农业集约化经营程度。最终,美国西部农业乃至整个美国农业实现了现代化,美国成为农业最发达的国家(葛承群,2000)。

这一时期,美国西部农业以科学化为根本,以机械化为基础,以电气化为动力,以水利化为命脉,以化学化为手段,进入现代农业发展阶段。具体表现为,农业生产的各个环节机械化程度十分高,农业生产实现了电气化操作;各类科学技术如生物、电子、激光和原子技术不断创新尝试应用于农业生产,使农业科技成果转化率和农业科技贡献率大幅度提高;随着水利开发和灌溉科技的发展,农业基本实现水利化;大量的研发投入使化学肥料得以批量生产,农业生产实现化学化(王伟荣,2007)。

(四) 服务业的空前发展

西部国防工业和新兴高科技工业的兴起与传统工业的改造提升,工业化向纵深推进及现代农业的发展,不仅使国民收入水平提高,带来居民对文体娱乐、医疗保健、旅游等生活性服务业不断扩大和不断高级化的需求,而且使物质生产部门的发展对金融、保险、科技和信息服务、教育培训、商务服务(如广告、市场研究、会计、法律、咨询服务及其他智力服务业类型)等生产性服务业的需求强化,使第三产业产品供给的压力增加,从而促进了商业、交通运输、邮电通信、金融、保险、房地产、医疗保健、科技、教育、旅游、文体娱乐等服务部门的空前发展。

美联邦政府自新政时期开始实施、在20世纪60年代开始加强的对落后或衰退地区的再开发政策,促进了落后的阿巴拉契亚区域①及一些条件恶化的城

---

① 根据黄贤全(2003)的研究,1965年美国国会通过的《阿巴拉契亚地区开发法》,以官方法律形式确定为11州360县,北至宾夕法尼亚州,南到亚拉巴马州,1967年该法修改,北部延伸到纽约州南部,南部扩展到密西西比州北部,另外再增加其他州的几个县,确定阿巴拉契亚地区涉及纽约、宾夕法尼亚、马里兰、弗吉尼亚、北卡罗来纳、南卡罗来纳、佐治亚、俄亥俄、西弗吉尼亚、肯塔基、田纳西、亚拉巴马、密西西比13个州397个县,面积50.488万平方千米。

市和农村社区的交通运输业、文教科卫等公共服务业及旅游业等服务业的快速发展。以阿巴拉契亚区域为例,在联邦政府、州政府和地方政府的共同努力下,20世纪60年代开始大力推进公路建设,开发公路网和构筑社区交通网,发挥交通运输在经济发展中的桥梁作用,并加强职业培训、医疗保健服务和环境治理,大力发展旅游业,取得了明显成效。自阿巴拉契亚委员会成立到1980年,联邦政府实际投入筑路资金24.5亿美元,州政府投入配套资金15亿美元,建成开发公路2518千米,建成地方公路1050千米(Raitz et al.,1984);拨款4.6亿美元资助健康设施1376项,投入资金8.7亿美元修建教育、机场、污水处理设施等公用设施3038项(Guinness et al.,1985);旅游业的快速发展使公园接待游客猛增到2700万人次,尤其是位于田纳西和北卡罗来纳州交界处的大雾山公园最具魅力,每年接待的游客比黄石、约塞米蒂、落基山三个著名公园接待游客之和还多100万人次(Raitz et al.,1984;黄贤全等,2006)。

由于"二战"以来西部乃至全美服务业的空前发展,美国从1990年开始步入后工业化时期。1990年,美国服务业增加值占国内生产总值的比重超过50%,1995年达到66%,1997年达到72%,2000年达到74.6%,2006年达到76.7%,从20世纪90年代中期开始,美国服务业已逐步取代钢铁、汽车、建筑等传统支柱产业,成为支撑美国经济的主要产业(彭嘉陵,2013)。

(五)政府的开发促进措施

"二战"爆发后,美国政府陆续出台相关法规,成立专门机构,加大对西部财政补贴和资金投入,实行各种优惠政策,进行流域综合治理,大力发展宇航工业、原子能工业、电子工业和生物工程等高科技产业,促进西部产业结构的调整和优化升级。

(1)对西部国防工业和新兴高科技工业的发展给予巨大支持。西部地域广阔,自然资源丰富,自然环境良好,地价便宜,具备发展国防工业和新兴高科技工业的理想条件。"二战"爆发前后,美联邦政府投巨资支持西部发展国防工业。20世纪60年代美国西部加利福尼亚州的圣何塞市成为第三次科技革命的核心,产生了举世瞩目的硅谷。硅谷等高科技园区是工业创新和科研成果的孵化器,是高精尖人才从事研发和创业的良好平台。为了促进高新技术创新及成果的运用,美联邦政府采取了一系列措施,对西部建设高科技园区给予巨大支持。政府除了承担建立游戏规则、对园区发展实行合理引导和提供良好的法制环境等常规职责外,还给予一些特别的支持,包括政府以顾客身份扶持企业发展,对高科技企业发展给予税收优惠政策及建立专门的风险投资基金和构建风险投资机制。

(2) 对西部发展研究型大学给予政策倾斜。在西部产业深度开发时期,高科技产业开发是主体,而高新科技产业发展需要研究型大学这样的专业化组织成为高科技的创造者。"二战"后,美联邦政府受被誉为"科学政策之父"的万尼瓦尔·布什提出一份题为《科学——无尽的前沿》研究报告的影响及受1957年苏联人造地球卫星发射的刺激,感到在科学技术领域的领先地位受到冲击,并认为高等教育已落后于国家的需要,于是大力支持发展大学教育,特别是研究型大学的发展,颁布许多涉及教育的法案,强调"天才教育",并增拨大量教育经费。在这一宏观背景下,20世纪60年代,美国投资于占全国人口不到1/3的西部落后地区的教育经费就占到联邦支出总额的45%,并逐步在西部建设了很多著名的研究型大学,如麻省理工学院、哈佛大学和普林斯顿大学等,并在这些研究型大学里建立了大量联邦政府委托的研究中心、实验室和科研单位。西部研究型大学为加利福尼亚州的"硅谷"、佛罗里达的"硅滩"等高科技园区提供了创业发展的技术支持和高精尖人才基础,如斯坦福大学在硅谷发展中发挥了核心作用。

(3) 对人才、资金和企业向西部流动实施特殊的激励措施。其一,联邦政府颁布《人力训练与发展法》,采取财政补贴措施鼓励大批科学家、工程师、专业技术人员和熟练工人向西部迁移,极大地推动了美国西部高新技术工业的发展。据美国国会技术评价局的统计,1972~1977年高技术工业就业人数净增最多的10个地区有8个位于西部(凡夫,2000)。其二,联邦政府加大了对西部的财政支持,鼓励企业迁移到西南部的阳光地带。其三,实施针对西部落后地区的区域性经济管理政策。1961年颁布了《地区再开发法》,为此在商务部下设立了地区再开发管理局,通过法律把贫困地区划分为若干经济开发区,做好长期规划和实行综合开发。1965年,颁布《公共工程与经济开发法》和《阿巴拉契亚区域开发法》,并相应地分别成立了经济开发署和阿巴拉契亚区域委员会。这些法规规定大量向西部落后地区拨款用于建设公路、医疗中心和开发当地资源等,并积极提供信贷,鼓励私人资本投向落后地区(凡夫,2000)。1977年,颁布《社区再投资法》,鼓励银行和储蓄贷款机构向落后地区和低收入者提供贷款,有关监督机构则定期评估相关金融机构的执法情况。

1997年，克林顿政府实施了旨在引导私人部门向落后地区进行投资的"新市场倡议"。该倡议的主要内容包括三个方面：一是筹集约60亿美元的股本，向社区开发银行、风险基金和其他开发机构的投资提供25%的减税；二是政府为私人投资提供贷款担保，以鼓励大中型企业迁移到西部落后地区；三是设立"新市场风险资本公司"支持西部中小企业的发展。

（4）推进落后或衰退地区的再开发。1929~1933年，空前严重的经济危机使美国经济跌入谷底，使以往蒸蒸日上的美国社会逐步被存货山积、工人失业、商店关门等凄凉景象所代替。它表明了市场经济单靠市场机制内在的力量已不能解决危机，宣告了主张自由放任的传统经济理论的失灵，包括凯恩斯主义在内的提倡通过加强国家干预来刺激经济和保持充分就业的理论思潮成为了罗斯福新政的思想渊源。在1933~1939年的罗斯福新政时期，美国开始了综合开发治理落后地区的尝试。1933年，美联邦政府颁布了《田纳西河流域开发法》，并依法成立了田纳西河流域管理局这样一个兼具联邦机构和私人企业特性的机构，来负责领导、组织和管理田纳西流域的综合开发与利用，旨在促进田纳西流域生态环境的改善及农业和工业的开发。但是，在随后的"二战"及战后较长一段时期内，联邦政府忙于扩军备战和恢复国内经济，对落后地区缺少经济援助。20世纪50年代末至20世纪60年代初，美国连遭两次经济危机的袭击，再加上农业危机的迅速恶化，严重地损害了落后地区的经济，而落后地区的衰败又反过来影响着全国经济复苏。为解决落后或衰退区域的发展问题，美国于1961年颁布《地区再开发法》，此后又陆续颁布《公共工程与经济发展法》（1965）、《阿巴拉契亚区域发展法》（1965）和《联邦受援区和受援社区法》（1993）等针对落后地区的综合性开发法案（马丽，2010），并相继成立地方再开发管理署（后组建为经济开发署）、阿巴拉契亚区域委员会和社区企业董事会等专门机构，通过财政援助、规划指导和技术服务等途径，有力地改善了联邦、州和地方政府的服务环境，促进了严重落后或衰退地区工商业的增长和充分就业。

四、美国西部产业开发的经验和教训

综上所述，美国西部产业开发起步于农业开发，在农业发展的基础上，采矿业、传统制造业、高新技术产业和服务业等相继发展起来，产业结构逐步升级换代。到 19 世纪末时，美国西部已经有美国的小麦、棉花和畜牧几大王国之称，也形成了远西部的矿业帝国和大湖地区制造业带。到"二战"爆发前新政基本结束时，西部替代东北部成为了美国的工业重心。"二战"爆发以来，美国西部产业开发向纵深推进，西部迅速建立起独立的综合工业体系和服务业体系，产业结构日趋合理。到 1980 年，美国西部经济水平已远远高于全美平均水平。因此，美国西部产业开发是十分成功的，为包括中国西部地区在内的欠发达地区产业开发积累了经验，尽管初期以拓荒农业发展为主的粗放式开发产生了较严重的环境影响。美国西部产业开发的经验和教训可以概括为以下五个方面：

（一）交通运输业是重要依托

美国建国伊始，政府就致力于把西部开发置于一个发达的交通运输体系之上。交通运输业的发展，特别是铁路运输业的发展是西部产业开发的重要依托。西部大部分地区都是先有铁路后有居民，沟通四方的铁路网为美国联结起一个统一市场，使工业中心西移了 350 千米，更接近原料基地，优化了区域经济结构，同时也直接刺激了钢铁工业和机械制造业的飞速发展（车秀文，2001）。

自美国建国到内战结束这一时期，西部产业开发虽以农业开发为主，但受蒸汽机船和蒸汽火车等机器问世及西进移民行路和农工矿产品运输需要的刺激，加之政府的高度重视，交通运输业得到了较快的发展。1792 年开始修建第一条公路，到 1830 年公路总里程达到 6400 公里；1817 年开始修筑连接东部的哈得孙运河和西部大湖区的伊尔运河，1840 年美国成为当时世界上运河最发达的国家；1828～1860 年美国修筑的 3 万英里铁路中大部分在西部。联邦政府的主要措施有，实施《伊利诺伊中央铁路土地赠予法》（1850）、《太平洋铁路法》（1862）等赠地法，赠地给予州政府和铁路公司，发挥州政府的作用和给予铁路公司优惠，制定政策以鼓励私人修建收费公路。州政府主要采用减免税收、发行政府债券、认购股票和海外债券担保、州属公地转让等优惠措施，资助西部运河的建设。

内战结束后，由于美国宏观环境平稳，"淘金热"后西部丰富矿产资源被发现及以电力的发明和应用为标志的第二次科技革命兴起，大量移民涌向西部，经济活动迅速向西部扩展，这对西部交通运输业发展产生巨大的需求。联邦政府和州政府适应这一需求，对铁路等交通基础设施建设提供更加优惠的资助,推动了西部交通运输业的大规模发展。1869年,第一条横贯大陆铁路全线通车,将东西部连为一体。随后又掀起了多次铁路建设高潮,到1900年,美国铁路网络基本形成,铁路线深入到西部各个角落,西部铁路高速发展,使美国铁路总长几乎等于世界的一半。

进入20世纪,政府对西部公路建设的资助,使汽车和公路在20世纪20年代大规模发展,美国因而进入汽车王国时代。

交通运输业的发展在西部开发中起到了十分明显的先导作用,有力促进了西部和全国经济的增长。其一,交通运输业的发展促进了西部地区专业化分工的发展。19世纪20年代以后,随着交通运输事业的发展,西部经济地区专业化进程大大加速,到19世纪末,小麦、棉花、畜牧三大王国及落基山区的矿业帝国和大湖地区制造业带构成了西部地区专业化的基本轮廓(张婧,2000)。其二,随着交通运输业的发展,运输费用大大降低,西部的农产品迅速进入东部和世界市场,而东部工业化地区和世界市场上的工业品也迅速进入西部,不仅全国统一市场得以形成,而且西部与世界市场的联系也得以扩大。其三,交通运输业本身在为其他产业部门提供运输服务的同时也得以成长,主要是通过消费其他产业部门的产品刺激了技术进步和生产发展,成为促进西部和全国经济增长的强劲动力。

(二) 农业始终处于基础地位

西部产业开发起步于农业开发。早期的美国西部开发基本上是一种农业的扩张。受自然条件的吸引与原有习惯和个人技能的限制,迁入西部的移民大多从事农业。成千上万的移民源源不断地涌入西部从事农业,给西部农业部门带来了资本,特别是许多东部资本家和外国资本家垂涎于西部丰富的自然资源和高额利润率,直接投资西部农业。在西部开发过程中,资金流动与人口流动结合在一起,充分发挥了西部潜在的巨大的农业生产力。在很长一段时间内,农业在西部经济发展中具有举足轻重的地位。直到19世纪中叶,美国农业一直占据国民收入的绝大部分。随着1848年加利福尼亚州金矿、内华达白银等的发现,在农业帝国的基础上,西部兴起了食品加工业、农机制造及其他一系列与农业发展直接相关的工业。"二战"期间,一批有相当技术水平和规模实力的军工企业在西部发展起来。"冷战"时期,西部抓住大量军事工业转为民用的契机,基于原有的军事高科技基础与地价和劳动力价格低廉、资源丰富、气候温和的优势,迅速发展了以宇航、原子能、电子、生物等为代表的高科技产业和服务业,产业结构得以升级换代。在这个过程中,西部乃至全美农业现代化水平逐步提升,农业的比重逐步下降,农业的基础地位始终没有动摇。

自美国建国到内战结束这一时期,移民们首先在阿巴拉契亚地区和密西西比河流域建立了大量的家庭农场和牧场,发展种植业和畜牧业,并进行农业科研及其推广应用。到内战前后,旧西部和新西部的东部地区建成粮食和棉花种植及牲畜养殖基地,发展成全国的大粮仓及棉花和牲畜屠宰加工业专业区,初步奠定了西部工业化和城市化的农业基础。远西部出现"淘金热"后,适应矿工生活需要发展起种植业和牧业。远西部"淘金热"降温后,勇敢的牧牛人来到新西部大草原,使大草原畜牧业兴旺起来,较好地满足了矿业营地、筑路人员和移民对牛肉等畜产品和马匹等工具的需要。在这一时期,为促进农业的发展,联邦政府依法在西部建立新州,以土地和移民法规政策吸引国内外公民移居西部,依法拨赠土地支持办州立农工商学院,培养农工商技术人才。如1862年颁布《莫里尔法》后,拨地兴办了西部69所农工商学院(土地赠予学院)。

从美国内战结束到"二战"前,西部产业开发以发展交通运输业和工业为主,但农业仍然是受政府高度重视的基础产业。联邦政府和州政府实施更开放的移民法规政策和更优惠的土地法规政策,有效吸引了国内外移民到西部。据车秀文等学者统计,19世纪末,农民移民依据《宅地法》共得到土地8100万公顷,人数也由1860年的200万人增至1900年的570万人。有不少移民,特别是高素质移民到西部农场和牲畜围场工作,甚至到西部干旱半干旱地区定居、兴修水利设施和垦殖土地,他们为西部带来了先进的科学技术、优厚的生产资金和勤劳的精神,为西部农业的大发展创造了条件。此时,联邦政府对农业教育和科研的发展给予了高度重视和扶持。联邦政府根据1890年颁布的《莫里尔法》,提供给农工商学院大量源于公共土地出售款项的经费。《哈奇法》(1887)、《史密斯—休斯法》(1917)颁布后,联邦政府向各州直接拨款,以资助赠地学院建立农业试验站,加强农业研究和成就的推广。农工商学院的兴办、农业实验站的建立,使大学特别是农学院的科研人员能直接加入到实验站工作,科研教育相结合,农业科研成果硕果累累。农业劳动力素质的提高,农业科技的进步和推广,加之联邦政府为西部干旱地区进行水利专款拨付等直接资助,大大提高了西部农业劳动生产率,促进了西部农业革命的深化,使西部一举成为美国的"小麦王国""棉花王国"和"畜牧王国",为西部乃至东部工业发展提供了食品、原料和市场。

(三) 教育、科技和信息对产业开发起促进作用

高度重视和发展教育与科技事业,将工业革命和科技革命的成果用于农业及其他各项产业开发,推进经济发展是西部开发成功的一条重要经验。

百年大计,教育为本,教育决定着人才培养的数量和质量,决定着科技发展水平和创新能力。在西部开发过程中,政府高度重视教育事业的发展。如本书第三章所述,建国之初,联邦政府国库资金不足,于是实施拨地兴学措施,并颁布多项法令给拨地兴学以法律依据。从19世纪70年代起,除了拨地兴学外,联邦政府和州政府开始以巨额直接拨款发展公共教育,还实施了相关法律法规和税收优惠政策以引导民间资本投入西部教育事业。

在西部开发的不同时期,产业发展的需要是不同的,政府有重点和有针对性地扶持西部教育发展,实现了教育与科研、科技推广和产业开发的有机结合。①在西部产业初步开发时期(从建国到内战结束),开发具有原始性和粗放性,主要发展低层次的农业,对劳动力专业素质没有特别要求,政府教育扶持的重点是旨在提高西部人口基本素质的义务教育,开始拨地兴办农工商学院(土地赠予学院),发展高等教育。②在西部产业综合开发时期(从内战结束到"二战"前),以交通运输业和工业发展为主,西部人口剧增,铁路、采矿、工业及农业机械化迅速发展,西部开发急需具有职业技术与知识的科技人才,政府为适应这一需要,继续拨地兴学,并直接拨款大力发展以农工商学院教育为主的高等教育,给移民提供较多受教育的机会,培养了大批农工商业实用技术人才,开创了一条耗资少、收费低、适应性强的发展高等教育的新途径,对西部乃至全美经济和科技的发展起到了巨大的推动作用。③"二战"爆发后,西部进入以高科技产业发展为主的产业深度开发时期,适应西部高新科技产业迅速发展的需要,联邦政府重点扶持培养高精尖人才的研究型高校发展,通过颁布相关法案,增拨大量教育经费及在研究型大学建立联邦政府委托的研究中心、实验室和科研单位,取得了丰硕的科研成果,为高科技产业发展提供了技术支撑和人才基础。

美国西部开发史就是一部科技进步史。在西部产业开发过程中,政府强化科技立法,实施多种经济刺激措施,促进外国先进技术和设备的引进,同时鼓

第六章 中美西部产业开发比较分析

励实用科技发明和基于国外先进技术和设备进行因地制宜的改良和创新,极大地推动了科技事业发展。科技事业的发展使农业等传统产业得到科技武装。西部农业发展的过程是畜力向农业机械化改革的过程。大批农民对于改进农垦方法的强烈需求刺激了发明家,带来了丰硕的农机科研成果。播种车、多用实用犁、除草机、联合收割机、收割打捆机、打包机、打谷机等的发明、设计和生产,使农业实现了从翻耕、播种、施肥、收割、打谷直到装袋等的自动化或半自动化,生产力水平大大提高。由于科技的武装,西部农业由人力、畜力支撑的落后农业转化为具有世界先进技术水平的现代农业。另外,科技事业发展带来了高科技产业的发展。如本书第四章所述,政府的科技政策和措施促进了科技创新和应用的极大发展,硅谷等高新科技园区崛起,不仅为高精尖人才从事研发和创业营造良好环境和提供平台,而且使西部逐步成为美国高科技产业发展的中心区域。

(四) 开发产业选择因时因地制宜[①]

美国西部自然环境和条件复杂多样,各地自然禀赋不一。随着西部开发的推进,西部各地的要素禀赋优势也逐步演变。美国西部产业开发着眼于地区要素禀赋优势及其演变,开发产业选择实现了因时因地制宜。

(1) 旧西部和新西部东部地区主要开发产业选择遵循农业(种植业和畜牧业)和农副产品加工工业—采矿业—重化工业的演变路径。美国西部开发初期的产业开发是一种自发的人类求生存、求发展的活动,首先越过阿巴拉契亚山向西迁移的早期开发者,在该山脉以西、五大湖周围的地域范围内发现的是大片松软、肥沃、适于耕种的土地和日照充足的气候,基于良好的种植业生产条件与自身所具备的生产素质及条件,自行选择种植小麦、玉米和棉花等,发展畜牧业,逐步使阿巴拉契亚山和五大湖区周围的荒原变成了粮棉基地和畜牧业基地。到内战前后,旧西部和新西部的东部地区成为小麦、玉米、棉花种植和牲畜养殖专业农区及农副产品加工专业区。到19世纪末时,西部成为美国的"小麦王国""玉米王国"和"棉花王国"。自阿巴拉契亚山区的石油和烟煤矿产资源及苏必利尔湖区的优质铁矿资源被发现后,大湖平原地区又发展

[①] 本部分阐述产业开发模式选择时只涉及有地区特色的主要产业,没有涉及交通运输业、建筑业等对西部各个地区而言都是先行的产业。

起采矿业，继而以此为基础发展起石油、钢铁和汽车工业等，从而使这一地区成为美国新的制造业基地。

（2）远西部地区主要开发产业选择遵循采矿业—农业（种植业和畜牧业）、农副产品加工工业、设备制造业—国防工业和高科技产业的演变路径。远西部的开发是随着1848年加利福尼亚金矿的发现而骤然兴起的。从1849年起，随着金银等金属矿藏的发现，在很短的时间内，采矿业在包括加利福尼亚州在内的几乎整个远西部全面铺开。到19世纪末，远西部成为美国的矿业帝国。远西部采矿业的发展带动了为满足矿工生活需要的种植业和畜牧业与农副产品加工工业的发展，也带动了适应深层采矿需要的设备制造业的发展。"二战"爆发以来，受新技术革命和联邦政府的大力投资等推动，远西部作为"民主国家的兵工厂"又建立了国防工业和其他制造业，并伴随着硅谷等高科技园区的崛起而逐步发展起高科技产业，形成了集高科技产业、国防工业和传统制造业于一体的新型综合工业体系。

（3）新西部大草原地区主要开发产业选择遵循农业（畜牧业和种植业）—采矿业—食品等农副产品加工工业的演变路径。西部大草原的开发兴起于畜牧业。西部大草原降水量很少，是干旱荒无人烟之地，但勇敢的放牧人发现大草原广阔无垠，牧草丰美，适合养牛和养马等，便到大草原发展畜牧业，向矿业营地、筑路人员和移民供应需要的牛肉和马匹。当旱地耕作法、风力取水、灌溉及旱地良种问题解决后，种植业开始在这一地区发展起来。到19世纪末，西部大草原已经发展为美国出产小麦、棉花、大豆和牲畜的大农业基地，有了美国的"畜牧王国"之称。进入20世纪，南部新墨西哥州发现了铀矿，北部蒙大拿州发现了铜矿，得克萨斯及其他一些州发现了石油、天然气、煤炭等矿藏，基于农业的发展和矿产资源的发现，采矿业和相关的加工工业及食品加工业在新西部大草原地区建立起来。此外，受联邦政府投资的推动，大草原地区的一些州也建立了军事工业和高技术产业。但相对美国其他地区而言，大草原地区的工业比重较低。

（五）初步开发时期对资源和环境的破坏较严重

在美国西部产业初步开发时期，开发具有原始性、粗放性和环境破坏性。大量来自欧洲和美国东部的移民为求得自身生存和发展，向西部迁移，从事以农业发展为主的开发活动。移民们运用极简陋的工具，伐木开荒，培植耕种，从事较为原始的农业生产。由于西部存在大量可耕土地和生产手段落后，农业发展主要靠扩大种植面积，采取广种薄收的拓荒式经营模式。由于过度的砍伐毁坏了植被，导致了较严重的水土流失和自然灾害的频繁发生。此时美国西部采矿业开发是粗放型，既不需要大量的资本，也不需要丰富的经验，个人或小组就可以进行矿业开发活动，采选业技术落后，在没有相应的法律法规和政策做保障的情况下，采矿公司的资本家为了谋取高额利润，对矿产资源进行了掠夺式开采，造成资源的大量浪费，致使许多矿区和城镇经历了短暂的辉煌之后很快就变成了废墟（严良等，2008）。

第二节　中国西部产业开发

西部大开发以来，西部依托独特的资源优势和中央政府的政策措施支撑，努力巩固和提升农业基础地位，大力推进交通和通信等基础设施建设，积极发展特色农业、矿产资源开采及加工业、能源及化学工业、装备制造业、高技术产业和旅游业等特色优势产业，使产业竞争力逐步提高，产业结构不断改善。在西部大开发的10年里，西部工业年均增长23%，在特色农牧产品加工业、优势矿产资源开采及加工业、能源及化学工业、装备制造业、高技术产业发展方面，涌现了一批具有较强竞争力的名优品牌和企业集团，建成了一批产业集聚区或产业基地（马玉祥、马志鹏，2011；胡卫华，2011）。西部三次产业比例由2000年的22.3：41.5：36.2变为2005年的17.6：42.8：39.6，再演变为2010年的13.1：50.0：36.9（杨海霞，2011；马金书，2013），到2013年，西部三次产业比例为12.5：49.5：38（倪浩，2015）。在新一轮西部大开发过程中，西部继续落实创新驱动发展战略，着力构建现代产业发展新体系，取得了一定成效。当然，由于中国西部大开发时间不长，西部产业开发仍然存在不少问题。

一、中央政府的西部产业开发政策

西部大开发以来，中央政府制定了一系列政策，对西部产业开发进行宏观引导和调控。

(一) 产业引导政策

中央政府通过制定产业政策，引导西部产业开发的方向和重点。总体上看，西部大开发产业政策主要引导西部产业开发以农业发展为基础，以交通和信息基础设施建设与特色优势产业开发为重点。

(1) 强调西部产业开发中农业发展的基础地位。2000年7月12日，农业部发布《关于加快发展西部地区农业和农村经济的意见》(以下简称2000年农业部《意见》)，阐述了加快发展西部农业的重大意义、发展思路、重点和措施。《国务院关于实施西部大开发若干政策措施的通知》(国发〔2000〕33号) 把"巩固农业基础地位，调整工业结构，发展特色旅游业"作为实施西部大开发的重点任务之一，其中，"巩固农业基础地位"居于首位。《西部大开发"十五"规划》提出，促进西部经济发展和结构调整，必须把农业放在首要位置，要加大农业基础设施建设力度，充分发挥农业资源优势，调整和优化农业与农村经济结构，为西部大开发打好基础。2002年农业部《关于加快西部地区特色农业发展的意见》强调，农业是西部大开发的基础和重要组成部分，特色农业是西部农业开发的重点，发展特色农业是实施西部大开发战略的重点任务，通过发展特色农业，可以进一步巩固农业基础地位。2004年《国务院关于进一步推进西部大开发的若干意见》(国发〔2004〕6号) 把"进一步加强农业和农村基础设施建设，加快改善农民生产生活条件"作为进一步推进西部大开发要抓好的10项重点工作中的1项。2010年《国务院关于深入实施西部大开发战略的若干意见》(中发〔2010〕11号)，提出夯实农业基础，统筹城乡发展。

(2) 重视西部基础设施建设和特色优势产业的发展。①将能源及化学工业、矿产资源开采及加工业、特色农牧产品加工业、装备制造业、高技术产业和旅游产业等特色优势产业写进《中西部地区外商投资优势产业目录》《西部地区鼓励类产业目录》和西部大开发"十五""十一五""十二五"和"十三五"规划。《中西部地区外商投资优势产业目录》于2000年由原国家经贸委、原国家计委、原外经贸部联合发布，经过了2004年、2008年和2013年的三次修订。2014年10月1日起正式实施《西部地区鼓励类产业目录》(中华人民共和国国家发展和改革委员会令2014年第15号)。《西部大开发"十五"

规划》提出,促进优势农副产品、矿产资源产品、旅游业的市场竞争力明显提高,传统工业改造取得明显进展,有优势的高新技术产业开始形成规模,产业结构调整取得明显进展,经济增长的质量显著改善,经济效益不断提高。《西部大开发"十一五"规划》明确了大力发展特色优势产业的战略任务,要求优化发展能源及化学工业,集约发展重要矿产资源开采及加工业,大力发展特色农牧产品加工业,着力振兴装备制造业,积极发展高技术产业,加快发展旅游产业,推进这六大特色优势产业实现结构优化升级,建成一批基地,提高发展水平。《西部大开发"十二五"规划》提出,将西部初步建成全国重要的能源、资源深加工,装备制造及战略性新兴产业基地,推动资源开发利用方式转变,构建现代资源开发利用产业体系。《西部大开发"十三五"规划》进一步强调大力发展特色优势产业,提升能源、矿产资源和特色农畜产品深加工能力,大力发展文化旅游等现代服务业,国家采取新的有针对性的措施,支持西部发挥比较优势,培育特色优势产业。②在一系列政府文件中强调基础设施建设和发展上述特色优势产业。国发〔2000〕33号强调水利、交通、能源等基础设施,优势资源开发与利用,有特色的高新技术及军转民技术产业化项目,优先在西部地区布局,强调发展特色旅游业。《国务院办公厅转发国务院西部开发办关于西部大开发若干政策措施实施意见的通知》(国办发〔2001〕73号)、《财政部、国家税务总局和海关总署关于西部大开发税收优惠政策问题的通知》(财税〔2001〕202号)、《国家税务总局关于落实西部大开发有关税收政策具体实施意见的通知》(国税发〔2002〕47号)强调,在交通和电信等基础设施建设,特色农业发展,水电、优质煤炭、石油、天然气、铜、铝、钾、磷等优势能源、矿产资源开发和利用,特色旅游业发展,特色高新技术及军转民技术产业化等方面优先安排建设项目,特别是为促进矿产资源开发和利用,制定了矿产资源优惠政策。国发〔2004〕6号把"大力调整产业结构,积极发展有特色的优势产业"作为进一步推进西部大开发要抓好的10项重点工作中的1项。2006年国务院西部开发办、国家发展改革委、财政部、中国人民银行、中国银行业监督管理委员会、国家开发银行发布的《关于印发促进西部地区特色优势产业发展意见的通知》(国西办经〔2006〕15号),系统提出了西部特色优势产业发展的总体思路、发展重点和政策措施,将西部特色优势产业的发展重点确定为能源及化学工业、重要矿产开发及加工业、特色农牧业及加工业、重大装备制造业、高技术产业和旅游产业。中发〔2010〕11号文件提出，发展特色优势产业是增强西部发展内生动力的主要途径，要深入实施以市场为导向的优势资源转化战略，坚持走新型工业化道路，建设国家重要战略资源接续区，努力形成传统优势产业、战略性新兴产业和现代服务业协调发展新格局；与此同时，强调基础设施是西部大开发的重要保障，要继续把交通、水利、能源和信息等方面的基础设施建设放在优先地位，加快综合交通网络建设，推进油气管道和电网建设，加快信息基础设施建设。

（二）财政倾斜政策

国发［2000］33号、国办发［2001］73号与中发［2010］11号等文件中提出了西部大开发中产业开发的财政倾斜政策，主要涉及以下几个方面：

（1）通过多种方式筹集资金，逐步提高中央财政性建设资金用于西部的比例。

（2）中央对地方专项资金补助或专项转移支付向西部倾斜。专项资金补助或专项转移支付用于农业、社会保障、教育、科技、人才、医疗卫生、计划生育、文化、环保等方面，以加大对西部农业科技发展、农业综合开发的投入力度，促进西部教育、科技、文化事业等的发展和生态环境的改善。

（3）中央财政支持西部开展退耕还林还草试点工作。对国家批准实施的退耕还林还草、天然林保护、防沙治沙工程所需的粮食、种苗补助资金及现金补助，主要由中央财政支付，对因实施退耕还林还草、天然林保护等工程而受影响的地方财政收入，由中央财政适当给予补助。

（4）中央财政支持西部科技发展。中央财政加大各类科技计划经费向西部的倾斜支持力度，逐步提高科技资金用于西部的数额；加大对西部国家级经济技术开发区、高新技术产业开发区和边境经济合作区基础设施建设项目贷款的贴息支持力度。

（三）税收优惠政策

国家通过一系列的税收优惠政策对西部大开发区域进行重点扶持，以企业所得税和关税的鼓励为主，并辅以流转税和农业税等其他税种的激励，但缺少相应的吸引人才政策、发展科教和促进生态环境与资源保护的税收优惠政策。

（1）部分产业的企业所得税的税率减让、定期减免和退税政策。①所得税税率减让。国发［2000］33号、国办发［2001］73号、财税［2001］202

第六章 中美西部产业开发比较分析

号与国税发［2002］47号文件规定,在2001~2010年第一轮西部大开发期间,对设在西部国家鼓励类的内资企业和外商投资企业,减按15%的税率征收企业所得税。《关于将西部旅游景点和景区经营纳入西部大开发税收优惠政策范围的通知》(财税［2007］65号)规定,将西部旅游景点和景区经营收入纳入西部大开发税收优惠范围,对销售门票、在景区内提供导游和客运服务取得收入减按15%的税率征收企业所得税。中发［2010］11号文件、《财政部、海关总署、国家税务总局关于深入实施西部大开发战略有关税收政策问题的通知》(财税［2011］58号)规定,自2011年1月1日至2020年12月31日,对设在西部的鼓励类产业企业减按15%的税率征收企业所得税,鼓励类产业企业是指以《西部地区鼓励类产业目录》中规定的产业项目为主营业务,且其主营业务收入占企业收入总额70%以上的企业。②"两免三减半"优惠。国发［2000］33号、国办发［2001］73号、财税［2001］202号与国税发［2002］47号文件规定,对在西部新办交通、电力、水利、邮政、广播电视企业,上述项目业务收入占企业总收入70%以上的,内资企业自开始生产之日起,第一年至第二年免征企业所得税,第三年至第五年减半征收企业所得税,外商投资企业经营期在10年以上的,自获利年度起,第一年至第二年免征企业所得税,第三年至第五年减半征收企业所得税。《财政部、国家税务总局关于执行企业所得税优惠政策若干问题的通知》(财税［2009］69号)规定,执行《国务院关于实施企业所得税过渡优惠政策的通知》(国发［2007］39号)规定的过渡优惠政策及西部大开发优惠政策的企业,在定期减免税的减半期内,可按照企业适用税率计算的应纳税额减半征税,其他各类情形的定期减免税,均应按照企业所得税25%的法定税率计算的应纳税额减半征税。财税［2011］58号文件规定,对西部2010年12月31日前新办的、根据财税［2001］202号文件规定享受企业所得税"两免三减半"优惠的交通、电力、水利、邮政、广播电视企业,其享受的企业所得税"两免三减半"优惠可继续享受到期满为止。③所得税的退还政策。《财政部、国家税务总局关于企业所得税若干优惠政策的通知》(财税［2008］1号)规定,自2008年1月1日起至2010年底,对国内外经济组织作为投资者,以其在境内取得的缴纳企业所得税后的利润,作为资本投资于西部开办集成电路生产企业、封装企业或软件产品生产企业,经营期不少于5年的,按80%的比例退还其再投资部分已缴纳企业所得税税款。

·201·

(2) 部分产业部分进口自用设备关税的免征。财税［2001］202号文件对西部内资鼓励类产业、外商投资鼓励类产业及优势产业的项目在投资总额内进口的自用设备，除《国内投资项目不予免税的进口商品目录》（2000年修订）和《外商投资项目不予免税的进口商品目录》所列商品外，免征关税。中发［2010］11号文件、财税［2011］58号文件规定："对西部地区内资鼓励类产业、外商投资鼓励类产业及优势产业的项目在投资总额内进口的自用设备，在政策规定范围内免征关税。"

(3) 部分产业实行增值税的免征和退税。财税［2001］202号文件规定，对西部内资鼓励类产业、外商投资鼓励类产业及优势产业的项目在投资总额内进口的自用设备，除《国内投资项目不予免税的进口商品目录》（2000年修订）和《外商投资项目不予免税的进口商品目录》所列商品外，免征进口环节增值税。《财政部、国家税务总局关于资源综合利用及其他产品增值税政策的通知》（财税［2008］156号）规定，西部销售自产烧结多孔砖（符合GB 13544—2000技术要求）和烧结空心砖（符合GB 13545—2003技术要求），增值税实行即征即退50%的政策。

(4) 农业特产税的定期减免直至取消。财税［2001］202号文规定，对为保护生态环境，退耕还林（生态林在80%以上）、还草产出的农业特产收入，自取得收入年份起10年内免征农业特产税。国务院发［2006］459号宣布自2006年2月17日起废止农业特产税。

(5) 交通建设用地减免耕地占用税。财税［2001］202号文规定对西部公路国道、省道建设用地，比照铁路、民航建设用地免征耕地占用税。西部公路国道、省道以外其他公路建设用地是否免征耕地占用税，由省级人民政府决定。

(6) 资源税改革。中发［2010］11号文推进资源税改革，对煤炭、原油、天然气等的资源税由从量计征改为从价计征，对其他资源适当提高税额，增加资源产地地方财政收入。各级地方政府在资源税分配上，要向资源产地基层政府倾斜。

（四）投资鼓励政策

由国发［2000］33号、国办发［2001］73号和中发［2010］11号等文件可知，西部大开发中产业开发的投资鼓励政策主要涉及以下四个方面。

(1) 对西部加大建设资金投入力度。一是提高中央财政性建设资金和国家有关部门专项建设资金投入西部的比重,提高对西部公路、铁路、民航、水利等建设项目投资补助标准和资本金注入比例,加大现有投资中企业技术改造和产业结构调整专项对西部特色优势产业发展的支持力度。二是国家政策性银行贷款、国际金融组织和外国政府优惠贷款向西部倾斜,尽可能多安排西部项目。三是对国家安排的西部重大基础设施建设项目,其投资主要由中央财政性建设资金、其他专项建设资金、银行贷款和利用外资及企业自筹资金解决,不留资金缺口,鼓励企业资金投入西部重大建设项目。四是采取多种方式筹集西部开发专项资金。五是中央预算内投资安排资金支持西部大开发重点项目前期工作。

(2) 优先在西部安排建设项目。优先安排的建设项目主要涉及水利、交通、能源、电信等基础设施建设,优势资源(主要是优势能源、矿产资源)开发与利用,特色农业发展,特色旅游业发展,特色高新技术及军转民技术产业化项目。

(3) 改善西部的投资软环境。一是积极引导西部个体、私营等非公有制经济加快发展,依照有关法律法规,凡对外商开放的投资领域,国内各种所有制企业均可进入。二是简化投资项目审批程序。除国家重大项目和有特殊规定的项目以外,凡是企业用自有资金或利用银行贷款投资于国家鼓励和允许类产业的项目,简化审批程序。鼓励外商向西部投资,合理简化外商投资项目的审批程序。

(4) 吸引和扩大外商投资。一是逐步扩大外商投资领域。外商投资西部农业、林业、水利、交通、能源、市政公用、环保等基础产业或基础设施建设,矿产、旅游等资源开发,建立技术研究开发中心,享受外商投资鼓励类产业的各项优惠政策,国家将根据各地经济发展情况和条件变化,及时补充、修订《中西部地区外商投资优势产业目录》及有关措施。二是进一步拓宽利用外资渠道。在西部进行以 BOT 方式和 TOT 方式利用外资的试点。支持符合条件的西部外商投资企业在境内外股票市场上市。支持西部属于国家鼓励和允许类产业的企业通过转让经营权、出让股权、兼并重组等方式吸引外商投资。积极探索以中外合资产业基金、风险投资基金方式引入外资。鼓励在华外商合资企业到西部再投资,其再投资项目外资比例超过 25% 的,享受外商投资企业待遇。允许西部的某些项目适当提高总投资中国外优惠贷款比例。对西部优势产业及出口创汇项目引进国外先进技术和设备，国家在国外商业贷款指标安排上给予支持。三是放宽利用外资有关条件。对外商投资西部基础设施和优势产业项目，适当放宽外商投资股比限制，适当放宽国内银行提供固定资产投资人民币贷款比例。

（五）金融支持政策

国发［2000］33号、国办发［2001］73号和中发［2010］11号等文件的内容显示，国家对西部的金融信贷支持体现在以下三个方面：

（1）加大对西部基础设施建设与农业和生态建设的信贷投入。重点支持铁路、主干线公路、电力、石油、天然气等大中型交通、能源项目建设，并扩大以基础设施项目收益权或收费权为质押发放贷款的范围。对西部特色农业、节水农业、生态农业发展在信贷方面给予支持，扶持一批有发展前景、带动作用强、以公司加农户为经营方式的龙头企业。

（2）运用信贷杠杆支持产业结构调整。支持电力、天然气、旅游和生物资源合理开发等西部优势产业发展，对贷款金额较大的重点项目，可以由商业银行总行直贷解决。落实和完善涉农贷款税收优惠、定向费用补贴、增量奖励等政策。积极支持西部符合条件的企业上市融资，支持西部上市公司再融资。扶持创业投资企业，发展股权投资基金。

（3）加强财政政策和金融政策的有效衔接，鼓励政策性金融机构加大对西部金融服务力度，探索利用政策性金融手段支持西部发展。

（六）土地使用政策

为促进西部农业生态环境建设和农业的可持续发展及保证西部大开发各项非农业建设用地的必要需求，中央政府制定并实施了土地使用优惠政策。其主要内容有，国家对利用未利用土地进行生态建设实施土地使用优惠，对西部开发建设用地实施简化审批程序、计划指标倾斜和分类指导及税费和用地出让金等方面的优惠。这在本书第三章已有较详细的阐述。

（七）矿产资源政策

中国分别于1986年和1994年颁布《中华人民共和国矿产资源法》及其实施细则，于1996年和2009年分别对《中华人民共和国矿产资源法》进行了修正。除国家本体法外，中国各省区也相应制定了矿产资源管理条例作为补充，从而逐步形成了以矿业权（探矿权、采矿权）为核心，横贯矿山监管、矿山安全、矿山环境和矿产资源整合等方面，纵贯矿产资源规划报告、矿业权评估、探矿、建矿、采矿、闭矿等程序的多层级的、较为完整的矿产资源相关法律法规体系。

此外，国家出台了西部大开发相关文件，就西部矿产资源开发提出了一些优惠政策和措施。国发〔2000〕33号文件提出，加大对西部矿产资源调查评价、勘查、开发、保护与合理利用的政策支持力度，制定促进探矿权、采矿权依法出让和转让的政策办法，培育矿业权市场。国办发〔2001〕73号文件进一步提出，在国土资源调查计划中，优先安排西部的调查评价项目，工作经费向西部倾斜，重点安排西部重要矿产资源集中区、国家紧缺矿产和地下水资源的调查评价工作；在西部由国家出资勘查形成的探矿权、采矿权价款，按有关规定，符合相关条件的，经批准，可以部分或全部转为国有矿山企业或地勘单位的国家资本；在西部勘察、开采矿产资源，符合条件的，可以申请减缴或免缴探矿权使用费、采矿权使用费。探矿权人投资勘查获得具有开采价值的矿产地后，可依法获得采矿权；对于外商从事非油气矿产资源勘查开采的，除享受国家已实行的有关优惠政策外，还可以享受免缴探矿权、采矿权使用费1年，减半缴纳探矿权、采矿权使用费2年的政策，对于外商从事《外商投资产业指导目录》中鼓励类非油气矿产资源开采的，享受免缴矿产资源补偿费5年的政策。中发〔2010〕11号文件则支持民间资本以合作、参股等方式进入油气勘探、开发、储运等领域，要求加大中央地质勘查基金、国土资源调查评价资金对西部的投入力度，鼓励和引导多元资金投入；鼓励外资参与提高矿山尾矿利用率和矿山生态环境恢复治理新技术开发应用项目。

二、产业开发成效

西部地域辽阔，土地和光热资源充足，生物资源多种多样，石油、天然气、煤炭、稀土、钾、磷、有色金属、水能、风能等能矿资源储量大，可再生能源开发利用潜力很大，且民族特色和地域特色强烈的自然和人文景观丰富。西部大开发战略实施以来，中央政府一系列西部产业开发政策的实施，促进了西部交通、水利、通信、管道等基础设施的明显改善，农业基础地位的逐步加

中美西部开发比较研究

强及矿产资源开采与加工业、能源与化学工业、特色旅游业等以本地资源为依托的特色优势产业的逐步发展壮大,高技术和战略性新兴特色产业的逐步崛起。

(一) 交通基础设施建设跨越式推进

交通是西部开发的第一要务,交通基础设施建设是西部大开发政策强调的开发重点之一。西部大开发以来,中央政府通过财政倾斜、投资鼓励、税收和土地使用优惠、金融支持等政策和措施,超常规地加大对西部交通基础设施建设的支持力度,使西部交通基础设施建设实现了跨越式推进。西部交通基础设施建设重点是公路建设,与此同时,铁路、机场和内河航运建设也不断加强,西部与东部间、西南与西北地区间的运输通道得以扩大,西部与东北亚、中亚、东南亚、南亚地区互联互通的国际通道建设逐步加强。目前,西部基本构建起了东西联通、南北纵贯、城乡对接、通江达海及与周边国家互联互通的综合交通运输网络。

(1) 公路与水路交通建设。西部大开发10年来,公路与水路交通建设总投资达1.67万亿元,是新中国成立后前50年投资总和的6.7倍,投资数量之大、增幅之快前所未有,公路总里程、高速公路、内河航道里程增量分别是改革开放头20年增量的5倍、6.4倍和0.9倍,实现历史性突破(韦伟,2013),公路建设对西部生产总值增长的平均贡献率为15%左右(李盛霖,2010)。全面建成了"五纵七横"国道主干线和西部开发8条省际干线公路,全面启动了通乡公路建设(杨海霞,2011)。公路通车总里程由2000年的53.3万千米增加到2009年的147.7万千米,其中高速公路由2529千米增加到1.86万千米,基本形成了以大城市为中心、中小城市为支点的路网骨架(龚晓菊,2012)。随着骨架公路通道的贯通和路网的不断完善,西部内联外通的交通运输格局初步形成,特别是新亚欧大陆桥复线——连霍高速公路等运输大通道建设,密切了区域联系,改善了投资环境;沿海港口和内河航运设施建设,进一步畅通了西部出海通道,促进了外向型经济发展。

(2) 铁路建设。全长1100多千米的青藏铁路通车,填补了国家唯一不通铁路省区的空白(韦伟,2013),兰渝铁路、贵广铁路、南广铁路等跨区域铁路相继开工建设,仅在"十一五"时期,新增铁路营业里程达到8000千米。铁路不仅在数量上有了较大增加,而且在质量上有了很大提高。

(3) 航空运输基础设施建设。2009 年，西部民用运输机场数量达到 81 个，占全国机场总数的 49%，航线网络覆盖率显著提高（龚晓菊，2012）。

(4) 跨境交通建设。西部通过与周边国家和地区共同推进跨境交通基础设施和物流体系建设，为西部全面参与区域合作，扩大沿边、沿海、沿江对外开放提供了交通运输保障。

（二）农业基础地位逐步加强

农业提供人们生活必需品，为工业提供原料等，是国民经济的基础，这已经是被历史反复证明的客观规律。中国西部是一个特殊的区域，西部农业现代化是全国现代化建设的重要组成部分和"主攻域"。一方面，西部地域辽阔，地广人稀，耕地、林地、牧草地、水域、未利用土地等资源的人均占有量大大高于全国平均水平，是全国重要的农业区，目前丰富的农业资源尚未被完全开发利用，农业开发空间和上升潜力较大；另一方面，西部农业开发又面临诸如西部自然生态环境脆弱、农业生产率较低、农产品竞争力较弱等问题（许开录，2006）。基于此，西部大开发战略实施以来，中央政府着眼于全国现代化建设大局，强调和坚持西部农业开发在西部产业开发中的基础地位，以一系列政策联动为载体，激活西部农业发展潜力，推进西部特色农业的发展和农业现代化水平的提升，农业基础地位逐步加强。不过，目前西部农业现代化水平及实现程度仍普遍低于中国整体及沿海地区（黄祖辉、林坚等，2003；蒋和平、黄德林，2006；蓝庆新、彭一然，2013）。

(1) 特色优势农业发展势头良好。中央政府十分重视西部特色农业的发展。2000 年，农业部《意见》指出，西部地方特色农产品生产历史悠久，棉花、糖料、瓜果、蔬菜、花卉等经济作物产品品质好、产量高，具有非常突出的发展优势，要充分利用当地光、热、水等资源优势，在保持传统优势产品生产的同时，加快发展优质高效农产品的生产，把质量和效益结合起来，逐步建立面向东、中部地区和国际市场的特色农产品生产基地，重点要抓好优质棉花、甘蔗、优质水果、优质蔬菜、花卉、中药材、优质烟叶七大特色农产品生产基地建设。国办发［2001］73 号提出，中央加大西部建设资金投入力度，将采取多种方式，筹集西部开发的专项资金，支持西部开发的重点项目，要求农业、林业等产业部门在安排项目建设资金时，继续提高用于西部重点项目的比重，在西部优先布局一批包括特色农业发展在内的建设项目；对西部特色农业（含节水农业、生态农业）发展在信贷方面给予支持，扶持一批有发展前景、带动作用强、以公司加农户为经营方式的龙头企业。2002 年，农业部《关于加快西部地区特色农业发展的意见》则明确指出，要加深对发展西部特色农业重要性的认识，进一步明确发展西部特色农业的总体思路，突出抓好西部特色种植业产品、特有园艺产品、草业和草地畜牧业、高效生态特种水产养殖业、特色农产品加工业，培育具有西部特色的农业产业带和产业群，实现农业资源多层次、多途径的开发利用，满足多样化、优质化的市场需求，有利于开辟新的市场空间，促进西部农业结构的优化和升级。国发［2004］6 号文件提出进一步推进西部大开发要抓好的 10 项重点工作，其内容包括，进一步加强农业和农村基础设施建设，积极发展有特色的优势农业，调整农业结构等。《西部大开发"十一五"规划》提出要提高农业综合生产能力，通过实施基本口粮田建设工程、商品粮基地建设工程、特色优势农产品生产基地建设、节水示范工程和农业科技示范工程，提高农业装备水平，改善农田水利和牧区水利设施，建设一批特色农产品生产基地，提高农业科技创新与转化能力，将科技对农业经济增长的贡献率提高到 50% 左右。中发［2010］11 号文件提出，"三农"工作是西部大开发的重中之重，强调大力发展特色农业。《西部大开发"十二五"规划》提出，大力实施农业产业提升促进工程、牧区重点工程，打造林业重点产业，加快发展现代特色农业。2014 年 10 月 1 日起正式实施了《西部地区鼓励类产业目录》，特色农业属于西部外商投资优势产业和国家鼓励类产业，享受相关税收优惠政策。

在国家政策的引导下，西部大开发战略实施以来，西部充分发挥独特的光热水土资源优势，积极发展特色优势农业，取得了明显成效。四川、内蒙古等区域性商品粮生产基地加快建设，新疆优质棉基地播种面积和产量分别占全国的 22.9% 和 32.8%，内蒙古牛奶、羊肉、山羊绒产量连续 5 年居全国之首，广西、云南蔗糖总产量占全国的 90%，陕西苹果种植面积和产量均占全国的近 1/4，云南、贵州烟叶播种面积和产量分别占全国的 45% 和 43%，西部农牧业产业化进程不断加快，国家认定的大型农业产业化龙头企业发展到 23 家（张玺、马学礼，2010；胡卫华，2011）。随着《西部大开发"十二五"规划》的实施，特色优势产业工程顺利推进，目前西部已初步形成了糖料、烟叶、牛奶等特色优势产区（闫华竹、黎霆，2013）。

（2）农业增长速度和总体实力明显提升。①农林牧渔总产值增速最快，在全国比重提高。2000年，西部农林牧渔总产值为5753亿元，占全国比重为23.09%，到2012年，两者分别增长到23598亿元和26.38%。2012年，西部12省区农林牧渔业总产值比上年增长6%，在东部、中部、西部和东北四大地区中增长最快，其中，西部粮食产量达15495万吨，比上年增产4.9%，在四大地区中增速也最快，西部粮食产量占全国总产量的比重提升到26.3%（闫华竹、黎霆，2013）。2000年以后，西部农业现代化演进迈上了快速发展道路。2000～2011年，西部农业现代化发展指数年均增幅为7.11%，2011年西部农业现代化发展指数比2000年提高了2.19倍（姜松，2014）。②农业劳动生产率明显提高。农业劳动生产率反映的是农业劳动力投入与产出的比例，是农业劳动力与农业物质资本结合效率的体现。农业劳动生产率的提高是农业现代化发展的最大特征。汪小平（2007）研究表明，西部大开发战略实施效果显著，各类物质资本和智力资本不断涌入，在土地面积和技术既定的前提下，资本投入和劳动投入提高了农业劳动生产率。一些学者用农业劳均增加值衡量农业劳动生产率。以此衡量标准，1987年西部农业劳动生产率为349.679元/人·年，到2011年上升至6548.38元/人·年，1987～2000年西部农业劳动生产率平均值为1097.54元/人·年，2001～2011年平均值为3384.73，1987～2000年劳动生产率的年均增幅为12.62%，2001～2011年农业劳动生产率的年均增幅为14.40%（姜松，2014）。③农业土地产出率有所上升。土地产出率是衡量农业现代化发展内容的重要指标。关于土地产出率的衡量方法很多，黄祖辉和林坚（2003）、姜松（2014）等学者基于可获性原则，用单位耕地面积粮食产量来表示农业的土地产出率。以此衡量标准，1987～2000年西部农业土地产出率呈现下降态势，年均下降幅度为1.002%，2001～2011年西部农业土地产出率呈上升态势，年均增幅为3.19%（姜松，2014）。这表明西部大开发扭转了西部农业土地产出率下降的态势。

（3）农业生态环境稳步改善。强调农业生产中的生态环境保护和建设，强调农业的可持续发展，是农业现代化发展必须始终坚持的一项基本方针（谷文晓，2000）。西部大开发以来，国家加强对西部农业生态环境的保护和建设。2000年，农业部《意见》提出，要大力加强草原的治理和建设，稳步推进退耕还林、还草。《意见》同时指出，粮食是西部大开发的基础，也是搞好生态环境建设的前提和保障，要以保障口粮自给为主要目标，将现有3.69亿亩15度以下的耕地作为基本农田加强保护和建设，在粮食生产条件较好的地势平坦地带，如成都平原、河西走廊、新疆南部地区、陕西关中地区、宁夏、内蒙古河套等灌区，优先组织实施沃土工程，建设稳产高产基本农田。国发〔2000〕33 号文件提出，对国家批准实施的退耕还林还草、天然林保护、防沙治沙工程所需的粮食、种苗补助资金及现金补助，主要由中央财政支付；对因实施退耕还林还草、天然林保护等工程而受影响的地方财政收入，由中央财政适当给予补助；增加对西部农业、生态环境保护建设等的信贷支持。国办发〔2001〕73 号提出对西部农业、生态建设加大财政转移支付力度和金融信贷支持，主要内容有，中央对地方专项资金补助向西部倾斜，支持在西北地区开展空中云水资源的开发利用，对水土条件和沙尘暴进行监测、预测等；配合退耕还林和还草、封山绿化等生态环境建设工程，对一些有还贷能力的速生丰产用材林、经济林、山野菜、中药材开发及个体苗圃等项目，增加信贷投入。2004 年、2008 年和 2013 年修订的《中西部地区外商投资优势产业目录》中，基本上都包含了退耕还林还草、退牧还草、天然林保护等国家重点生态工程后续产业开发。由于政府重视、措施得力，西部农业生态环境稳步改善。仅在"十五"期间，西部累计治理水土流失 1600 万公顷，实施生态自然修复面积 2800 万公顷，累计完成退耕地还林 526 万公顷，荒山荒地造林 765 万公顷，退牧还草 1933 万公顷①。用森林覆盖率反映的农业生态良性化水平，1987~2000 年平均水平为 0.157，2001~2011 年为 0.236（姜松，2014）。

（4）农业生产的科技条件明显改善。农业生产科技化是农业现代化的关键内容，一个没有科技创新支撑的农业很难实现现代化，在西部乃至全国农业生产发展历程中，科技做出了不可磨灭的重要贡献（瞿虎渠，2010；雷俊忠等，2011）。西部大开发战略实施后，中央政府通过对地方专项资金补助向西部倾斜等措施，加大对西部农业科技发展、旱作农业和节水农业发展、农业病虫害防治和救助及农业综合开发的投入力度，以改造中低产田为重点，改善农业基本生产条件，并有选择地推进建设现代化农业示范区和科技示范区，逐步提高农业生产科技化水平②。据统计，2000~2009 年，农业部共在西部安排资金 694 亿元，实施了优质粮食产业工程、种养业良种、动植物保护、农村沼气、退牧还草、农产品质量安全、太阳能温暖工程、生猪和奶牛标准化规模养

---

① 参见《西部大开发"十一五"规划》。
② 参见国办发〔2001〕73 号等文件。

殖等重大农业基础设施建设项目和良种补贴、农机具购置补贴、测土配方施肥补贴、重大动物疫病疫苗补助、草原防火、草原灭鼠等农业科技服务项目。国家还将农业生产经营技术的开发与应用类产业项目纳入《中西部地区外商投资优势产业目录》和《西部地区鼓励类产业目录》等，并对其实施税收优惠政策。2004年、2008年和2013年修订的《中西部地区外商投资优势产业目录》中，基本上都包含了节水灌溉和旱作节水技术、保护性耕作、中低产田改造等农业生产经营技术开发与应用。《西部地区鼓励类产业目录》（中华人民共和国国家发展和改革委员会令［2014］第15号）中公布了一些西部新增鼓励类产业，涉及农作物种植、采收机械化技术开发及应用，农作物套种技术与秋冬种技术开发及应用，农产品质量安全检测技术研发、应用及设备制造，农产品产地贮存、保鲜、烘干等初加工设施建设与运营，适用于高原山区的现代农机具的开发及制造。

西部大开发战略实施后，西部农业科技进步指数逐渐趋于平稳，年均增幅为1.78%，西部农业机械化、水利化、化学化和电气化水平都有所提升（姜松，2014）。其一，农业机械化是现代农业生产技术的精髓，西部大开发战略为西部农业机械化发展带来了前所未有的机遇，随着要素的集聚，西部农业机械化进程加快。用单位耕地面积占有的农机总动力来表示农业机械化水平，2001~2011年西部农业机械化水平增长了2.318倍，年均增幅达8.77%（曲凌夫，2010；姜松，2014）。其二，水利化建设是农业现代化发展的首要条件，用有效灌溉率衡量农业水利化水平，西部大开发战略实施后，西部农业水利化发展速度较前一阶段要快，年均增速2.98%（姜松，2014）。特别是"十二五"规划实施以来，"五小水利"工程建设范围由西南扩大到西北地区，西北地区共新增高效节水灌溉面积1291万亩，西南等地区的规模化高效节水灌溉前期工作也在积极推进（闫华竹、黎霆，2013）。其三，农业化学化是农业现代化发展的重要表现特征，用单位耕地面积化肥施用量来衡量农业化学化发展水平，西部农业化学化发展从2001年开始迈入快车道。2011年，西部农业化学化发展水平较2001年上升了1.73倍，年均上升幅度为5.6%（姜松，2014）。其四，农业电气化是农业机械化、水利化等发展的重要物质基础，表示农业生产各领域对电能的利用和推广程度，是农业现代化的重要内容，用年均用电量来衡量农业电气化，西部农业电气化水平明显提高。1987~2000年西部农业电气化发展不平稳，平均水平为98.321，2001~2011年平均水平为

219.094，发展速度逐步平稳，年均增速为9%（姜松，2014）。

（5）农业劳动者素质逐步提高。农业劳动者素质直接关系着农业现代化发展的方向与未来。西部大开发战略实施后，国家大力支持西部教育的发展，并开展对西部农业的智力帮扶和支援，开展西部农业人才培养，开展农业援疆援藏，促进东西农业产业对接，开展农业国际技术合作等，使西部农业劳动者素质得以逐步提高。从西部初中及以上文化程度劳动力所占比重看，1987年为0.295，到2011年上升至0.547，西部大开发战略实施前后平均水平分别为0.364和0.513，2001~2011年年均增速为1.36%（姜松，2014）。

（三）矿产资源开采及加工业迅猛发展

西部有显著的矿产资源优势，借助西部大开发的契机，矿产资源开采及加工业发展迅猛，逐步发展为西部的主导产业之一。2000~2010年，西部矿产资源产业总产值从37100.25亿元增加到2010年的366410.79亿元，占西部GDP比重由22.37%上升到45.01%（张海丽，2013）。

西部矿产资源优惠政策是西部大开发中产业开发的重要政策之一。在西部大开发中，中央政府高度重视并加强重要矿产资源集中区的调查评价和勘查工作。据国土资源部不完全统计，西部大开发十年累计投入地质勘查经费1705.1亿元，占全国投入地质勘查总费用的49.7%，累计新发现矿产地877处（张玺、马学礼，2010），使西部石油、天然气、煤炭、稀土和有色金属铜、铝、铅、锌、镍等矿产资源的探明资源储量比西部大开发初期明显增加。

以丰富的矿产资源为依托，西部已经建设了一批天然气、煤炭、钾盐、磷矿、有色金属等优势矿产资源开发利用基地（胡卫华，2011）。目前，西部矿产资源开采及加工业在全国占据重要地位。新疆、青海、陕西、甘肃、宁夏、四川和重庆已经是全国重要的石油和天然气生产基地。新疆独山子1000万吨炼油和百万吨级乙烯、四川彭州1000万吨炼油、广西钦州1000万吨炼油项目等相继开工建设（张玺、马学礼，2010）。西部的非油气矿产资源开发利用基地建设进展也较快。西部有非油气矿产矿山企业近5万个，占全国同类矿山企业的39.3%，年矿总产量为17.97亿吨，占全国总产量的28.73%，其中，广西氧化铝生产基地生产规模占全国的1/4，甘肃金昌镍年产量占全国总产量的90%，新疆罗布泊120万吨钾肥、青海柴达木100万吨钾肥项目相继建成投产（张玺、马学礼，2010）。目前已逐步建立起青海柴达木、新疆罗布泊盐湖钾肥、云南、贵州磷肥，云南铅锌，甘肃镍，贵州和广西铝，新疆铜，四川攀西钒钛，内蒙古、四川和甘肃稀土等产品的生产、开发与加工利用基地。

（四）能源与化学工业突破性发展

西部能源资源富集，分布广泛，在全国占有重要地位。除了丰富的太阳能、风能和水能外，石油、天然气和煤炭的储量巨大。2009 年，西部石油基础储量为 95584.6 万吨，占全国的 32.41%；天然气基础储量为 30744.4 亿立方米，占全国的 82.93%；煤炭基础储量为 1610.3 亿吨，占全国的 50.49%；水能资源理论蕴藏量占全国的 85.7%，可开发装机容量占全国的 76.9%（黄征学，2012）。伴随西部大开发战略的实施，西部各省区依托能源资源丰富的比较优势，抢抓机遇，大力发展石油加工炼焦及核燃料加工、化学原料及化学制品制造业、电力热力的生产供应业等能源化学工业，不断提高能源资源就地转化率。新疆、青海、陕西、甘肃、宁夏、四川和重庆等省区的石油天然气化工，黄河上游和长江上游相关省区的水电生产，陕北、蒙西、宁夏、云南和贵州等区域的煤电生产，新疆、内蒙古、宁夏、甘肃、西藏的风能、太阳能生产，广西、云南、四川、重庆、贵州的生物质能生产，西藏的地热发电，甘肃的国家石油储备均形成了一定的规模和优势。"西气东输"工程实现全线商业供气，"西电东送"北、中、南三大通道全面建成（龚晓菊，2012）。能源及化学工业逐步成为西部的重要支柱产业。

深入实施西部大开发战略以来，西部能源及化学工业发展取得很大成效。增长质量明显提高，部分行业专业化分工逐渐强化，产业结构日趋合理，在全国及西部产业中的地位逐步上升，成为引领西部发展的特色优势产业。不过，由于起点低、速度快和体制不顺等问题，西部能源化学工业也存在一些亟待解决的问题（黄征学，2012）。

（五）高技术和战略性新兴特色产业逐步崛起

西部大开发以来，西部依托军工企业和大专院校、科研院所较为集中的有利条件，以重大工程项目为依托，因地制宜地发展生物工程、航空航天、新能源、新材料、电子信息及先进制造、中药现代化等有优势的高新技术产业。西部 12 个省份高技术产业企业单位数由 2000 年的 1237 个增加到 2005 年的 1770 个，再增加到 2010 年的 2444 个，2005 年比 2000 年增长 43.09%，2010 年比

2000年增长97.57%；西部12个省份高技术产业主营业务收入由2000年的786.14亿元增加到2005年的1589.12亿元，再增加到2010年的4672亿元，2005年比2000年增长102.14%，2010年比2000年增长494.3%（马金书，2013）。目前已经形成了西安、成都、安顺民用航空航天产业聚集区，重庆、昆明、南宁国家生物产业聚集区，金昌、宝鸡新材料聚集区，重庆、成都、西安、乌鲁木齐、德阳重大电力装备及特高压输变电设备产业聚集区，西安、成都软件产业聚集区等（胡卫华，2011）。2012年，西部高新技术企业单位数为2311个，高新技术产品产值达到5974.8亿元，西部部分地区已形成了具备自主创新能力的高新技术企业集群（陈思思，2014）。

在西部高新技术产业发展中，集成电路、软件、网络通信设备、新型电子元器件和数字音频视频产品生产等电子信息产业的表现引人注目。电子信息产业影响力集中于以成都、重庆和西安为区域中心的地区。成都、重庆和西安电子信息产业的GDP贡献均超过或接近1000亿元规模，并形成以三地为龙头的产业带，也形成了各具特色、具有一定规模的产业集群。尤其是成都，已初步形成了集成电路、软件及服务外包、通信、光电显示等四大产业集群。

西部地区尤其是成都、西安、重庆等地集中了大量的科研院校，人力资源和人才丰富，加之国家和地方为鼓励企业参与西部大开发出台了多项优惠政策，这些推动着许多企业特别是IT企业西进，使西部的IT产业发展呈现强劲势头。西部的IT产业增长速度要远远快于东部沿海地区。以2009年的数据为例，2009年东部地区完成电子信息产业固定资产投资2485.2亿元，同比增长1.4%，增速低于上年21.8个百分点；西部完成投资561.5亿元，同比增长72.3%，增速分别高于同期全国和上年54.8个和12个百分点（王晓涛，2010）。以西安为例，2001年西安软件园只有200多家软件企业，目前已经有近千家软件企业入驻，为此，西安规划了一座5.7平方千米的"软件新城"，2015年全部建成，西安软件园将逐步成为国内领先、国际一流的软件研发和服务外包基地（王晓涛，2010）。

随着西部交通、水利、通信、管道等基础设施建设不断完善，高科技产业园区建设发展步伐加快，园区带动作用日益增强，西部已经成为承接产业转移、推动产业聚集发展的重要载体和平台（刘纪生，2013）。尽管整体上受人力资源的限制，西部在承接东部沿海地区产业转移的过程中，将会以劳动密集型的加工制造业为主，但这并不妨碍西部少数城市凭借地区的比较优势在局部高科技行业实现点上的突破,实现知识密集型、资本密集型产业发展。

新一轮西部大开发为西部高新技术产业发展带来了新的机遇。西部许多省区以实现单纯装备制造业向装备制造服务业转变等为目标,依托大城市高新技术开发区、经济技术开发区、高新技术产业基地、大学科技园区等创新基地,孵化具有自主核心技术和知识产权的高新科技企业,力图打造高端装备制造业研发和制造服务业产业化基地;与此同时,中央政府将大力支持央企投身西部科技园区、高新技术园区建设,以促进西部高端装备制造业的跨越式发展。

(六) 特色旅游业快速发展

西部是中国的旅游资源宝库,其旅游资源丰富多彩且奇丽独特。一方面,西部纵跨多个纬度带,各类地形兼备,江河湖泊众多,旅游气候多样,生物资源丰富,自然景观多姿多彩,自然旅游资源丰富;另一方面,西部拥有源远流长的五千年古国文明古迹,地域文化古老神秘,民族风情古朴浓郁(廖瑾,2002)。西部众多的自然旅游资源和人文旅游资源,特别是为数可观的世界文化和自然遗产、国家级风景名胜区、国家历史文化名城、国家级自然保护区等优势旅游资源,蕴含着强烈的民族特色和地域特色,与东部现代都市风貌、名山秀水、古典园林的旅游资源形成鲜明的对比,为西部发展特色旅游业提供了良好的资源禀赋。

基于西部丰富而又独特的资源优势,西部大开发"十五""十一五""十二五"和"十三五"规划及西部各省区的五年规划均十分强调发展西部特色旅游业。西部大开发"十五"规划要求把旅游业培育成为西部的支柱产业,要围绕沿长江、西北丝绸之路、桂滇黔川及高原和草原等主要旅游线路,加强旅游基础设施建设,重点建设旅游景区的道路,搞好旅游资源的保护与开发。"十一五"规划提出加快发展旅游产业,大力培育和开发具有西部特色优势的国际国内知名旅游景区和线路,重点开发一批跨区域旅游区,鼓励发展生态旅游、探险旅游、边境旅游、科普旅游等专题旅游。"十二五"规划提出提升旅游服务水平,打造富有西部特色的旅游产品体系,重点培育一批跨区域精品旅游线路,形成一批国内著名和国际知名旅游目的地。"十三五"规划则强调大力发展文化旅游业。

西部大开发为西部旅游业的发展提供了机遇。西部12省区政府利用得天独厚的资源优势和国家对西部的倾斜政策,培植旅游业作为本地区的支柱或优势产业,取得了明显的成效,使西部国际国内旅游都呈现强劲的发展势头,旅游业发展的重要性越来越突出。目前西部省区旅游总收入年增长率普遍超过了20%,高于GDP的年增长率,旅游业对GDP的贡献率也保持在10%左右(方梦园,2014)。西部拥有世界遗产和国家级风景名胜区数分别从2000年的9个和45个,增加到2015年的16个和75个(廖瑾,2002;方梦园,2014)。西部12省区国际旅游(外汇)收入从2000年的15.8527亿美元增长到2015年的114.4217亿美元,年均增长率14.08%,而同年全国31省区国际旅游(外汇)收入从2000年的143.26亿美元增长到2015年的716.5061亿美元,年均增长率11.33%。

然而,总体上看,西部旅游业发展仍然落后于东部,且区域不平衡现象突出。在2012年公布的全国旅游总收入排行榜中,西部只有四川省跻身前10名,陕西和云南在20名前,内蒙古、新疆排在20名左右,而四川、云南、陕西、内蒙古、新疆的旅游资源极为丰富,甚至优于东部一些省市,西北和西南地区的旅游总收入分别占西部旅游总收入的28%左右与72%左右(方梦园,2014)。2015年,全国31省区国际旅游(外汇)总收入中,西部12省区只占15.97%,其中,西北与西南地区分别占31.4%和68.6%。西部旅游业发展的区域不平衡不利于西部旅游业的可持续发展和整体实力的提高,不利于西部大开发战略的实施。

三、产业开发存在的主要问题

总体而言,西部地区仍处于工业化初期阶段,产业链短,产业附加值低,产业竞争力不强,产业发展水平及层次落后于中部和东部地区,产业结构不合理,产业结构升级的步伐慢于全国平均水平(韩鹏,2010;夏泽义、赵曦,2010;刘纪生,2013)。具体体现在以下几个方面:

(一)产业开发仍处于较低层次

经过西部大开发战略的推动,西部产业构成变化很大,但产业结构不合理的基本特征没有从根本上改变。相对于全国平均水平,西部三次产业结构和行业结构都较低度化,产业开发仍处于较低层次。

(1)三次产业结构低度化。由表6-1可知,西部大开发之初的2000年,

第六章 中美西部产业开发比较分析

西部整体上第一产业比重高于全国平均水平，第二产业比重低于全国平均水平，第三产业增加值比重高于全国平均水平，就业比重低于全国平均水平；西部12省区中，除青海外所有省区的第一产业增加值比重均高于全国平均水平，其中西藏、贵州、广西、内蒙古、四川、云南、新疆7省区高出全国平均水平5~15个百分点，所有省区第一产业就业比重高于全国平均水平，其中西藏和云南高于全国平均水平23个百分点以上，所有省区第二产业增加值比重和就业比重均低于全国平均水平，所有省区第三产业增加值比重高于全国平均水平，多数省区第三产业就业比重低于全国平均水平。根据表6-1与表6-2，2015年与2000年相比，西部整体上第一产业比重仍高于全国平均水平，虽然第二产业增加值比重变为高于全国平均水平，但就业比重仍低于全国平均水平，第三产业增加值比重和就业比重均变为低于全国平均水平；西部12省区中，多数省区第一产业增加值比重仍高于全国平均水平，各省区第一产业就业比重仍高于全国平均水平，仍有近一半省区第二产业增加值比重及各省区第二产业就业比重低于全国平均水平，绝大多数省区第三产业增加值比重变得低于全国平均水平，多数省区第三产业就业比重仍低于全国平均水平。因此，目前西部地区经济发展中第一产业仍占较大比重，第二、第三产业的发展仍十分不足。

表6-1 2000年西部12省区三次产业构成

单位：%

产业构成 西部省区	增加值比重			就业比重		
	第一产业	第二产业	第三产业	第一产业	第二产业	第三产业
内蒙古	25.0	39.7	35.3	54.5	16.5	29.1
广西	26.3	36.5	37.2	62.2	10.2	27.6
重庆	17.8	41.4	40.8	56.5	15.3	28.1
四川	23.6	42.4	34.0	59.6	14.5	25.9
贵州	27.3	39.0	33.7	67.3	9.3	23.4
云南	22.3	43.1	34.6	73.9	9.2	17.0
西藏	30.9	23.2	45.9	73.8	5.8	20.4
陕西	16.8	44.1	39.1	55.7	16.5	27.8
甘肃	19.7	44.7	35.6	59.7	13.8	26.5
青海	14.6	43.2	42.1	60.9	13.4	25.7
宁夏	17.3	45.2	37.5	57.8	18.1	24.1

续表

产业构成\西部省区	增加值比重			就业比重		
	第一产业	第二产业	第三产业	第一产业	第二产业	第三产业
新疆	21.1	43.0	35.9	57.7	13.8	28.5
西部	21.90	40.46	37.64	61.63	13.03	25.34
全国	15.9	50.9	33.2	50.0	22.5	27.5
西部—全国	6.00	-10.44	4.44	11.63	-9.47	-2.16

注：西部的值为12省区的平均值。

资料来源：本表根据2001年《中国统计年鉴》和西部省区统计年鉴中的相关数据计算得到。

表6-2　2015年西部12省区三次产业构成

单位：%

产业构成\西部省区	增加值比重			就业比重		
	第一产业	第二产业	第三产业	第一产业	第二产业	第三产业
内蒙古	9.10	50.50	40.40	39.10	17.06	43.84
广西	15.30	45.90	38.80	50.60	18.19	31.21
重庆	7.30	45.00	47.70	30.83	27.74	41.42
四川	12.20	44.10	43.70	38.60	26.60	34.80
贵州	15.60	39.50	44.90	59.67	16.20	24.13
云南	15.10	39.80	45.10	53.58	12.99	33.44
西藏	9.40	36.70	53.90	41.22	13.25	45.53
陕西	8.86	50.40	40.74	38.10	16.18	29.70
甘肃	14.05	36.74	49.21	57.06	16.11	26.83
青海	8.60	50.00	41.40	35.81	23.00	41.19
宁夏	8.20	47.40	44.40	44.15	18.21	37.64
新疆	16.70	38.60	44.70	44.08	15.16	40.76
西部	11.70	43.72	44.58	44.40	18.39	35.87
全国	8.9	40.9	50.2	28.30	29.30	42.40
西部—全国	2.8	2.82	-5.62	16.1	-10.91	-6.53

注：西部的值为12省区的平均值。

资料来源：本表根据《中国统计年鉴》（2016）和西部省区统计年鉴中的相关数据计算得到。

（2）行业结构低度化。从2015年西部各省区各行业城镇单位就业人员构成（见表6-3）来看，西部整体和多数省区的农、林、牧、渔业，采矿业，电力、热力、燃气及水生产和供应业，交通运输、仓储和邮政业，科学研究和技术服务业，水利、环境和公共设施管理业，教育，卫生和社会工作，文化、体育和娱乐业及公共管理、社会保障和社会组织10个行业的比重高于全国平均水平，西部整体和多数省区的建筑业，批发和零售业，住宿和餐饮业，信息传输、软件和信息技术服务业，金融业，房地产业，租赁和商务服务业，居民服务、修理和其他服务业的比重低于全国平均水平，西部整体和各省区的制造业比重均低于全国平均水平。因此，目前西部地区基础性、资源性行业与非营利性服务行业所占比重较大，行业结构低度化。

表6-3 2015年西部12省区各行业就业比重

单位:%

西部省区	内蒙古	广西	重庆	四川	贵州	云南	西藏	陕西
农、林、牧、渔业	7.90	2.02	0.28	0.36	0.37	1.58	3.27	0.44
采矿业	6.00	0.74	1.77	2.46	5.03	3.68	1.59	6.91
制造业	15.65	18.80	21.70	20.07	13.82	16.27	3.46	20.40
电力、热力、燃气及水生产和供应业	4.78	3.42	1.61	3.29	4.17	2.56	3.22	2.67
建筑业	7.23	16.07	24.42	19.34	13.93	16.40	6.03	12.58
批发和零售业	3.22	3.31	5.32	3.88	4.03	6.04	3.48	5.04
交通运输、仓储和邮政业	6.92	4.94	6.53	5.12	3.79	4.13	2.67	5.47
住宿和餐饮业	1.36	1.18	1.52	1.33	0.94	2.03	1.39	2.16
信息传输、软件和信息技术服务业	1.68	1.07	1.12	2.29	1.06	1.18	1.46	2.00
金融业	3.88	3.27	3.20	3.25	2.81	2.40	2.69	3.52
房地产业	1.81	1.96	3.01	2.34	2.85	2.63	0.45	2.17
租赁和商务服务业	1.55	2.76	2.93	1.78	1.49	2.31	1.04	2.14
科学研究和技术服务业	2.12	2.35	1.91	2.64	2.50	2.42	3.62	3.58
水利、环境和公共设施管理业	2.71	2.30	1.54	1.62	1.61	1.81	0.55	1.88
居民服务、修理和其他服务业	0.29	0.19	0.35	0.24	0.40	0.33	0.60	0.33
教育	11.78	15.30	9.92	11.92	17.45	14.47	14.42	11.32
卫生和社会工作	5.11	7.58	4.56	5.88	6.47	6.19	5.46	5.11
文化、体育和娱乐业	1.16	0.83	0.69	0.77	0.67	0.84	2.04	0.97
公共管理、社会保障和社会组织	14.83	11.90	7.61	11.41	16.60	12.72	42.55	11.32

续表

西部省区	甘肃	青海	宁夏	新疆	西部	全国	西部—全国
农、林、牧、渔业	1.90	2.15	1.94	16.31	3.21	1.49	1.72
采矿业	4.53	6.26	8.16	5.63	4.40	3.02	1.38
制造业	13.61	17.36	17.53	10.98	15.80	28.06	-12.26
电力、热力、燃气及水生产和供应业	4.61	3.12	4.81	2.81	3.42	2.19	1.23
建筑业	16.74	11.17	7.29	7.80	13.25	15.48	-2.23
批发和零售业	3.12	3.65	3.38	2.60	3.92	4.89	-0.97
交通运输、仓储和邮政业	4.80	6.81	5.16	5.27	5.13	4.73	0.40
住宿和餐饮业	1.28	0.94	0.93	0.76	1.32	1.53	-0.21
信息传输、软件和信息技术服务业	1.04	1.30	1.10	0.90	1.35	1.94	-0.59
金融业	2.86	3.59	5.15	2.84	3.29	3.36	-0.07
房地产业	1.71	1.36	2.26	1.59	2.01	2.31	-0.30
租赁和商务服务业	1.14	1.26	2.67	2.68	1.98	2.62	-0.64
科学研究和技术服务业	2.66	3.52	2.11	2.03	2.62	2.27	0.35
水利、环境和公共设施管理业	2.27	1.66	3.10	1.85	1.91	1.51	0.40
居民服务、修理和其他服务业	0.12	0.14	0.12	0.22	0.28	0.42	-0.14
教育	14.85	12.08	12.70	12.10	13.19	9.61	3.58
卫生和社会工作	5.46	6.07	6.10	5.68	5.81	4.66	1.15
文化、体育和娱乐业	0.96	1.36	1.44	0.94	1.06	0.83	0.23
公共管理、社会保障和社会组织	16.34	16.19	14.04	17.00	16.04	9.07	6.97

注：西部的值为12省区的平均值。

资料来源：本表根据2016年《中国统计年鉴》和西部省区统计年鉴中的相关数据计算得到。

（二）农业①基础地位仍然不稳固②

农业发展关系到国计民生，是其他产业发展的基础和前提，且西部地域广袤，有丰富的农业资源，是中国重要的农业发展地区之一。因此，西部农业发展在国民经济中占据十分重要的地位。西部大开发以来，西部农业发展取得了长足的进步，在西部开发中起到了举足轻重的作用，对于推动全国经济增长做

---

① 这里的农业指由种植业、林业、牧业、渔业构成的大农业。
② 本部分综合了姜松（2014）博士论文中的相关研究成果。

出了一定的贡献。然而，从总体上看，目前西部农业基础地位还不稳固，农业现代化水平较低，这制约着非农产业的发展，也影响了西部自身的发展能力。主要体现如下：

（1）西部农业的市场化分工受阻，难以获取分工收益。自从工业革命开始后，分工一直被认为是促进经济发展的主要源泉，尤其是在结构转变过程中，由于工业化和服务业的兴起，分工演进不仅使更多的劳动者进入现代部门，而农业部门也因为"输入分工"而被"现代化"，分工演进不仅具有提高劳动生产率的效应，而且对于促进发明创造、扩大交易规模与市场范围、改善社会福利都有重要作用，从这个意义上来说，分工演进过程也是农业现代化演进过程（李佳等，2012；姜松，2014）。西部农业市场化分工①受阻涉及两个层面，一是非农分工受阻，二是农业内部分工受阻。非农分工的最终结果是实现农业适度规模化经营，但从实际情况来看，由于各类配套制度不完善，非农分工演进中出现的农民"兼业化"现象并没有相应地带来农地流转速度的加快，反而阻碍农业适度规模经营的进行及小农效率的改进（向国成、韩绍凤，2005；钱忠好，2008），即农民"兼业化"与非农分工相互牵制使非农分工不完全，影响农业土地使用效率和劳动生产率的提高。在农业内部横向分工方面，家庭联产承包责任制的实施在调动农民生产积极性、促进农业产出提升及增加农民收入方面确实发挥了重要作用，但由于西部农民基数较大，现实中必然表现出小农经营和农地细碎化的结果，受农业生产规模限制，农业横向分工的交易成本高于交易收益，大规模农业横向分工很难开展，致使真正意义上的农民深度合作缺失②，继而也使农业产业化企业等各类农业新型生产经营主体缺位。在农业内部纵向分工方面，西部农副产品加工企业数量少、实力弱，农业产业链中的加工链与市场链弱位，使农业表现出传统农业的典型特征——弱质性，即小农户与大市场难对接，农产品价格频繁波动，农产品生产者在市场中处于被动地位。

（2）西部农业的地区生产专业化发展不足，影响农业资源禀赋优势的充分发挥和农业生产效率的提高。农业（种植业）、林业、牧业和渔业的发展均

---

① 根据姜松（2014）等学者的研究，农业市场化分工包括非农分工、农业内部分工两个方面，前者主要是指工业等非农业部门扩张，会成为农业部门劳动力转移的"容器"，可使转移农业劳动力分享分工收益，后者分为农业内横向分工与纵向分工两类，其中，横向分工是简单分工，是指随着农业生产规模扩大，农业劳动者共同完成生产任务，纵向分工是指随着农业产业链条的延伸，生产、供应和销售各个环节分工和协作完成单一劳动者无法胜任的全部工作。

② 农民合作是零散的和不彻底的，仅限于农户在农忙时间的互助与帮扶。

依存一定的自然资源,种植业依靠耕地资源,林业依赖于林业资源,畜牧业依赖于牧草地,渔业依赖于水资源等。西部不同省区和同省区内不同地区的自然环境条件和农业资源禀赋千差万别,各地区基于自身的农业资源禀赋优势,进行农业专业化生产,实现农业(种植业)、林业、牧业和渔业的合理配比,才能实现西部农业经济的持续和快速发展。然而,目前西部农业"大而全、小而全"现象普遍存在,由此形成较严重的农业结构同质,不利于地区之间的农业专业化分工与合作的发展,不仅影响农业资源禀赋优势的充分发挥,也降低了农业生产的效率。姜松(2014)计算了西部1987~2011年的农业结构相似系数值,发现西部每两个省区之间的农业结构相似系数值基本都在0.9以上,内蒙古与贵州、陕西、甘肃,广西与贵州、云南、陕西、宁夏,重庆与陕西、甘肃、新疆等省区间的农业结构相似系数值都达到0.9999,农业结构"同质性"问题十分明显。主要原因在于,西部不少省区在利益驱动下,竞相发展市场需求较大的产品,背离资源禀赋条件,造成农业规模偏小、特色不突出、资源配置效率低下,甚至加剧农业生态环境的脆弱性。

(三)矿业竞争力和可持续发展能力较弱①

西部矿产资源储量巨大,种类丰富,经济发展很大程度上依托于矿业(矿产资源产业)的发展。西部大开发战略实施以来,西部矿业对经济发展的贡献明显提升。2000~2010年,西部矿业增加值占西部GDP的比重由22.37%上升到45.01%,对经济发展的推动作用要比东部和中部地区更为显著(姜巍等,2007)。然而,总体上看,目前西部虽然采矿业具有一定的优势,采矿能力强,而矿产制造加工业却处于劣势,矿业整体竞争力较弱。由于技术水平的低下、人力资本素质不高、市场结构不合理等因素,西部沦为了矿产品的原料输出地,没有将资源优势转化为经济优势(张海丽,2013)。西部的矿产资源被大量开采出来,然后源源不断地供给到东部,从而继续延续着西部开采资源、东部消耗资源、深加工资源的垂直分工格局,这种资源性产业由于产业链条短,产业关联度低,缺乏规模经济和聚集效应,且受市场、资源性产品价格的影响,产业发展相对不稳定,资源的消耗使其开发成本越来越高,易导致产

---

① 根据张海丽等(2013)的相关研究成果,矿产资源产业包括煤炭开采和洗选业、石油和天然气开采业、黑色金属矿采选业、有色金属矿采选业、非金属矿采选业、石油加工炼焦及核燃料加工业、非金属矿物制品业、黑色金属冶炼及压延加工业和有色金属冶炼及压延加工业等行业。

业衰退，且破坏生态环境，往往表现出不可持续性（谭振义等，2013）。

（四）制造业发展水平明显偏低

目前，西部制造业发展水平明显偏低。从城镇单位就业人数行业构成看，2015 年全国制造业的就业比重为 28.06%，西部 12 个省区平均比重仅为 15.8%，低于全国平均水平 12.26 个百分点，而且西部各省区比重均低于全国平均水平，多数省区低于全国平均水平 10 个百分点以上，其中西藏和新疆分别低于全国平均水平 24.6 个和 17.08 个百分点（见表 6-3）。

西部制造业发展水平偏低的最突出表现是高科技产业发展水平低。虽然受西部大开发政策的推动，在成都、西安、重庆、贵阳、宝鸡、包头、昆明等地区涌现了一批高新技术产业开发区，西部高科技产业的发展速度较快，产业规模增长显著，科技创新能力逐步增强，但目前西部高科技产业发展与东部和中部地区相比仍有较大的差距。具体体现在如下两个方面①：

一方面，西部的 R&D 投入强度低且科技成果转化率低。2012 年，西部的 R&D 经费支出不到东部的 10%，R&D 投入强度仅为 1% 左右，而东部和全国总体的 R&D 投入强度分别为 2.03% 和 1.7%。同年，西部高科技企业的主营业务收入只占研究经费内部支出的 1%，众多科技成果无法实现产业化，薄弱的产业和具有较强研发能力的科研机构基调不一致，科技成果转化率低和后期产业链延伸困难。

另一方面，西部不少地区高科技产业发展定位雷同且未能充分发挥资源优势。近年来，西部不少地区在发展高技术产业的定位上存在明显的雷同现象。包头、贵阳、昆明、西安和柳州等高新技术开发区在进行主导产业定位时，都提出发展与东部大部分高新技术产业开发区的优势主导产业相一致的产业，包括电子信息、光机电一体化、生物医药等，而西部总体经济发展水平和工业生产配套能力偏弱，这样的高新技术产业发展定位与东部相比不具有发展优势，也不能体现出西部所特有的资源优势。

（五）第三产业发展层次较低

如前所述，2015 年西部 12 省区第三产业增加值比重和就业比重的平均值

---

① 本部分综合了陈思思（2014）的相关研究成果。

均低于全国平均水平，多数省区第三产业增加值比重和就业比重低于全国平均水平，表明西部第三产业发展的总体水平偏低。其根本原因在于高层次服务业发展不足。

由表6-3可知，与全国平均水平相比，西部第三产业中交通运输、仓储和邮政业，科学研究和技术服务业，水利、环境和公共设施管理业，教育、卫生和社会工作，文化、体育和娱乐业及公共管理、社会保障和社会组织具有相对优势，特别是在公共管理、社会保障和社会组织，教育与卫生和社会工作方面，西部12省区平均就业比重高出全国平均水平1个百分点以上，而批发和零售业，住宿和餐饮业，信息传输、软件和信息技术服务业，金融业，房地产业，租赁和商务服务业，居民服务、修理和其他服务业具有相对劣势，特别是在批发和零售业，信息传输、软件和信息技术服务业与租赁和商务服务业方面，西部12省区平均就业比重分别低于全国平均水平0.97个、0.59个、0.64个百分点。因此，可以认为，目前西部第三产业中由政府或社会团体和事业单位提供的社会公益性服务业占有较大比重，而批发和零售业，信息传输、软件和信息技术服务业，金融业与租赁和商务服务业等以营利为目的、以产业发展为方向的营利性服务业发展水平较低。

以信息传输、软件和信息技术服务业为例，2015年，西部12省区中只有四川和陕西的信息传输、软件和信息技术服务业所占比重高于全国平均水平，在邮政电信通信服务水平和能力方面，除多数省区已通邮的行政村比重在全国具有优势外，多数或绝大多数省区的固定长途电话交换机容量、移动电话交换机容量、光缆线路长度、互联网宽带接入端口数和开通互联网宽带业务的行政村比重低于全国平均水平（见表6-4）。

表6-4　2015年西部12省区邮政电信通信服务水平和能力

邮政电信服务水平和能力 西部省区	固定长途电话交换机容量（路端）	移动电话交换机容量（万户）	光缆线路长度（公里）	互联网宽带接入端口数（万个）	开通互联网宽带业务的行政村比重（%）
内蒙古	127944	6257.3	465966	916	54
广西	287285	5181.1	652917	1530.9	99
重庆	65016	3887.6	654413	1349.4	100
四川	373920	15691.3	1617009	3117.9	80

续表

邮政电信服务水平和能力 \ 西部省区	固定长途电话交换机容量（路端）	移动电话交换机容量（万户）	光缆线路长度（公里）	互联网宽带接入端口数（万个）	开通互联网宽带业务的行政村比重（%）
贵州	62810	4908	656959	875.8	90
云南	199044	5894.1	795267	1151.1	78
西藏	12870	448	120440	51.0	80
陕西	199697	5105.5	708295	1539.3	95
甘肃	72017	2997	481774	820.5	55
青海	92582	1308	146152	208.1	92
宁夏	61401	1224	115695	200.8	76
新疆	27930	6258	631259	1023.8	98
西部平均	131876.3	4930	587178.9	1065.4	83.1
全国平均	260167.5	7037.1	802043.5	1861.6	92.37

资料来源：根据2016年《中国统计年鉴》和西部省区统计年鉴中的相关数据计算得到。

（六）产业之间的关联性较弱

（1）农业与工业和服务业的关联性较弱。作为国民经济基础产业的农业，其市场化分工受阻，地区生产专业化发展不足，不能实现适度规模化经营和发挥资源禀赋优势，阻碍了农副产品加工业及农业产前、产中和产后服务业的发展，而农副产品加工业与农业服务业的发展不足，又进一步阻碍了农业的市场化分工和生产效率的提升。以信息传输、软件和信息技术服务业对农业的影响为例，21世纪是知识经济时代，信息服务或信息化会逐步渗透到经济社会发展的各个领域，并产生积极作用，农业是国民经济的基础产业，自然会受到信息化发展的深刻影响，信息化会引起农业生产、经营、管理和科学研究的重大变革，为传统农业改造和农业现代化发展带来新型经营思路、标准化技术、组织化生产方式等，从而引领农业现代化演进的方向（蓝庆新、彭一然，2013；姜松，2014），然而，目前西部信息服务产业发展滞后、信息基础设施和传播体系不健全、信息资源匮乏制约了信息化发挥"渗透效应"及其对农业现代化演进的"引领"作用（姜松，2014）。

（2）矿业是西部的重要产业，但其包容性较差。也就是说，矿业发展没有带来农业与配套工业和服务业的相应发展。一方面，由于矿业对农业剩余劳动力的吸纳有不稳定性，对生态环境破坏等因素对农业的可持续发展不利，矿业对农业存在挤出效应；另一方面，矿业的下游产业和为矿业服务的第三产业发展不足。由于有矿产资源优势且矿业的投资更能带来显著的经济效益，从而产生对矿业投资过度，对其他产业特别是新兴产业投入不足，导致矿业接续产业没有充分发展，不仅影响了矿业本身的可持续发展，也阻碍了整体产业结构的优化。

（3）西部地区制造业发展水平明显偏低，一个十分重要的原因就是其与农业和服务业的关联性弱。制造业结构偏重，轻型制造业及重型制造业中的加工工业发展水平低，制造业不能很好地为农业服务，不能稳定地吸收较多的农业剩余劳动力，影响了农业的经营规模和效率提升，也无法产生旺盛的需求以刺激相关服务业的大发展。农业基础地位不稳及营利性服务业弱化，又反过来阻碍了制造业的纵向深化和横向拓展。

第三节　美国西部产业开发经验和教训对中国西部产业开发的启示

美国建国以后，西部产业开发逐步升级，由以农业发展为主的产业初步开发发展到以工业和交通运输业为主的产业综合开发，再发展到以高科技产业发展为主的产业深度开发，最终取得了巨大的成功，带来了美国西部的崛起，对美国成为世界强国做出了明显的贡献。虽然美国西部产业开发在初步开发时期是粗放的，对环境造成了较严重的影响，留下了值得重视的教训，但其更多的是为欠发达地区产业开发积累了经验。中国西部大开发以来，中央政府实施了一系列的倾斜政策，西部产业开发取得了明显的成效，但目前还存在开发层次较低、农业基础地位仍然不稳固、矿业规模不小但竞争力弱、制造业和第三产业发展水平偏低和产业之间的关联性较弱等问题。面对这些问题，深入思考美国西部产业开发的经验和教训，可以获得如下对深入推进中国西部产业开发有积极意义的启示：

一、以农业开发带动其他产业开发

农业是经济发展中的第一产业,关系到人们的吃饭、穿衣等民生问题,农业开发是区域经济开发的支撑和基础,没有农业开发的成功,就不可能有区域开发的成功。以农业开发带动其他产业开发,是美国西部产业开发的重要经验之一。在美国西部产业开发中,农业始终处于基础地位,在农业发展的基础上发展起相关工业和服务业,逐步形成了农业、工业和服务业关联互动的局面,从而造就了西部经济的繁荣,也解决了东部的粮食需求等问题。中国西部地域广袤,发展农业的资源优势明显,是中国重要的农业发展地区之一。尽管中国开始进行西部大开发时,西部的农业已经有一定的基础,非美国西部开发之初原始的西部经济可比,但这并不意味着中国西部就应该或可以跨越农业这一基础,忽视产业之间的关联,直接着力于非农产业开发。学习和借鉴美国的经验,就需要扎扎实实推进西部农业产业化经营,调整和优化西部农业产业组织结构和空间布局,使西部农业资源优势转化为农业经济优势。为此,需要中央政府和西部地方政府从以下几个方面进一步扶持西部农业开发:

(一)进一步调整和完善西部农业土地制度

土地不仅是农业生产的基本要素,也是大多数农民生存的基本保障,土地问题是农业开发的基本问题。目前,中国西部农户生产经营规模小,农户生产经营中耕地、浇水、管理等产前、产中和产后社会化服务缺失,小农经营特征对大市场的排斥性日益显现,土地制度制约着农业的适度规模经营和农业产业化的推进。借鉴美国西部开发中促进西部农业规模经营的经验,推进西部农业产业化经营,进一步调整和完善西部农业土地制度为前提。

虽然中国是社会主义国家,不能像美国那样实行土地私有制,将土地私有化来解决西部农业开发中的土地问题,但土地承包经营权流转是实现适度规模经营的重要途径。2008年10月,党的十七届三中全会已经明确提出允许农民以转包、出租、互换、转让、股份合作等形式流转土地承包经营权,发展多种形式的适度规模经营。西部地方政府应在国家土地立法框架下,在做好充分调研、摸清情况的基础上,适应土地生态建设和土地产权配置市场化要求,因地制宜地建立农业土地承包经营权流转的长效机制,促进土地逐步向种田能手、种田大户及农民专业合作经济组织集中。

另外，中央政府和西部地方政府要采取措施，鼓励人们到西部植树种草、整治和利用"四荒"，推进农业土地生态建设和多功能最优综合利用。

（二）大力培育和扶持农业产业化组织的发展

借鉴美国西部开发中以农业为基础发展起相关工业和服务业，农业、工业和服务业关联互动发展的经验，推进西部农业产业化经营，培育和扶持农业产业化服务组织是关键。2015 年，中国中央一号文件首次提出"推进农村三次产业融合发展"。2017 年，中央一号文件进一步要求"以推进农业供给侧结构性改革为主线""壮大新产业新业态，拓展农业产业链价值链"。农村三次产业融合发展是农业产业化的升级版和拓展版（姜长云，2017），赋予了以形成贸工农一体化、产加销一条龙的经营方式和产业组织形式为基本特征的传统农业产业化新的内涵。因此，在新形势下，推进西部农业产业化经营，需要中央政府和地方政府遵循农村三次产业融合发展的原则，大力培育和扶持加工型龙头企业或农工商综合企业、农民合作社、种植型家庭农场或种植大户、观光休闲家庭农场、农产品销售网店、农产品批发市场、休闲旅游合作社、农民合作社联合社、涉农产业技术创新战略联盟等农业产业化组织的发展。

（1）通过财政补贴、财政贴息、以奖代补、政府采购公共服务乃至设立产业投资基金等方式，加强对农业产业化组织的扶持，鼓励农业产业化组织促进农业产业链延伸、集群集约发展，或拓展农业功能，投资发展农业相关服务业，发展"互联网+农业"等新业态、新模式，推进农村产业融合。

（2）加强农业产业化人才的培养。鉴于人才短缺已经成为农业产业化组织发展的障碍，要营造有利于农业产业化人才培养的体制机制，加强对农业产业化人才的培养，鼓励"干中学"，鼓励外来人才更好地发挥对乡土人才的成长带动作用。培养的方式灵活多样，在课堂教学和实践教学基础上，要总结先进经验，并召开典型经验交流会，表彰先进，发挥先进经验和典型案例的示范带动作用。

（3）发挥公共服务平台、公共服务机构对农业产业化组织的引领带动作用。要加强统筹规划，加强公共服务平台建设，特别是营销网络、农业生产性服务、种子种苗供应、标准化、品牌化等农业产业化薄弱环节和关键领域的公共服务平台建设，以增强农业产业化组织的辐射带动力。通过政府搭台、企业唱戏等方式，打造农业会展，并积极扶持农业产业化组织参加国际国内农业会展。建立覆盖市、县、乡三级农村产权交易服务网络，面向区内外提供产权交易、抵押融资、政策咨询等"一站式"服务，为吸引优质资源和要素进入农业产业领域提供良好的平台。积极推进政府购买公共服务的机制创新，引导、扶持农业产业化龙头企业、农民合作社和家庭农场等发展土地托管、代耕代种、统防统治等专业化的农业生产性服务业等。统一规划建设农业创新创业基地研发中心、冷链物流体系等，吸引国内外相关组织入驻。

（4）引导农业产业化组织集聚集群集约发展。要将农业产业化组织的培育与加强农业示范园区、休闲农业园区、标准化种养园区、特色林果基地、农业电子商务产业园等现代农业产业园区和农产品基地建设结合起来，促进农业产业组织联合起来，并在空间上集群发展，实现纵横向分工与协作发展，增强竞争力。

（三）建立健全西部农业科教服务体系

以教育和科技促进产业开发，是美国西部产业开发的一条重要经验。就西部农业开发而言，联邦政府和州政府的拨地兴学和对教育的直接拨款及引导民间资本投入西部教育事业等措施，有力促进了西部农业教育的发展和大批农工商业实用技术人才的培养，而强化科技立法，鼓励科技发明和创新的政策刺激，使大量农业科研成果涌现，推动了西部的农业机械化、科学育种和农耕及病虫害防治等技术的发展。所有这些，使美国西部农业由最初的人力畜力支撑的落后的传统农业转化为高科技武装的世界一流的现代化农业。美国西部农业开发的成功印证了科技进步对农业发展的强大推动作用。当前中国农业科技投入不足，农业科技实力较弱，农业科技成果转化率较低，农业科技推广体系不完善，农业发展正遭遇技术瓶颈，对经济增长的贡献率低，西部农业科技水平更是低于全国平均水平。推进中国西部农业产业化经营的核心在于，实施科教兴农战略，将科技进步作为确保粮食安全和突破资源环境约束的基础，建立健全西部农业科教服务体系，实现农业教育、农业科研和农业技术推广的协调运作，为西部农业跨越式发展注入强劲动力。

（1）推动西部农业教育与农业开发的有机结合。教育只有与产业开发结合起来，才能对产业开发起到促进作用。在本书第四章中已经阐述，在美国西部开发中，美联邦政府和地方政府推动西部教育与西部开发密切结合，即据西

中美西部开发比较研究

部开发不同时期的需要,有重点和有针对性地扶持西部教育发展,为西部开发提供了强大的智力支撑,但目前中国西部教育与西部开发的结合度还不高,在培养西部开发所急需的人才方面做得还不够。学习美国经验,中国西部地方政府要引导西部中等和高等院校等涉农部门走为地方农业开发服务的道路,适应西部农业开发的需要,调整学科专业设置、人才培养方向和目标,改革管理体制与人才培养和劳动力培训模式。要依托农业院校和科研院所,大力发展农业和农民培训机构,多渠道提升农民的科技文化素质,帮助他们向技能型、专业型、知识型的新型农民转化。要通过农村科技扶贫、对口支援等活动,提高农民的科技文化素质。

(2) 加强西部特色农业方面的科学研究。农业科研投资大、周期长、见效慢,必须依靠政府强有力的支持,才能保持农业科研的持续性和稳定性。西部地区特色农业发展潜力较大,但目前西部农业科研水平低,需要中央政府加大对西部特色农业方面的科研投入力度,可设立针对西部的农业科研专项资金,要大力鼓励企业、科研院所与农业协会等社会组织共同建立农业科研基金,以农业产业需求为导向,以解决农业产业发展中的技术难题为目标,合理安排使用科研基金。此外,要对西部农业产业转型、农业生态环境治理、农业基础设施建设等方面的项目给予优先和重点资助。要促进科研人员深入广大农村,发现农业发展中遇到的现实科研问题,改变目前产学研脱节的局面。

(3) 构建多轨运行的西部农技推广体系。目前中国以政府农技推广机构为重心的传统单轨农技推广体系在农业转型、农民分化、市场需求多维化、安全农产品供给、农技传播信息化等农业新常态要素的交互作用下已弊端凸显,无法适时高效地补齐农业技术的客观"短板",更难保障农技推广人员的经济价值和社会价值(王琳瑛等,2016)。农业部《关于深化农业科技体制机制改革 加快实施创新驱动发展战略的意见》倡导"鼓励社会力量参与农技推广服务"。西部各级地方政府应以此为指导,逐步向市场和社会组织让渡农技推广服务空间,构建由政府、市场、社会三轮驱动的现代农技推广服务网络。在这个网络中,政府机构发挥公益性技术推广和基础性职能,市场发挥主体职能,社会组织起辅助或补充作用。要大力推进农业教育和科研机构、农资经销商等农业企业、农业合作社等农民组织、农业科技示范园、农村致富能人等成为商业性农技推广服务机构,政府可进行农技推广服务外包,并鼓励家庭农场、农业企业、农业合作社、农业科技示范园等自主配备具有政府批准的农技推广从业资格的农业工程师、农艺师、农技人员等农技推广力量。

二、努力提升矿业竞争力和可持续发展能力①

矿业是中国西部的重要支柱产业之一,但总体而言,目前中国西部矿业仍然竞争力不强,面临着大量消耗资源和破坏环境带来的可持续发展能力较弱的问题。以美国西部矿业开发经验和教训为鉴,提升西部矿业竞争力和可持续发展能力,需要从以下几个方面着手:

(一)给予西部有针对性的矿业法规政策支持

在美国西部矿业开发过程中,有专门的和有针对性的矿产资源相关法规和政策的支持。中国西部矿业开发过程虽然也有国家制定的西部矿产资源优惠政策的支持,但总的来说,包括中发〔2010〕11号文件等在内,西部矿业开发政策在较大程度上仍停留在口号层面,针对性和可操作性不是很强,也缺乏显著的激励性,实效较差。

(二)推进西部矿业开发投资主体的多元化

矿产资源开发是大规模的开发,需要大量的资本投入。从美国西部矿业开发的资本来源上看,外来资本,主要是来自国外和国内东部地区的资本,占据主导地位,而中国西部矿业开发主要依靠国家资本投入,资本来源渠道单一,这必然是国家难以承受的。因此,中国西部矿业开发要充分利用国内外两个市场,要与国内外同行合作进行。这样做不仅可以缓解资金瓶颈,而且由于来投资的国内外企业经济实力雄厚、开采和加工技术先进,有助于实现开发与保护资源的协调,开采加工与保护环境的协调。

(三)促进西部矿业资本的集中化

在美国西部矿业开发中,随着深层开采的推进,采矿业日益企业化,各矿业公司之间激烈竞争,一些中小矿业企业逐渐破产,被财力雄厚的大企业兼并,矿业资本逐步走向集中。中国西部矿业开发应该借鉴美国的经验,不断地

---

① 本部分综合了严良等(2008)的相关研究成果。

建立如西部矿业集团这样的大型矿业公司,使资本趋于集中,以提高技术创新能力,增加产品的科技含量,延长加工链,降低成本,提高效率,增强市场竞争力。

(四) 加强资源节约与环境保护措施

美国由于大量老矿山污染产生的环境问题,已有部分矿业生产和勘探工程显著收缩。目前,中国人口多,科技水平落后,人均资源占有量低,中国西部的环境问题日益严重。在这种情况下,必须对西部矿产资源开采和利用进行科学的规划,同时应借鉴美国等国外发达的环保理念及先进的管理体系,加强矿山生态环境的保护、恢复与治理工作。

三、稳步推进高新技术产业发展

美国在西部产业开发中十分重视科学技术的作用。如前所述,美国开发西部农业,特别是新西部大草原地区的农业时,农业机械化、科学化及科学种田方法的推广起了极大的作用;"二战"结束后,美国西部利用大量军工企业转为民用的机会,基于温和的气候、丰富的资源和廉价劳动力,迅速发展了以宇航、原子能、电子、生物工程等为代表的高科技产业,进而实现了产业结构的升级换代。中国西部地区早在"三线"建设时期发展了相当一批出于国防考虑的重化工业和军工企业,奠定了西部地区相对雄厚的工业基础,但没有利用好军转民契机,大力提高技术层次,积极发展高新技术产业,直接导致工业经济效益不够理想,产业结构调整进展缓慢。面对世界知识经济的浪潮,发展高新技术产业是西部大开发的必然要求,如果没有强大的科学技术基础做后盾,没有高新技术产业的支持,就不能优化升级西部地区的传统产业,就不能实现西部地区的跨越式发展,也就很难缩小东西部差距。因此,深入推进中国西部产业开发,一定要借鉴美国西部的经验,有选择地发展高新技术产业,把西部开发建立在较高的起点上。

(一) 突出发展重点或特色

中国西部整体还比较落后,科技水平较低,经济实力不足,在发展高新技术产业方面不可能全面铺开,应坚持因地制宜和有所为有所不为的原则,军民联动，重点突破。按照世界高新技术产业发展方向和市场前景，结合西部的相对优势、产业基础和经济特点，这里的重点涉及新能源与高效节能、环保工程、航空航天装备等先进制造业，电子信息、中医药保健、利用稀土的新材料等行业，关中和成—绵—渝、西安、成都、重庆等重点区域及一些重点园区和企业。只有突出重点，才能避免盲目投资和重复建设，才能体现资源优势和特色，才能迅速提升整体实力。

（二）加强科技人才队伍建设

推进高新技术产业的发展，数量充足的科技人才是关键。随着技术创新周期的缩短，技术更新的速度加快，对从事高科技研发的科技人员的数量和质量要求越来越高。目前，中国西部面临高科技人才严重缺乏和严重流失并存的严峻局面，更由于总体环境相对较差，无法吸引大量高科技人才流入。因此，西部高科技产业的发展，要抓住高科技人才这个关键。要完善机制，搭建平台，切实加强西部高科技人才队伍建设。建立产学研合作培育人才的机制，加强高新技术企业向高校的渗入，借助高校培养符合企业发展的全能复合型人才。通过灵活有效的机制吸引人才，通过大胆有效的锻炼超前培养人才，通过科学的业绩评估制度鼓励和使用人才，通过股权激励、建立良好文化环境等手段留住人才，千方百计培养一批具有创新能力的人才队伍（毛中明等，2009）。

（三）着力改善发展环境

通过搞好规划指导、加强政策扶持、提高服务水平，为高科技产业的发展提供良好的政策环境、金融环境、体制环境，不断推进西部高科技产业的发展迈上新台阶。通过科学规划和切实有效的政策，如土地使用和税收优惠等政策，引导社会资金，特别是东部和国外资金，投向西部重点高科技行业、西部高科技产业发展的重点区域、重点企业和重点园区。利用政府的职能来拓宽高新技术产业融资渠道，建立政府担保体系，以有效解决高新技术产业发展资金不足的问题。建立只为高新技术产业服务的独立银行，主要为西部各地有发展优势的高新技术企业提供融资服务。完善促进高新技术产业发展的相关法律法规体系，以法律形式来保证和促进高技术成果的迅速转化和产业化，特别是要加强知识产权的保护。建设科技成果转化机构和咨询服务机构，如创业服务中心、大学科技园区、孵化器等，并充分发挥这些机构的作用。设立风险投资基金，增加高新技术产业发展所需的风险资本的来源，建立通畅的风险投资的退出渠道，尽量充分发挥各监管主体的优势，形成一个有效的风险投资监管体系。

四、大力发展营利性服务业

总体而言，中国西部第三产业发展层次较低，批发和零售业、信息传输、软件和信息技术服务业、金融业与租赁和商务服务业等以营利为目的、以产业发展为方向的营利性服务业发展水平较低，而且农业、工业与服务业各自的链条短，彼此之间关联性弱。因此，在保持社会公益性服务业快速发展的前提下，大力发展批发和零售业、信息传输、软件和信息技术服务业、金融业与租赁和商务服务业等以营利为目的、以产业发展为方向的营利性服务业，成为中国西部产业结构调整的重要方向。

（一）推动信息服务业快速健康发展

20世纪90年代至今，伴随着信息化的推进和信息产业的发展，信息技术和互联网技术在全球范围内得到了广泛应用并日益普及，以信息、计算机、软件为代表的信息服务业发展突飞猛进，已逐渐成为中国经济发展新的增长点和强劲引擎。得益于西部大开发和"一带一路"战略的实施与相关政策扶持，信息服务业在西部得到了快速发展，既促进西部经济增长，又成为吸纳劳动力就业的重要部门。但总体而言，西部的信息服务业与东部相比仍差距明显。推动西部经济繁荣，需要大力发展信息服务业。

第一，要加大政府部门信息资源的综合管理和规划指导的力度，重点开发服务于生产发展和公众信息消费的基础数据库，实现信息资源开发利用的商品化、服务产业化、手段现代化。为此，需要引导设立信息服务业发展投资基金，推进多层次资本市场建设，优化西部信息服务业的投融资机制，并建设西部信息服务业创新发展的人才支撑体系。

第二，要推进各行业的信息化建设，加强信息技术和信息网络在农业、制造业、商业、金融、外经贸、城市规划建设与管理、资源环境、教育、医疗卫生、劳动与社会保障、旅游等各个领域的应用。

第三，从空间维度来看，要建立成都、西安和重庆等西部信息服务业发展的先行区和创新体系，以点带面，推动西部信息服务经济带的迅速形成。

（二）着力发展具有特色的现代物流业

现代物流业是以信息技术为支撑，通过现代的运输方式，以现代制造业和商业为基础，集系统化、信息化、仓储现代化为一体的综合性产业（胡亚楠，2014）。随着市场经济和信息化的发展，物流业已由过去的传统低端配送行业，转变为引导生产、促进消费的行业。因而，对西部而言，大力发展现代物流业，不仅有利于增强企业的竞争力和发展后劲，而且有利于提升经济整体的运行质量，优化产业结构。

西部发展物流业，就是要在进一步完善运输网络，加快道路设施建设的基础上，在交通枢纽地区，如西安、重庆和乌鲁木齐等，建设一批规模大、功能齐备、辐射力强的现代物流基地或物流中心，实现仓储、包装、流通加工、配送等物流业务的一体化；同时，要培育专业化物流企业，使其积极开拓现代流通方式，通过使用电子信息产品，做到代理联运，并广泛开展物流连锁经营等，促进物流配送的社会化。

（三）做强做特旅游业

就西部整体而言，旅游资源丰富，旅游业发展速度较快，但与东部相比，由于受到历史原因和地理区位的影响，西部旅游业的相关配套产业基础薄弱，交通、住宿、餐饮业等尚不具备优势，旅游相关配套设施也还有待进一步提升，旅游市场开发还不成熟，旅游服务质量还不高。这些决定了目前西部的旅游人数和旅游收入总量远不如东部，西部旅游业仍处在初级发展阶段，旅游业发展整体水平仍较低。此外，西部不同地区由于经济发展基础、资源禀赋的不同，旅游业发展差距较大。

西部做强做特旅游业，需要旅游企业抓好平台建设和市场的拓展，并不断优化自身管理，从景区服务、旅游交通、旅游咨询等各方面加强规范，提高服务质量；需要各地因地制宜，加强规划，基于地区资源禀赋和工农业生产发展的需要，开发有特色和优势的旅游产品，如休闲农业旅游产品；需要相关地区着眼于整体，进行旅游资源的整合、深度开发和联合开发，在分工与协作中展现特色，体现优势，实现共赢。

（四）发展其他服务业

西部地区还要大力发展金融业、租赁和商务服务业等其他服务业。西部地区国有企业比重过高，中小企业发展严重滞后。促进西部中小企业发展，要求金融业、租赁和商务服务业等其他服务业有一个较大的发展。只有这样，才能解决小企业担保基金、风险投资基金发育滞后，各种中间机构发育迟缓，企业融资困难，生产经营成本较高，技术信息不灵等问题，提高中小企业的市场竞争力。

第四节　本章小结

美国西部产业开发的成功为包括中国西部在内的欠发达地区的产业开发提供了许多有益经验，当然也留下了值得重视的教训。中国西部大开发战略实施以来，在中央政府的宏观引导和调控下，在西部各级地方政府的高度重视和努力下，中国西部产业开发成效显著，但由于中国西部大开发时间不长，目前西部产业开发仍存在不少问题。因此，需要研究美国西部产业开发的经验和教训，并以之为鉴，深入推进中国西部产业开发进程。目前，虽然有些学者研究了中国西部产业开发和美国西部产业开发，但系统探讨中国西部产业开发存在的问题、美国西部产业开发的经验和教训及其对中国的启示的成果十分少见。

本章在前人研究基础上，系统分析了美国西部产业开发的过程，结果表明，以美国建国、内战、"二战"为分界点，美国西部产业开发可分为产业初步开发、产业综合开发和产业深度开发三个阶段。自建国到内战结束为初步开发时期，此时期美联邦政府和州政府制定和实施了一系列开发促进措施，对西部进行了以农业发展为主的开发，使西部农业、轻纺工业、采矿业和交通运输业都得到一定发展。从内战结束到"二战"爆发前是以工业和交通运输业为主的产业综合开发时期，此时西部工业化快速推进，交通运输业大规模发展，农业、工业和交通运输业发展关联互动。到19世纪末时，美国西部基本形成了专业化生产格局，有美国的小麦、棉花和畜牧王国之称，还形成了远西部的矿业帝国和大湖地区制造业带。到"二战"爆发前新政基本结束时，西部逐

第六章 中美西部产业开发比较分析

步替代东北部成为美国的工业重心,尽管此时,西部的经济发展水平仍远远低于东部,对作为老工业区的东部的依赖性依然较强。"二战"爆发以来,西部进入以高科技产业发展为主的产业深度开发时期,西部工业化向纵深推进,独立的综合工业体系迅速建立,以科技为武装的现代农业得以发展,为生活和生产服务的服务业空前发展,产业结构日趋合理。到1980年,西部经济发展速度和城市化水平已远远高于全美平均水平,美国东西部一体化发展和平衡发展目标得以实现。

考察美国西部产业开发的进程或主要做法可知,美国西部产业开发的经验和教训可概括为以下五个方面:其一,交通运输业是重要依托。美国建国伊始,政府就致力于把西部开发置于一个发达的交通运输体系之上,交通运输业的发展,特别是铁路运输业的发展成为西部产业开发的重要依托。其二,农业始终处于基础地位。西部产业开发起步于农业开发,在很长一段时间内,农业在西部经济发展中具有举足轻重的地位。随着西部产业开发向纵深发展,西部产业结构逐步升级换代,西部乃至全美农业现代化水平逐步提升,农业的比重逐步下降,农业的基础地位始终没有动摇。其三,教育、科技和信息对产业开发起促进作用。高度重视和发展教育与科技事业,将工业革命和科技革命的成果用于农业及其他各项产业开发,推进经济发展是西部开发成功的一条重要经验。其四,开发产业选择因时因地制宜。美国西部自然环境和条件复杂多样,各地自然禀赋不一,美国西部产业开发着眼于地区要素禀赋优势及其演变,主要开发产业选择实现了因时因地制宜。其五,初步开发时期对资源和环境的破坏较严重。在美国西部产业初步开发时期,开发具有原始性、粗放性和环境破坏性。

自西部大开发战略实施以来,中国西部产业开发取得了明显成效,但还存在以下问题:一是产业开发仍处于较低层次。相对于全国平均水平,西部三次产业结构和行业结构都较低度化,产业开发仍处于较低层次。二是农业基础地位仍然不稳固。西部地域广袤,有丰富的农业资源,是中国重要的农业发展地区之一,然而目前西部农业的市场化分工受阻,难以获取分工收益,地区生产专业化发展不足,影响农业资源禀赋优势的充分发挥和农业生产效率的提高。三是矿业竞争力和可持续发展能力较弱。西部矿产资源储量巨大,种类丰富,西部大开发战略实施以来,西部矿业对经济发展的贡献明显提升,但目前西部矿业整体竞争力较弱,且由于技术水平的低下和资源的大量消耗,表现出不可

· 237 ·

持续性。四是制造业发展水平明显偏低，其最突出的表现是高科技产业发展水平低，不仅 R&D 投入强度和科技成果转化率低，且不少地区高科技产业发展定位雷同，未能充分发挥资源优势。五是第三产业发展层次较低，高层次服务业发展不足。六是产业之间的关联性较弱。作为国民经济基础产业的农业与工业和服务业的关联性较弱。矿业是西部的重要产业，但其包容性较差，亦即矿业发展没有带来农业与配套工业和服务业的相应发展。制造业与农业和服务业的关联性弱。制造业结构偏重，不能很好地为农业服务，也无法产生旺盛的需求以刺激相关服务业的发展。

解决中国西部产业开发存在的问题，要以美国西部产业开发的经验和教训为鉴，在建立较为发达的西部交通运输体系的前提下，重点抓好以下四个方面的工作：一要以农业开发带动其他产业开发。以农业开发带动其他产业开发，是美国西部产业开发的重要经验之一。学习和借鉴美国的经验，就需要扎扎实实推进西部农业产业化经营，调整和优化西部农业产业组织结构和空间布局，使西部农业资源优势转化为农业经济优势。二要努力提升矿业竞争力和可持续发展能力。要以美国西部矿业开发的经验和教训为鉴，给予西部有针对性的矿业法规政策支持，推进西部矿业开发投资主体的多元化，促进西部矿业资本的集中化，并加强资源节约与环境保护措施，从而提升西部矿业竞争力和可持续发展能力。三要稳步推进高新技术产业发展。美国在西部产业开发中十分重视科学技术的作用，学习和借鉴这一经验，就要有选择地发展西部高新技术产业，把西部开发建立在较高的起点上。要突出高科技产业发展的重点或特色，加强科技人才队伍建设，并着力改善发展环境。四要大力发展营利性服务业。在保持社会公益性服务业快速发展的前提下，大力发展信息服务业、现代物流业、旅游业、金融业等以产业发展为方向的营利性服务业，增强产业之间的关联性。

第七章 结 语

第一节 研究结论

在世界区域开发史上，中美两国的西部开发都令世人瞩目。本书基于资源和产业开发视角进行中美西部开发比较研究，得出如下结论：

（1）美国西部开发模式是市场导向型的，且取得了巨大成功，但也留下了一些教训。始于20世纪末的中国西部大开发是在中国特色社会主义市场经济体制框架初步确立的背景下进行的，不能也不可能采用过去计划经济主导的开发模式，必须遵循市场经济规律，与美国西部开发总体上具有可比性，深入推进中国西部大开发不能照搬美国的做法，但需要借鉴美国经验和吸取美国教训，尽快走出一条既符合中国国情又充分借鉴国际经验的中国特色市场导向型西部大开发之路。

（2）美国西部土地资源开发、人口资源开发、水资源开发和产业开发是美国西部开发的重点内容，对美国西部开发的成功起了明显的推动作用。

土地资源是人类赖以生存的基本物质和社会经济可持续发展的基本条件。在美国西部开发中，土地资源开发是先导和核心内容，对整个西部开发起了巨大的推动作用，在开发早期带来了严重的环境破坏等一些应引以为戒的问题，之后不得不采取应对措施。

人口资源是经济增长与可持续发展的重要条件，美国西部开发在初期面临西部人口资源极端缺乏的最大难题，西部人口资源开发是美国西部开发成功的关键。

水是生命之源和发展的前提，水资源问题是可持续发展中的重要问题。美国西部开发在初期面临严重的水资源问题，西部水资源开发的成功为美国西部开发的成功做出了重要贡献。

区域开发的本质是使资源在区域空间上以产业为载体有机结合，优化配置，发挥最大生产潜能。在美国西部开发中，大批移民迁移到美国西部地区，迅速实现了生产资料与劳动力的结合，带来了农业的大发展、交通运输业的革命、工业化的快速推进和服务业的发展，西部产业开发因而获得成功，成为西部开发成功的根本保证。

(3) 中国西部大开发时间不长，其最终成功有赖于西部土地资源开发、人口资源开发、水资源开发和产业开发的深入推进。

中国西部最丰富、最重要的资源是土地资源，西部土地资源开发是西部大开发的基石和重要内容，是西部乃至国家可持续发展的根本，以保护为导向开发西部土地资源，以西部土地资源开发吸引其他资源向西部流动，是西部大开发成功的希望所在。

中国西部大开发受到西部人口资源的强约束，西部地区人口数量不少，但人口素质较低，结构不合理，且人才长期流失，人才短缺与闲置并存，西部人口资源状况仍不能很好地适应西部大开发的需要，西部人口资源开发是西部大开发的关键环节。

中国西部大开发面临较为严峻的水资源问题，虽然西部地区整体而言并不缺少水资源，但西部地区水资源时空分布不均，西部大部分城市面临水资源短缺和水环境污染的双重压力，水资源已经成为制约西部可持续发展的重要因素，只有加强对西部水资源的合理开发、综合利用和保护，才能为西部大开发的顺利进行提供有力保障。

中国西部大开发战略实施以来，中央政府和西部地方政府都十分重视西部产业培育和发展，将产业开发作为西部大开发的重中之重，采取一系列倾斜性政策和措施，着力推动西部产业结构优化升级，但由于中国西部大开发时间不长，西部产业结构低度化和不合理的状况仍没有得到根本的改观。

(4) 中美西部土地资源开发的背景和目标有相似之处，面临的土地资源基础、土地生态环境与社会制度环境有所不同，开发手段各有侧重，开发机制有本质的差异，解决中国西部土地资源开发存在的问题，深入推进中国西部土地资源开发，不能完全照搬美国的做法，但美国的经验和教训，在当今中国奉

第七章 结 语

行"创新、协调、绿色、开放、共享"五大发展理念的宏观背景下,仍具有借鉴和警示意义。

中美西部土地资源开发背景和目标有相似之处。两者都是在发展市场经济背景下进行的,都面临开发初期西部与东部土地资源分布与发展很不平衡的现实。美国西部土地资源开发的目标在于推进其他要素向西部合理流动,为缩小西部同东部之间发展的差距,实现区域协调发展乃至国家现代化,创造条件或奠定基础。中国西部土地资源开发的目标与美国有相似之处。在中国西部大开发初期,西部与东部发展极不平衡,开发好西部丰富的土地资源,以此吸引其他要素向西部流动,是实现区域协调发展乃至国家可持续发展的根本。

中美西部土地资源开发的土地资源基础有所不同。相对而言,美国西部土地资源开发的土地资源基础较好。美国西部在开发之初基本处于原始状态,人口稀少,地域广阔,许多地方土地资源条件比东部好。中国西部大开发时,西部已有悠久的历史,发展已具有一定的基础,生态环境已经遭到了一定程度的破坏,土地资源质量总体上比东中部地区差。

中美西部土地资源开发的社会制度环境有所不同。中美两国具有不同的社会制度,美国是以生产资料私有制为基础的资本主义国家,中国是以生产资料公有制为基础的社会主义国家,尽管中国目前还处于社会主义初级阶段,这决定了美国可以将西部国有土地私有化,中国必须维护土地所有权的公有性质。

中美西部土地资源开发中均采用了法律手段、经济手段和行政手段,但各有侧重。美国政府总是适应西部开发的需要,以土地法令的颁布为先导,主要通过法律手段和经济手段对土地资源开发进行引导和管理。法律手段起统领作用,经济手段是与法律手段有机结合的主要开发手段,行政手段起辅助作用。中国西部土地资源开发中侧重于运用行政手段,即行政手段较多,经济手段不足,法律手段弱化。

中美西部土地资源开发的机制有本质的差异。美国西部土地资源开发机制是政府与市场有机结合型的,美国西部土地资源开发是在土地法令统领下的市场化开发过程,政府在土地法令框架下,以经济刺激措施和行政权力引导市场,政府行为主要通过市场机制实现。中国西部土地资源开发机制是中央政府—地方政府主导型的,中央政府在计划指标式管理和政治考评机制等传统治理模式下,让地方政府垄断土地一级市场,通过地方政府实现对土地市场的控制。

目前中国西部土地资源开发存在一些问题，主要是一些城市地方政府大规模圈地导致城市无序蔓延和资源浪费，一些地方因建设肆意侵占耕地而致耕地数量减少或质量下降，一些地方土地管理部门存在权力过于集中和滥用等问题，地方政府对待国家土地利用总体规划存在一定的随意性，地方政府在土地产权制度的改革等方面缺乏因地制宜的创新。

解决中国西部土地资源开发存在的问题，深入推进中国西部土地资源开发，需要以美国西部土地资源开发的经验和教训为鉴，统筹兼顾土地资源的利用与保护，以健全的土地法律统领土地资源开发过程，充分发挥市场机制在土地资源开发中的基础性作用，构建土地资源开发中合理的中央政府—地方政府分权关系。

（5）中美西部人口资源开发的背景和目标相似，面临的人口资源基础与自然和文化环境不同，开发的手段和机制有差异，深入推进中国西部人口资源开发不能完全照搬美国的做法，但美国政府利用市场机制促进人口西移和提高西部人口素质等方面的经验，对于解决中国西部人口资源开发存在的问题，深入推进中国西部人口资源开发，具有借鉴意义。

中美西部人口资源开发的背景和目标有相似之处。两者都是在受到西部人口资源约束的背景下进行的，美国在对西部进行大规模开发时，西部人口数量极端不足和素质不高是西部开发面临的最大障碍，中国西部长期是一个虽劳动力不十分缺乏但人才流失严重、人口素质较低的落后地区。两者的目标都在于为西部开发提供智力支撑。

中美西部人口资源开发的人口资源基础与自然环境和文化环境不同。美国西部在开发之初人烟稀少，没有文明历史，是未开垦的处女地，中国西部大开发之初，西部人口数量不少，但存在整体素质偏低和结构不尽合理的问题。美国西部自然环境好于中国西部，中国西部生态环境脆弱，人口承载能力较弱。美国西部文化为移民文化，而中国西部文化环境复杂，使人口资源开发的难度加大。

中美西部人口资源开发的手段和机制有明显的差异。西部人口资源开发是一项宏大的系统工程，且人口资源开发具有很强的外部性。这决定了在中美西部人口资源开发中政府都发挥了无以替代的作用。美国政府综合运用多种手段，但以运用法律手段和经济手段为主。中国采用行政手段和经济手段，但以采用行政手段为主。美国西部人口资源开发中政府行为与市场机制有机结合，

第七章 结 语

而中国西部人口资源开发则以政府为主导。

目前中国西部人口资源开发尚处于中低层次阶段，西部人口资源状况仍不能很好地适应西部大开发的需要。

解决中国西部人口资源开发存在的问题，深入推进中国西部人口资源开发，借鉴美国西部人口资源开发中政府利用市场机制促进人口西移和提高西部人口素质等方面的经验，构建政府引导下以市场为主体的西部人才吸纳利用机制，引导西部教育发展与西部大开发密切结合，激励组织和个人给西部教育捐资和投资，并健全西部人口资源开发政策实施的法律保障，是必然选择。

(6) 中美西部水资源开发的背景、目标和手段都有相似之处，开发的水资源基础和社会制度环境、开发过程中建立的西部水资源管理体制和水权制度及对水资源的保护力度和开发利用效益都有差异，深入推进中国西部水资源开发，为西部大开发提供水资源保障，需要学习和借鉴美国西部水资源开发的成功经验。

中美西部水资源开发的背景、目标和手段有相似之处。两者都是在发展市场经济的背景下进行的，在开发初期都面临东西部地区间发展和水资源分布很不平衡的现实，都面临西部水资源时空分布不均的问题。从目标上看，两者都是为西部开发乃至国家经济长期可持续发展提供必要的水资源支撑。在开发手段方面，中美两国政府均综合运用法律手段、经济手段和行政手段进行西部土地资源开发管理。美联邦政府和州政府适应西部开发的需要，以水法律法规的颁布和实施为先导，综合运用法律手段、经济手段和行政手段，对西部水资源开发进行引导和管理。与美国有类似之处，中国中央政府和各省区地方政府依据国家和地方水法律法规的规定，综合运用法律手段、行政手段和经济手段开展西部水资源开发管理。

中美西部水资源开发的水资源基础和社会制度环境有差异。中国西部水资源开发的水资源基础相对薄弱。美国西部在开发之初基本上处于原始状态，一些地方水资源条件比东部好，与此同时，由于西部经济活动稀疏，水生态环境没有遭到破坏，不存在水质性缺水问题。中国西部大开发时，西部已有悠久的历史，经济发展已具备一定的基础，西部水生态环境已经遭到了一定程度的破坏，西部不少地方特别是一些城市面临资源性缺水和水质性缺水双重问题。中国西部水资源开发的社会制度环境与美国有所不同，中国必须维护水资源所有权的公有性质。

中美西部开发比较研究

中美西部水资源管理体制和水权制度有差异。为合理开发利用和有效保护西部水资源及防治水害，美国在西部开发中逐步建立了各州自行立法管理为主与联邦政府直接参与和监督协调相结合的水资源管理体制。目前中国在西部开发中实行分级管理与分流域管理相结合的水资源管理体制，涉水管理部门很多，形成了水资源管理的条块分割。条块分割体制使水资源管理在较大程度上表现出政出多门和难以协调等弊端，从而影响了西部水资源的合理开发和有效配置。中美西部水权制度也有差异。随着西部开发的推进，美国西部水权制度逐步建立和完善，从最初以优先占用权为核心，发展到以水权许可、水权转让和交易、水权中介公司和完善的水法律体系为特点的现代水权管理制度。中国在西部开发中逐步确立了以取水许可制度为核心的行政主导的水权初始分配体系。这种制度便于国家更好地分配和保护现有资源，但不可避免地具有行政手段的固有缺陷。

中美西部水资源保护力度和开发利用效益有差异。美国西部开发中对水资源的保护力度相对较大。美国西部开发经过了较长的历史时期，在这个过程中积累了较丰富的水资源保护经验，而中国实施西部大开发时间不长，加之水资源管理的条块分割等原因，对水污染和地下水过度开采等威胁水生态环境的问题还没有引起足够的重视。中国自西部大开发战略实施以来，由于产业的发展与生产和生活用水需求的增长，西部水污染有蔓延趋势，且不少地方地下水开采过度，对包括西部在内的全国水生态环境构成威胁，对西部大开发和中国经济的长期可持续发展带来不利影响。美国西部开发中水资源开发利用效益相对较高。在美国西部开发中，面对西部水资源的时空分布严重不均，移民、企业和政府充分认识到水资源开发利用对西部开发的重要性，并适应西部开发的需要，采取措施逐步提高西部水资源开发利用的综合效益。虽然中国中央政府和各省区地方政府也综合运用法律手段、行政手段和经济手段开展西部水资源开发管理，但由于中国西部大开发时间不长等原因，目前中国西部水资源开发利用的效益还很低，不仅低于美国西部，甚至低于中国东部和中部地区。

学习和借鉴美国的成功经验，深入推进中国西部水资源开发，为西部大开发提供水资源保障，需要进一步理顺水资源管理体制，进一步健全水法律法规体系，逐步建立适合国情和西部区情的水市场。针对中国水资源管理上的条块分割导致政出多门和难以协调等弊端，借鉴美国经验，中央政府要摒弃计划经济的思维模式和管制理念，尊重市场和公民的主体性，强化依法治理理念，理

第七章 结 语

顺与地方政府的分权关系,在此基础上构建适应西部大开发需要的西部水资源管理体制。要借鉴美国的经验,结合西部实际,健全水法律体系,特别是要完善水权制度、水污染防治制度和地下水开发制度。要借鉴美国的经验,逐步建立适合国情和西部区情的水市场,包括健全西部水权价格形成机制,加强西部水市场的组织体系建设,健全西部水市场交易制度及创新西部水市场管理制度。

(7) 美国西部产业开发以美国建国、内战、"二战"为分界点分为产业初步开发、产业综合开发和产业深度开发三个阶段,美国西部产业开发的成功为包括中国西部地区在内的欠发达地区产业开发积累了丰富的经验,尽管初期以拓荒农业发展为主的粗放式开发造成了较严重的环境影响,中国西部产业开发还存在诸多问题,深入推进中国西部产业开发,需要以美国经验和教训为鉴。

从美国建国到内战结束是美国西部以农业发展为主的产业初步开发时期。在此时期,美联邦政府和州政府通过推进西部新州建立和土地的分配、向西部移民、推动西部交通基础设施建设与农业教育科技发展等一系列开发促进措施,对西部进行了以农业发展为主的初步开发。此时西部产业开发的主要特征是农业的拓荒式发展、采矿业的粗放式经营、以轻纺工业为主的制造业的起步和交通运输业的逐步发展。

从内战结束到"二战"前是美国西部以工业和交通运输业为主的产业综合开发时期。此时,由于西部采矿业的纵深发展和制造业的快速崛起,工业化快速推进;与此同时,农业也获得进一步发展,主要是农业机械化、商品化和专业化高速发展,旧西部地区发展成为美国的"小麦王国"和"棉花王国",远西部地区采矿业发展和矿业城镇建设推动了畜牧业和种植业的进一步发展,新西部大草原逐步发展成为"畜牧王国"和重要的大农业基地;工业化的纵深推进和农业的进一步发展,对交通运输业发展产生的巨大需求,推动西部交通运输业大规模发展,其中铁路建设对交通运输业大规模发展做出了最大贡献;西部交通运输业的大规模发展,推进了全国统一市场的形成,服务业也逐步繁荣起来。这一时期美国政府为更好地促进西部开发,实施了更优惠、更开放的法规政策和措施,包括对铁路等交通基础设施建设提供更加优惠的资助,为吸引国外移民实施开放的移民法规政策,为促进国内外移民西迁进一步实施优惠的土地法规政策,为促进西部干旱半干旱地区的农业开发实施优惠措施和进行直接资助。

"二战"爆发以来,美国西部产业开发进入了以高科技产业发展为主的产

· 245 ·

中美西部开发比较研究

业深度开发时期。此时,美国政府陆续出台相关法规和优惠政策,促进西部产业结构的调整和优化升级。西部国防工业和新兴高科技工业开始兴起,纺织、钢铁、通用机械、煤炭、造船等传统工业部门得以改造提升,以科学化为根本、以机械化为基础、以电气化为动力、以水利化为命脉、以化学化为手段的现代农业逐步发展;与此同时,文体娱乐、医疗保健、旅游业等生活性服务业及金融、保险、科技和信息服务、教育培训、商务服务等生产性服务业的需求强化,第三产业产品供给的压力增加,促进了商业、交通运输、邮电通信、金融、保险、房地产、医疗保健、科技、教育、旅游、文体娱乐等服务部门的空前发展。

美国西部产业开发的经验可以概括为,交通运输业是重要依托,农业始终处于基础地位,教育、科技和信息对产业开发起促进作用,开发产业选择因时因地制宜。美国建国伊始,政府就致力于把西部开发置于一个发达的交通运输体系之上,交通运输业的发展,特别是铁路运输业的发展是西部产业开发的重要依托。西部产业开发起步于农业开发,在很长一段时间内,农业在西部开发中具有举足轻重的地位。自美国建国到内战结束这一时期,移民们首先在阿巴拉契亚地区和密西西比河流域建立了大量的家庭农场和牧场,发展种植业和畜牧业,并进行农业科研及其推广应用。从美国内战结束到"二战"前,西部产业开发以发展交通运输业和工业为主,但农业仍然是受政府高度重视的基础产业。美国高度重视和发展西部教育和科技事业,将工业革命和科技革命的成果用于产业开发。在西部开发的不同时期,政府有重点和有针对性地扶持西部教育发展,实现了教育与科研、科技推广和产业开发的有机结合。政府强化科技立法,实施多种经济刺激措施推动科技事业发展,科技事业的发展使农业等传统产业得到科技武装,带来了高科技产业的发展,使西部逐步成为美国高科技产业发展的中心区域。此外,随着美国西部开发的推进,西部各地的要素禀赋优势也逐步演变,西部产业开发着眼于地区要素禀赋优势及其演变,开发产业选择实现了因时因地制宜。

美国西部产业初步开发时期对资源和环境带来了较严重的破坏,应该引以为戒。在美国西部产业初步开发时期,开发具有原始性和粗放性,必然具有环境破坏性。大量来自欧洲和美国东部的移民从事以农业发展为主的开发活动,广种薄收的拓荒式经营模式导致过度的砍伐毁坏植被、较严重的水土流失和自然灾害的频繁发生。此时采矿业开发是粗放型的,缺乏相应的法律法规和政策

第七章 结 语

约束，矿产资源被掠夺式开采，造成资源的大量浪费，也使许多矿区和城镇在短暂的辉煌之后很快变成废墟。

目前，中国西部产业开发存在着开发层次较低、农业基础地位仍然不稳固、矿业竞争力和可持续发展能力较弱、制造业发展水平明显偏低、第三产业发展层次较低、产业之间的关联性较弱等问题，解决这些问题，要以美国经验和教训为鉴，在建立西部较为发达的交通运输体系的前提下，重点抓好以下四个方面的工作：一是扎扎实实推进西部农业产业化经营，调整和优化西部农业产业组织结构和空间布局，使西部农业资源优势转化为农业经济优势，以农业开发带动其他产业开发。二是给予西部有针对性的矿业法规政策支持，推进西部矿业开发投资主体的多元化，促进西部矿业资本的集中化，并加强资源节约与环境保护措施，从而提升西部矿业竞争力和可持续发展能力。三是有选择地发展西部高新技术产业，把西部开发建立在较高的起点上，突出高科技产业发展的重点和特色，加强科技人才队伍建设，并着力改善发展环境，稳步推进高新技术产业发展。四是在保持社会公益性服务业快速发展的前提下，大力发展信息服务业、现代物流业、旅游业、金融业等以产业发展为方向的营利性服务业，增强产业之间的关联性。

第二节 研究取得的新进展

本书研究取得的新进展表现在以下两个方面：

（1）本书较系统地展示了美国建国以来的西部开发和始于20世纪末的中国西部大开发中土地资源开发、人口资源开发、水资源开发和产业开发的历史进程或主要做法，丰富了中美西部史研究、中美西部开发比较研究和中国西部开发研究等方面的成果，为区域开发理论研究的深化和拓展提供了史料支持。

（2）本书较系统地比较了中美西部土地资源开发、人口资源开发、水资源开发的异同，总结了美国西部土地资源开发、人口资源开发、水资源开发和产业开发的经验和教训，查找了中国西部土地资源开发、人口资源开发、水资源开发和产业开发存在的问题，为深入推进中国西部大开发的实践提供了一定的决策依据。

第三节　研究中的不足

中美西部开发都是庞大的系统工程，中美西部开发及其比较研究的成果不少但较为分散，这使本书开展中美西部开发比较研究面临资料收集、整理和分析上的较大难度。受此影响，也受时间和篇幅的限制，本书仅考虑中美西部开发的重点内容，基于资源开发和产业开发视角开展中美西部开发比较研究，研究的广度和深度均有拓展的空间。

第四节　需要进一步研究的问题

在中美西部资源开发和产业开发中均包含或涉及政府行为，中美西部资源开发和产业开发也都有空间上的展现。虽然在本书的研究中涉及政府行为和开发的空间展现等相关内容，但关于中美西部开发中政府行为与中美西部空间开发的专项比较研究，都是进一步深化中美西部开发比较研究和区域开发研究的需要，从而是进一步研究的重要领域。

参考文献

[1] 阿·符·叶菲莫夫. 美国史纲 [M]. 北京：生活·读书·新知三联书店，1972.

[2] 阿瑟·林顿，威廉·卡顿. 1900年以来的美国史：下册 [M]. 刘绪贻等译. 北京：中国社会科学出版社，1983.

[3] 白天亮. 人才聚 西部兴——西部大开发10年成就综述之八 [N]. 人民日报，2010-01-18.

[4] 保尔·芒图. 十八世纪的产业革命 [M]. 北京：商务印书馆，1983.

[5] 北京大学国家发展研究院综合课题组. 还权赋能：奠定长期发展的可靠基础 [M]. 北京：北京大学出版社，2010.

[6] 车秀文. 美国西部经济是如何崛起的？[J]. 调研世界，2001（5）：45-46.

[7] 蔡守秋，蔡文灿. 水权制度再思考 [J]. 北方环境，2004（5）：21-28.

[8] 蔡宇，蒲勇健，李硕，赵健保. 中国西部开发与美国西部开发的对比研究 [J]. 重庆大学学报（社会科学版），1996，2（3）：6-11.

[9] 曹学昌. 19世纪后期美国西部采矿业的兴起及其历史作用 [J]. 东北师范大学学报（哲学社会科学版），1989（4）：42，49-54.

[10] 陈思思. 西部地区高新技术产业发展的空间布局研究 [D]. 昆明：云南师范大学，2014.

[11] 陈锡镖. 内战前美国国有土地市场形成与发展 [J]. 上海社会科学院学术季刊，1997（4）：163-171.

[12] 陈奕平. 美国第二次西部大开发与人口迁移 [J]. 暨南学报（哲学社会科学版），2002，24（2）：119-124.

[13] 陈真. 中国近代工业史资料（第4辑）[M]. 北京：生活·读书·

新知三联书店，1961.

［14］程雪阳．中国的土地管理出了什么问题［J］．甘肃行政学院学报，2013（3）：108-122，126.

［15］程艳．西部公路基础设施建设问题与对策研究［D］．西安：长安大学，2006.

［16］丛树海，张析．新中国经济发展史（1949-1998）（上卷）［M］．上海：上海财经大学出版社，1999.

［17］党庆兰．大开发的真正动力——关于中美两国西部开发主体的考察［J］．青海师范大学学报（哲学社会科学版），2005（6）：28-32.

［18］党庆兰．美国早期西部开发历程对我国当代西北开发的启思［J］．青海师范大学学报（哲学社会科学版），2009（2）：53-57.

［19］丁巨胜．美国西部开发的经验和教训［J］．甘肃社会科学，2001（2）：27-29.

［20］丁力．美国西进运动的制度变迁研究［D］．上海：复旦大学，2007.

［21］丁平．试论美国移民政策在近代的演化——兼论移民在美国历史发展中的作用［J］．内蒙古大学学报（人文社会科学版），1999（5）：113-120.

［22］丁平．美国西部开发与城市化［J］．内蒙古大学学报（人文社会科学版），2004，36（4）：12-13.

［23］董德新．西部开发的财政税收政策研究［D］．天津：天津财经大学，2003.

［24］董继民．论内战后美国的西部大开发［J］．山东师范大学学报（人文社会科学版），2002，47（1）：27-30.

［25］董志凯．关于"156"项的确立［J］．中国经济史研究，1999（4）：103-106.

［26］杜和平．西部开发战略下生态环境保护对策研究［D］．北京：中央民族大学，2005.

［27］杜朝阳，于静洁．西部水资源开发利用风险现状评价［J］．中国人口·资源与环境，2013，23（10）：59-66.

［28］凡夫．美国西部开发对我国的启示［J］．南方经济，2000（5）：79-80.

［29］樊亢，贺力平．略论19世纪美国政府开发西部的土地政策及其对经济发展的作用［J］．世界经济，1988（9）：74-78.

[30] 范亚东. 论美国的环境保护运动 [D]. 桂林：广西师范大学，2007.

[31] 方梦园. 西部地区旅游发展差异及影响因素研究 [D]. 重庆：重庆工商大学，2014.

[32] 方圆. 中央西部水利建设投资已达 270 亿元 [N]. 中华建筑报，2009-11-28（001）.

[33] 方子云. 西部水资源开发若干战略问题探讨 [J]. 水利水电科技进展，2000，20（4）：11-14.

[34] 冯东飞，李怀军. 西部大开发所面临的环境代价问题及对策 [J]. 榆林学院学报，2004，14（1）：51-54.

[35] 冯泽峰. 美国工业与政府政策 [M]. 北京：经济科学出版社，1992.

[36] 丰雷，杨跃龙，姚丽. 分权与激励：土地供应中的中央—地方关系研究 [J]. 中国土地科学，2013，27（10）：4-10.

[37] 冯振环. 西部地区经济发展的脆弱性与优化调控研究 [D]. 天津：天津大学，2003.

[38] 付成双. 西部环境史：美国史研究的新视域 [J]. 历史教学（高校版），2007（6）：64-70.

[39] 付成双. 从环境史的角度重新审视美国西部开发 [J]. 史学月刊，2009（2）：107-118.

[40] 付成双. 试论美国政府的西部资源政策及其环境影响 [J]. 鄱阳湖学刊，2011（2）：97-104.

[41] 付成双. 从"美洲大沙漠"到"雨随犁至"——美国人大平原观念的变迁与西部开发 [J]. 史学月刊，2012（11）：79-88.

[42] 福克纳. 美国经济史（下）[M]. 北京：商务印书馆，1964.

[43] 甘时勤. 论西部大开发中的金融支持 [D]. 成都：四川大学，2004.

[44] 淦未宇，徐细雄，易娟. 我国西部大开发战略实施效果的阶段性评价与改进对策 [J]. 经济地理，2011（1）：40-46.

[45] 高芳英. 20 世纪 60 年代以来的美国新西部史学 [J]. 史学理论研究，2008（4）：105-115，160.

[46] 高路，葛方新. 大决策出台：西部大开发方略 [M]. 北京：经济日报出版社，2000.

[47] 高翔莲，常荆莎. 中美西部科技开发的不同点分析 [J]. 科技创业

月刊，2006（5）：12-13.

[48] 葛承群. 美国西部开发的基本经验 [J]. 经济学动态，2000（7）：75-77.

[49] 葛承群. 美国西部开发的基本经验及借鉴 [J]. 世界经济与政治，2000（11）：40-44.

[50] 葛承群. 美国西部农业开发的基本经验及启示 [J]. 农业经济问题，2000，21（11）：59-63.

[51] 龚晓菊. 从要素投入到产业植入——论我国西部开发模式的转型 [J]. 宏观经济研究，2012（7）：25-32.

[52] 顾孟迪，雷鹏. 以土地资源开发推动西部发展 [J]. 技术经济与管理研究，2003（1）：101-102.

[53] 谷文晓. 遵循客观规律推进农业现代化 [J]. 宏观经济研究，2000（8）：52-53.

[54] 郭晶. "二战"前美国西部水资源的开发 [D]. 重庆：西南大学，2010.

[55] 郭平. 我国的水权初始分配体系 [J]. 黑河学刊，2009（4）：88-90.

[56] 韩承文，徐云霞. 美国西部开发与其资本主义工业化 [J]. 许昌师专学报，1986（2）：80-85.

[57] 韩景旺. 美国历史上成功开发西部的经验及启示 [J]. 石家庄经济学院学报，2004（10）：505-508.

[58] 韩鹏. 西部大开发背景下"西部特色优势产业"后续发展探析——基于资本理论视角 [J]. 未来与发展，2010（12）：42-45.

[59] 韩启明. 建设美国：美国工业革命时期经济社会变迁及其启示 [M]. 北京：中国经济出版社，2004.

[60] 韩晓文. 西部的开发和发展应以资源为依托 [J]. 甘肃科技，2011，27（14）：21-23.

[61] 杭海. 江苏与中国西部地区经济合作的实证分析 [D]. 南京：林业大学，2011.

[62] 何家理. 西部生态环境状况的走势与预测 [J]. 西部生态环境状况的走势与预测，2006，22（5）：95-98.

[63] 何黎萍. 美国西部土地立法与农业的资本主义化 [J]. 学术研究，1998（4）：59-63.

[64] 何鹏. 中国西部开发中经济增长点的选择研究 [D]. 武汉: 武汉大学, 2002.

[65] 和荣. 西部开发动力论 [D]. 北京: 中央民族大学, 2006.

[66] 何顺果. 西进在美国经济发展中的作用 [J]. 历史研究, 1984, 4 (3): 150-165.

[67] 何顺果. 加利福尼亚金矿发现及其历史意义 [J]. 历史研究, 1987 (3): 181-192.

[68] 何顺果. 美国边疆史——西部开发模式研究 [M]. 北京: 北京大学出版社, 1992.

[69] 何顺果. 美国西部城市的起源及其类型 [J]. 历史研究, 1992 (4): 3-15.

[70] 何顺果. 美国西部开发的历史与经验 [J]. 国家行政学院学报, 2006 (6): 82-86.

[71] 何彤慧, 王乃昂, 李育, 冯文勇. 历史时期中国西部开发的生态环境背景及后果——以毛乌素沙地为例 [J]. 宁夏大学学报 (人文社会科学版), 2006, 28 (2): 26-31.

[72] 亨利·莫里森, 塞缪尔·康马杰. 美利坚合众国的成长 (第2卷) [M]. 南开大学历史美国史研究室译. 天津: 天津人民出版社, 1979.

[73] 洪朝辉. 美国西部土地投机问题的史学争论与理论思考 [J]. 美国研究, 1992 (4): 121-144.

[74] 胡东莉. 新中国三代领导人关于西部开发战略思想与实践的比较研究 [D]. 开封: 河南大学, 2007.

[75] 胡国成. 开发美国西部留下的四个启示 [J]. 国际经济评论, 1999 (6): 29-32.

[76] 胡继连, 张维, 葛颜祥. 我国的水权市场构建问题研究 [J]. 山东社会科学, 2002 (2): 28-31.

[77] 胡剑波. 论中国水权制度的变迁与创新 [D]. 合肥: 安徽大学, 2005.

[78] 胡群英. 资源保护和自然保护的首度交锋——20世纪初美国赫奇争论及其影响 [J]. 世界历史, 2006 (3): 12-20.

[79] 胡卫华. 基于培育自我发展能力视角的我国西部开发经验思考 [J]. 特区经济, 2011 (8): 178-181.

［80］胡亚楠. 新疆现代服务业发展研究——基于新型城镇化视角［D］. 乌鲁木齐：新疆师范大学，2014.

［81］黄安年. 美国的崛起［M］. 北京：中国社会科学出版社，1992.

［82］黄寰. 论西部水权转让制度的建立与创新［J］. 天府新论，2009（1）：30-34.

［83］黄家城. 美国开发西部中的交通建设及其对我们的启迪［A］//中国公路学会2005年学术年会论文集（上）［C］. 2005.

［84］黄家城，陈雄章. 交通经纬线上的现代化：美国西部开发中的交通问题研究［M］. 南宁：广西人民出版社，2001.

［85］黄军. 中国西部农业环境问题及对策［J］. 中国西部科技，2010（1）：20-23.

［86］黄仁伟. 美国西部土地关系的演进——兼论"美国式道路"的意义［M］. 上海：上海社会科学出版社，1993.

［87］黄可欣. 中印高等教育投资来源比较研究［D］. 长沙：长沙理工大学，2011.

［88］黄萍. 自然资源使用权制度研究［M］. 上海：上海社会科学院出版社，2013.

［89］黄绍湘. 美国通史简编［M］. 北京：人民出版社，1979.

［90］黄贤全，杜洋. 美国的西部开发与环境保护［J］. 西南师范大学学报（人文社会科学版），2001，27（5）：139-144.

［91］黄贤全. 战后美国对阿巴拉契亚地区的开发［J］. 世界历史，2003（4）：41-50.

［92］黄贤全，彭前胜. 美国政府对阿巴拉契亚地区的两次开发［J］. 西南师范大学学报（人文社会科学版），2006，32（5）：146-150.

［93］黄贤全，陈学娟. 试论美国政府在西部开发中的主导地位［J］. 西南大学学报（社会科学版），2011，37（1）：174-180.

［94］黄永芳. 西部大开发前后西部省份的区域竞争力比较研究［D］. 昆明：云南大学，2015.

［95］黄征学. 西部地区能源化学工业发展与结构调整研究［J］. 今日国土，2012（9）：36-38.

［96］黄祖辉，林坚等. 农业现代化：理论、进程与途径［M］. 北京：中

国农业出版社，2003.

[97] 惠中．建国以来我国区域经济发展战略的演变及思考［J］．上海党史研究，1999（S1）：85-89.

[98] 贺缠生，傅伯杰．美国水资源政策演变及启示［J］．资源科学，1998，20（1）：71-77.

[99] 贺缠生，牛叔文，成升魁．美国西部发展对中国西部大开发的启示［J］．资源科学，2005，27（6）：188-193.

[100] 霍盈．产业结构升级制动西部开发［J］．内蒙古师范大学学报（哲学社会科学版），2009，38（6）：63-67.

[101] 姜长云．以农业产业化组织推进农村产业融合的经验与对策——对山东潍坊的调查与思考［J］．区域经济评论，2017（3）：75-83.

[102] 金士宜．中国铁路发展史（1876-1949）［M］．北京：中国铁道出版社，1986.

[103] 金泰贤．美国开发西部中的交通建设［J］．现代经济探讨，2001（8）：60-62.

[104] 贾绍凤．河长制要真正实现"首长负责制"［J］．中国水利，2017（2）：11-12.

[105] 蒋和平，黄德林．中国农业现代化发展水平的定量综合评价［J］．农业现代化研究，2006（2）：87-91.

[106] 姜君涛．西部开发中的城市化问题［D］．上海：复旦大学，2003.

[107] 姜松．西部农业现代化演进过程及机理研究［D］．重庆：西南大学，2014.

[108] 姜巍，高卫东，张雷．西部地区能源开发综合效应评价［J］．资源科学，2007，29（1）：9-15.

[109] 靳润成．中国城市化之路［M］．上海：学林出版社，1999.

[110] 久玉林．中美西部开发比较研究［J］．开发研究，2003（3）：27-30.

[111] 峻峰．西部地区人力资源开发与经济增长［D］．北京：中央民族大学，2005.

[112] 卡尔·艾博特．大都市边疆——当代美国西部城市［M］．北京：商务印书馆，1998.

[113] 卡罗尔·卡尔金斯．美国文化教育史话［M］．邓明言译．北京：

人民出版社，1984.

[114] 柯迪祖．中国西部开发与美国西部开发的比较研究［J］．探索，2001（4）：133-136.

[115] 柯颖．西部开发中的小城镇问题研究［D］．南宁：广西大学，2002.

[116] 兰建英．美国近代西部开发与农业的高速发展［J］．农村经济，2003（10）：71-73.

[117] 兰建英．美国近代西部开发时期的土地政策探析［J］．西南民族大学学报，2004（10）：27-32.

[118] 兰建英．近代美国西部农业开发的成就、经验及其启示［J］．农村经济，2007（5）：127-129.

[119] 蓝庆新，彭一然．论"工业化、信息化、城镇化、农业现代化"的关联机制和发展策略［J］．理论学刊，2013（5）：35-39.

[120] 兰西成．基于区域经济差异的西部开发中税收政策研究［D］．西安：西北工业大学，2005.

[121] 兰伊春．论美国联邦政府的土地政策及其影响［J］．青海师范大学学报（哲学社会科学版），2006（4）：55-58.

[122] 兰伊春．论近代美国西部开发中的土地投机问题［J］．青海师范大学学报（哲学社会科学版），2007（4）：64-65.

[123] 兰益江．美国农业资本主义发展出现加快趋势的探讨［J］．马克思主义研究，1985（4）：206-219.

[124] 雷·艾伦·比林顿．向西部扩张：美国边疆史［M］．北京：商务印书馆，1991.

[125] 雷俊忠，饶开宇，潭静．中国农业现代化建设的理论与实践［M］．成都：电子科技大学出版社，2011.

[126] 黎赔肆．西部开发：农地产权制度创新原则［J］．经济地理，2002，22（3）：356-358.

[127] 李昌新．论美国西部点轴开发及对中国西部开发的启示［D］．南昌：江西师范大学，2002.

[128] 李昌新，卢忠友．论美国早期西部开发中的交通运输建设［J］．赣南师范学院学报，2007（4）：85-89.

[129] 李春芳. 近现代美国西部开发中的生态环境问题及对中国西北开发的借鉴意义 [J]. 甘肃理论学刊, 2006 (2): 157-160.

[130] 李德立. 西部大开发研究 [D]. 哈尔滨: 东北林业大学, 2000.

[131] 李菲. 生态悖论视角下的我国西部可持续发展研究 [D]. 湘潭: 湘潭大学, 2011.

[132] 李桂连. 中国西部地区水资源协同治理模式研究 [D]. 呼和浩特: 内蒙古大学, 2015.

[133] 李国平, 彭思奇, 曾先峰, 杨洋. 中国西部大开发战略经济效应评价——基于经济增长质量的视角 [J]. 当代经济科学, 2011 (4): 1-10.

[134] 李华清. 中国西部开发中的工业化战略研究 [D]. 上海: 复旦大学, 2004.

[135] 李佳, 杨世武. 分工抑制与农民的经济合作 [J]. 学术探索, 2012 (7): 61-64.

[136] 李剑鸣. 伟大的历险——西奥多·罗斯福传 [M]. 北京: 世界知识出版社, 1994.

[137] 李靖华. 市场化与西部开发 [J]. 华东交通大学学报, 2000, 17 (3): 79-82.

[138] 李可可, 邵自平. 美国西部水权管理制度及启示 [J]. 中国水利, 2004 (6): 65-67.

[139] 李美娇, 何凡能等. 中美巴印过去300年耕地时空变化的比较研究 [J]. 地理科学进展, 2015, 34 (1): 64-72.

[140] 李明德. 美国科学技术的政策、组织和管理 [M]. 北京: 轻工业出版社, 1984.

[141] 李明超. 西进运动对中国西部开发的启示 [J]. 管理学刊, 2010, 23 (5): 25-27.

[142] 李梦. 美国西部先占水权制度研究 [D]. 厦门: 厦门大学, 2014.

[143] 李其荣. 得失并存——美国西部开发的经验与教训 [J]. 华中师范大学学报 (人文社会科学版), 2000, 39 (3): 125-131.

[144] 李蓉. 美国西部开发的土地政策对中国西部开发的启示 [J]. 西南民族大学学报, 2003, 24 (11): 87-88.

[145] 李盛霖. 推动西部地区交通运输发展实现新跨越 [N]. 人民日报,

2010-10-12（08）．

［146］李维民．西部民办高等教育现状与发展趋势［J］．西部大开发，2010（8）：24-25．

［147］李文华，金陵，徐勇等．流域开发与管理——美国田纳西河流域与中国乌江流域对比研究［M］．贵阳：贵州人民出版社，1989．

［148］李文明．西部开发与水资源综合开发利用发展战略研究［D］．北京：北京交通大学，2001．

［149］李艳萍，乔琦，扈学文，赵若楠．我国排污许可制度：现状及建议［J］．环境保护，2015，43（19）：51-53．

［150］李印．美国地下水保护立法的借鉴［J］．广东社会科学，2012（6）：240-244．

［151］李正强．兰州新区获批打造西部开发增长极［N］．中国联合商报，2012-09-3（F01）．

［152］厉以宁．区域发展新思路［M］．北京：经济日报出版社，2000．

［153］连蕙．中美西部开发比较谈［J］．广东商学院学报，2000（4）：87-90．

［154］连雪君，甄志宏，李华．中国"西进"战略：地区治理与经济政策［J］．国际政治研究，2013（3）：50-60．

［155］梁红宇，杨素珍．美国在西部开发中环保方面的失误分析［J］．经济问题探索，2007（10）：188-190．

［156］梁书民，Lund Jay，Hui Rui，于智媛．基于中美比较视角的中国水资源开发进展［J］．水利水电科技进展，2016，36（5）：13-19．

［157］廖瑾．中国西部旅游产业空间布局和发展研究［D］．成都：西南财经大学，2002．

［158］林建华，任保平．西部大开发战略10年绩效评价：1999~2008［J］．开发研究，2009（1）：48-52．

［159］刘长兴．完善节约用水立法的基本思路［J］．求索，2011（9）：147-149．

［160］刘德华．西部大开发新问题及形成因素分析［J］．内蒙古民族大学学报（社会科学版），2005，31（3）：59-64．

［161］刘芬，杨绪萍．二元经济结构下中国西部农业发展路径研究［J］．

安徽农业科学，2009（12）：20-24.

［162］刘峰，段艳，邓艳．我国水权交易价格形成机制研究［J］．中国水利，2014（20）：1-3.

［163］刘峰，段艳，马妍．典型区域水权交易水市场案例研究［J］．水利经济，2016，34（1）：23-27.

［164］刘宏谊．土地政策的放宽是促进西部开发的重要因素——十九世纪美国土地政策的发展演变和西部的开发［J］．世界经济文汇，1986（2）：27-33.

［165］刘宏谊．交通运输的变革是经济开发的先声——19世纪美国交通运输发展和西部的开发［J］．世界经济文汇，1984（3）：54-61.

［166］刘纪生．发挥央企在西部大开发中的产业"孵化"作用［N］．中国冶金报，2013-01-24（A03）.

［167］刘建芳．美国西部城市的多元化特征及其启示［J］．南通师范学院学报（哲学社会科学版），2003，19（1）：42-46.

［168］刘建宁，刘建芳．美国西部开发与中国西部开发的对比与启示［J］．乌鲁木齐职业大学学报，2004，13（2）：15-17.

［169］刘克强．浅析美国西进运动的成功经验［J］．新西部（下半月），2010（4）：209-258.

［170］刘明，刘燕，石亚等．浅议水排污权交易制度的设计和发展［J］．中国环保产业，2013（2）：35-38.

［171］刘瑞明，赵仁杰．西部大开发：增长驱动还是政策陷阱——基于PSM-DID方法的研究［J］．中国工业经济，2015（6）：32-43.

［172］刘生龙，王亚华，胡鞍钢．西部大开发成效与中国区域经济收敛［J］．经济研究，2009（9）：94-104.

［173］刘军，邱长溶．西部大开发税收优惠政策实施效果评估［J］．当代经济科学，2006（4）：64-71.

［174］刘文朝．美国西部开发的成败对制订云南开发战略的启示［J］．云南财贸学院学报，1985（3）：11-15.

［175］刘晓佳．美国水污染治理公共政策及思考［J］．唯实，2005（Z1）：119-123.

［176］刘晓艳．我国西部地区人口素质与人力资本投资分析［D］．长沙：中南林学院，2003.

[177] 刘绪贻,杨生茂. 美国通史(第三卷):美国内战与镀金时代1861~19世纪末[M]. 北京:人民出版社,2002.

[178] 刘绪贻,杨生茂. 美国通史(第四卷):崛起和扩张的年代1898~1929[M]. 北京:人民出版社,2002.

[179] 刘绪贻,杨生茂. 美国通史(第五卷):富兰克林·D.罗斯福时代1929~1945[M]. 北京:人民出版社,2002.

[180] 刘云喜. 西部开发的人本观[D]. 北京:中央民族大学,2006.

[181] 刘再兴. 中国生产力总体布局研究[M]. 北京:中国物价出版社,1995.

[182] 刘宗绪. 世界近代史[M]. 北京:高等教育出版社,1999.

[183] 龙花楼,李秀彬. 美国土地资源政策演变及启示[J]. 中国土地科学,2000,14(3):43-47.

[184] 路恩芳. 西奥多·罗斯福与美国的森林和水资源保护[J]. 国际交流,2007(5):38-39.

[185] 陆雨. 西部开发中财政政策分析[D]. 重庆:西南师范大学,2005.

[186] 罗必良,李尚蒲. 地方政府间竞争:土地出让及其策略选择——来自中国省级面板数据(1993~2009年)的经验证据[J]. 学术研究,2014(1):67-78.

[187] 吕志辉. 从邓小平到江泽民:中国西部开发的战略构想及其启迪[D]. 上海:复旦大学,2002.

[188] 马暕,姬长龙,张义坷,李俊娟. 中国西部地区土地利用变化聚类分析[J]. 中国人口·资源与环境,2012,22(5):149-152.

[189] 麻永建. 美国城镇化进程中服务业发展的经验启示[J]. 河南科技,2014(6):234-235.

[190] 马金书. 西部大开发十年来西部地区产业结构调整及对策[J]. 中共云南省委党校学报,2013(3):91-97.

[191] 马克斯·韦伯. 新教伦理与资本主义精神[M]. 北京:生活·读书·新知三联书店,1978.

[192] 马丽. 美国区域开发法律评述及其对我国的启示[J]. 中国软科学,2010(6):115-222.

[193] 马鹏. 西部开发中的金融结构优化问题研究[D]. 南京:南京航

空航天大学，2007.

[194] 马泉山. 新中国工业经济史 [M]. 北京：经济管理出版社，1998.

[195] 马玉祥，马志鹏. 西部大开发的基本法——《西部开发促进法》[J]. 西北民族研究，2011（3）：224-230.

[196] 马志芹. 昙花一现的矿业城镇——美国西部浅层矿开采时期"鬼镇"出现的原因 [J]. 首都师范大学学报（社会科学版），2006（2）：115-118.

[197] 马志芹. 美国西部矿业的浅层开采及其影响（1848~1878）[D]. 北京：首都师范大学，2007.

[198] 马志芹. 试论淘金热的历史作用 [J]. 赤峰学院学报，2011（5）：17-19.

[199] 美国环境保护局. 美国饮用水环境管理 [M]. 王东，文宇立，刘伟江等译. 北京：中国环境科学出版社，2010.

[200] 苗旸. 从 Far and Away 看中美西部开发之异同 [J]. 科技信息，2010（22）：550.

[201] 闵登，周维. 对我国耕地逐年减少现状的一些思考 [J]. 技术与市场，2014，21（6）：396-397.

[202] 毛其淋. 西部大开发有助于缩小西部地区的收入不平等吗——基于双倍差分法的经验研究 [J]. 财经科学，2011（9）：94-103.

[203] 毛中明，王琼. 我国东西部高科技产业竞争力比较研究 [J]. 中南民族大学学报（自然科学版），2009，28（3）：109-113.

[204] 莫汉德·埃—阿什里，黛安娜·吉本斯. 美国西部水资源管理新政策 [M]. 李萍译. 北京：中国环境科学出版社，1989.

[205] 倪浩. 大开发财税政策的效应分析及调整对策研究 [D]. 昆明：云南大学，2015.

[206] 欧文福. 美国西部开发中的教育与人力资源开发及其启示 [J]. 中国教育学刊，2005（4）：55-58，62.

[207] 欧阳国华. 新屯田制论 [D]. 武汉：华中科技大学，2003.

[208] 潘润涵，何顺果. 近代农业资本主义发展的美国式道路 [J]. 世界历史，1981（1）：38-45.

[209] 潘悦. 美国的西部开发及其借鉴 [J]. 中国党政二部论坛，2011（3）：57-59.

[210] 庞英, 叶依广, 张全景等. 生态环境建设对我国西部农业发展的贡献实证研究——以内蒙古自治区为例 [J]. 地域研究与开发, 2005, 24 (6): 100-103.

[211] 裴元庆, 黄信佳. 切实加强西部矿产资源开发中的环境保护 [A]// 生态安全与可持续发展——广西生态学学会2003年学术年会论文集 [C]. 2003.

[212] 裴玮. 区域空间开发理论与四川区域空间开发策略 [J]. 成都大学学报 (社会科学版), 2006 (2): 21-23.

[213] 彭嘉陵. 美国服务业飞速发展 [N]. 中国信息报, 2013-01-08 (005).

[214] 彭珂珊. 西部大开发生态环境重建面临的严峻挑战 [J]. 科技导报, 2002 (9): 57-60.

[215] 彭磊. 西部地区人力资源流动状况评价研究 [D]. 成都: 四川大学, 2006.

[216] 彭效军. 西部开发中增长极的集聚和扩张效应研究 [D]. 南昌: 江西财经大学, 2004.

[217] 瞿虎渠. 科技进步: 粮食生产中的重要支撑 [J]. 求是, 2010 (5): 51-53.

[218] 钱忠好. 非农就业是否必然导致农地流转——基于家庭内部分工的理论分析及其对中国农户兼业化的解释 [J]. 中国农村经济, 2008 (10): 13-21.

[219] 乔木. 美国西部开发 [D]. 北京: 外交学院, 2002.

[220] 秦华平. 联邦政府与第一条横贯大陆铁路的修建 [D]. 北京: 首都师范大学, 2007.

[221] 秦娟. 19世纪后半期美国西部的矿业开发活动及其若干启示 [J]. 武汉理工大学学报 (社会科学版), 2002 (8): 404-408.

[222] 邱德华. 中美西部大开发的水战略比较研究 [J]. 水利水电科技进展, 2004, 24 (5): 63-65.

[223] 邱建群. 试论美国政府在美国西部开发中的重要作用——美国西部开发模式再探讨 [J]. 社会科学战线, 2001 (4): 166-170.

[224] 曲凌夫. 论我国农业机械化的发展 [J]. 农业经济, 2010 (8): 9-11.

[225] 荣朝和. 19世纪美国政府的铁路土地转让政策 [J]. 铁道经济研

究，2006（3）：32-36.

[226] 戎生灵．借鉴美国西部大开发经验，加快中国西部开发步伐——兼谈宁夏大开发［J］．世界经济研究，2001（1）：53-57.

[227] 容志．土地调控中的中央与地方博弈——政策变迁的制度经济学分析［M］．北京：中国社会科学出版社，2010.

[228] 单平基．水资源危机的私法应对——以水权取得及转让制度研究为中心［M］．北京：法律出版社，2012.

[229] 桑琳．适应WTO要求的西部开发税收政策选择［D］．郑州：郑州大学，2002.

[230] 尚志民．中美西部开发政府优惠政策的比较分析［J］．中共济南市委党校学报，2002（2）：103-105.

[231] 邵传林．西部大开发战略对城乡收入差距的影响评估——基于双重差分模型的实证研究［J］．现代财经（天津财经大学学报），2014（8）：26-33.

[232] 邵芬．美国西部开发立法及其经验教训［J］．法学家，2002（5）：119-124.

[233] 邵自平．美国西部水权历史演变及启示［D］．武汉：武汉大学，2004.

[234] 沈蓉．从美国西部开发看中国西部开发法治环境之构建［J］．广西社会科学，2001（6）：80-83.

[235] 宋云．西部开发中地方政府经济行为研究［D］．北京：中央民族大学，2005.

[236] 苏宁．美国西部开发失误现象初探［D］．厦门：厦门大学，2002.

[237] 苏宁．美国西部开发失误现象及其对中国的启示［J］．社会科学辑刊，2004（4）：158-161.

[238] 孙长学．我国西部开发中的资本流入机制与政策研究［D］．北京：中国农业大学，2002.

[239] 孙礼纯．美国西部开发中的城市化［J］．黔西南民族师范高等专科学校学报，2004（1）：28-32，51.

[240] 孙妍，韦苇．西部大开发以来的生态成就［J］．开发研究，2008（2）：35-38.

[241] 孙志东．从美国西部开发教训看我国西部生态环境保护的重要性

[J]．环境保护，2002（6）：38-39．

［242］谭捷．西部地区人力资源开发研究［D］．贵州：贵州大学，2006．

［243］谭振义，赵凌云．中国西部大开发进程的历史审视［N］．云南民族大学学报，2013-3-15（34）．

［244］唐俊，李建华．政府行为在西部土地资源开发与利用中的探讨［J］．理论前沿，2006（3）：60-61．

［245］唐立久，苏树军．美国西部与新疆开发的比较研究——新疆开发前期的战略设想［J］．开发研究，1987（2）：14-17．

［246］唐纳德·沃斯特．尘暴：1930年代美国南部大平原［M］．侯文蕙译．北京：生活·读书·新知三联书店，2003．

［247］滕大春．今日美国教育［M］．北京：人民教育出版社，1980．

［248］滕大春．美国教育史［M］．北京：人民教育出版社，1994．

［249］滕海键．美国西部开发中的制度创新及其对我国西部开发的启示［J］．北京大学学报（哲学社会科学版），2002（S1）：93-99．

［250］滕海键．中美历史上西部开发成败原因比较［J］．内蒙古民族大学学报（社会科学版），2004，30（4）：9-11．

［251］田圃德．水权制度与水权市场研究［D］．南京：河海大学，2003．

［252］田琦．美国新政时期的水利建设、政策和投资情况［J］．河海水利，2002（4）：65-67．

［253］田耀，孙倩倩．美国土地政策演变及对资源保护的启示［J］．国土资源科技管理，2014，31（2）：107-112．

［254］童星，严新明．中美西部开发之比较［J］．社会科学战线，2003（4）：165-173．

［255］瓦伦·弗雷德曼．美国联邦环境保护法规［M］．曹叠云，杨延华等译．北京：中国环境科学出版社，1988．

［256］万元坤．他山之石：美国西部开发史研究［M］．宁夏：宁夏人民出版社，2000．

［257］汪小平．中国农业劳动生产率增长的特点与路径分析［J］．数量经济技术经济研究，2007（4）：14-25．

［258］王昌平．西部民办中职教育发展中的问题与对策［J］．四川职业技术学院学报，2005（4）：64-65．

[259] 王储. 19世纪美国西部农业近代化探析 [J]. 经济师, 2008 (1): 111-112.

[260] 王储. 19世纪美国西部工业化探析——兼论我国西部的新型工业化之路 [J]. 开发研究, 2008 (1): 152-155.

[261] 王储. 19世纪美国西部城市化探析——兼论我国西部城市化发展之路 [J]. 历史教学, 2008 (20): 67-68.

[262] 王储. 从生产力要素看19世纪美国西部经济近代化 [J]. 生产力研究, 2009 (10): 44-46.

[263] 王储, 蒋涛. 美国西部开发史研究综述 [J]. 河西学院学报, 2012, 28 (6): 44-58.

[264] 王春法. 论美国西部开发的模式 [J]. 美国研究, 1990 (4): 107.

[265] 王凤春. 美国联邦政府自然资源管理与市场手段的应用 [J]. 中国人口·资源与环境, 1999, 9 (2): 95-98.

[266] 王恒. 1949-1978中国西部开发问题研究 [D]. 南宁: 广西民族大学, 2009.

[267] 王华兵. 西部开发中的人力资本问题研究 [D]. 武汉: 湖北省社会科学院, 2003.

[268] 王健. 西部地区的区域经济发展与策略 [D]. 北京: 对外经济贸易大学, 2005.

[269] 王金照. 构建现代产业体系: 新一轮西部大开发的重中之重 [J]. 中国发展观察, 2010 (8): 5-7.

[270] 王磊, 伍新木. 铁路、人口流动与城市化——略论美国西部开发模式 [J]. 城市规划汇刊, 2001 (6): 70-74, 80.

[271] 王乃昂, 颉粗文, 薛祥燕. 近2000年来人类活动对我国西部生态环境变化的影响 [J]. 中国历史地理论丛, 2002 (3): 13-20.

[272] 王洛林, 魏后凯. 我国西部大开发的进展及效果评价 [J]. 财贸经济, 2003 (10): 5-12.

[273] 王蕊. 试论联邦政府在美国西部开发中的作用 [J]. 廊坊师范学院学报 (社会科学版), 2010, 26 (6): 61-63.

[274] 王帅. 西部开发再次出征 [N]. 陕西日报, 2012-11-12 (09).

[275] 王琳瑛, 左停, 旷宗仁, 李博. 新常态下农业技术推广体系悬浮与

多轨发展研究 [J]. 科技进步与对策, 2016, 33 (9): 47-52.

[276] 王伟荣. 美国西部农业开发的现实思考 [J]. 农村经济与科学, 2007, 18 (7): 92-93.

[277] 王雯. 美国西部农业开发研究 [D]. 西安: 西北农林科技大学, 2003.

[278] 王晓涛. IT产业西风已渐起 [N]. 中国经济导报, 2010-04-01 (B03).

[279] 王晓霞. 西部地区人力资源开发与区域经济发展研究 [D]. 西安: 陕西师范大学, 2001.

[280] 王旭. 美国西部城镇与西部开发 [M]. 长春: 东北师范大学出版社, 1990.

[281] 王旭. 19世纪后半期美国西部城市化道路初探 [J]. 世界历史, 1991 (1): 62.

[282] 王旭. 美国西部的开发与城市化 [J]. 历史研究, 1992 (4): 27-28.

[283] 王旭. 美国西海岸大城市研究 [M]. 长春: 东北师范大学出版社, 1994.

[284] 王旭. 美国城市史 [M]. 北京: 中国社会科学出版社, 2000.

[285] 王旭. 美国西部开发与联邦政府的土地政策 [J]. 史学集刊, 2003 (1): 64-72.

[286] 王耀中, 刘志忠. 西部引进外资的困境与出路——一个新经济地理学的解析 [J]. 经济评论, 2004 (4): 60-62.

[287] 王跃生, 韩忠欣. 西部开发中的生态环境难题: 制度经济学的分析 [J]. 经济纵横, 2002 (4): 12-15.

[288] 王中华. 西部地区经济发展政策的选择与调整——基于面板数据的分新 [J]. 北方经济, 2008 (12): 35-36.

[289] 魏后凯, 孙承平. 我国西部大开发战略实施效果评价 [J]. 开发研究, 2004 (3): 21-25.

[290] 韦伟. 中美西部大开发的比较及对现代的启示 [D]. 上海: 复旦大学, 2006.

[291] 韦伟. 中美西部开发中政府作用的比较研究 [D]. 上海: 复旦大学, 2013.

[292] 韦欣，黎广胜．西部地区人力资本有效配置的研究［A］//工程和商业管理国际学术会议论文集［C］．2012．

[293] 魏宗昌．从美国西部水资源开发看中国缺水问题［J］．中国农村水利水电，2000（4）：27-31．

[294] 吴宏岐．隋唐时期对西部地区的经营开发及启示［J］．中国历史地理论丛，2002（2）：20-23．

[295] 吴江．中美西部开发的对比与启示［J］．中国经济史研究，2003（2）：19-29．

[296] 吴莉．人力资源开发在西部大开发中的重要作用等［J］．交通高教研究，2001（3）：50-55．

[297] 吴天马．美国土地资源保护的历史回顾［D］．南京：南京农业大学，1996．

[298] 吴卫星．论我国排污许可的设定：现状、问题与建议［J］．环境保护，2016，44（23）：27-30．

[299] 吴一群，林擎国．美国西部开发与中国西部开发的比较与启示［J］．国土经济，2001（2）：41-43．

[300] 希巴德．公共土地政策史［M］．纽约：威斯康星大学出版社，1924．

[301] 夏泽义，赵曦．西部开发前后十年产业结构比较［J］．价格月刊，2010（10）：58-61．

[302] 夏泽义．广西北部湾经济区产业空间结构研究［D］．成都：西南财经大学，2011．

[303] 香农．农民最后的边疆［A］//美国经济(第五卷)［M］．诸玉坤等译．北京：人民出版社，1990．

[304] 向国成，韩绍凤．农户兼业化：基于分工视角的分析［J］．中国农村经济，2005（8）：4-16．

[305] 谢华．区域开发中的制度创新：美国经验及其启示［J］．生产力研究，2007（3）：86-88．

[306] 谢辉．美国西部开发中的政府行为［M］．武汉：武汉大学出版社，2001．

[307] 谢善高．论西部大开发中政府行为的创新［D］．长沙：中南林学院，2002．

[308] 解群. 支援欠发达地区高校政策的中外比较 [J]. 学术论坛, 2013, 36 (6): 222-228.

[309] 许涤新. 中国资本主义发展史（第3卷）[M]. 北京: 人民出版社, 1993.

[310] 徐更生. 美国农业政策的历史回顾 [J]. 世界农业, 1987 (7): 3-7.

[311] 徐和平. 美国城市化各阶段简析 [J]. 贵州师范大学学报（社会科学版）, 1995 (2): 69-72.

[312] 徐红梅. 西部大开发中资金短缺及完善西部投资软环境的研究 [D]. 西安: 西安建筑科技大学, 2003.

[313] 徐吉福. 美国西部开发中的基层组织研究 [D]. 昆明: 云南大学, 2010.

[314] 徐祥民, 陈冬. NPDES: 美国水污染防治法的核心 [J]. 科技与法律, 2004 (1): 101-102.

[315] 徐祥民, 于铭. 美国水污染控制立法所确立的调控机制 [A]//水污染防治立法和循环经济立法研究——2005年中国环境资源法学研讨会论文集（第一册）[C]. 2005.

[316] 徐祥民, 于铭. 美国水污染控制法的调控机制 [J]. 环境保护, 2005 (12): 70-73.

[317] 许开录. 西部农业开发的问题剖析及对策研究 [J]. 中国农村小康科技, 2006 (12): 12-14.

[318] 徐芹, 孙建洪. 论西部高等教育现状在信息时代下的求变机遇 [J]. 楚雄师范学院学报, 2011, 26 (3): 57-61.

[319] 徐玮. 南北战争后美国经济高速发展的原因 [A]//中国美国史研究会. 美国史论文集 [C]. 北京: 生活·读书·新知三联书店, 1980.

[320] 徐玮. 内战后美国对西部边疆的开发及其作用 [J]. 北方论丛, 1985 (3): 79-85.

[321] 徐欣. 现当代美国西部城市的崛起及菲尼克斯城市的个案研究 [D]. 苏州: 苏州大学, 2005.

[322] 闫芳. 西部大开发中的资金短缺问题及金融对策研究 [D]. 上海: 复旦大学, 2003.

[323] 闫华竹, 黎霆. 加快发展西部地区现代特色农业 [J]. 中国发展观

察，2013（11）：55-56.

[324] 严金明．美国西部开发与土地利用保护的教训暨启示［J］．北京大学学报（哲学社会科学版），2001，38（2）：119-126.

[325] 闫丽娟．灌区地下水资源管理制度理论及实战研究［D］．北京：中国水利水电科学研究院，2013.

[326] 严良，陈瑶．西部与国外落后地区矿产资源开发利用比较研究［J］．矿业研究与开发，2008（10）：86-88.

[327] 杨大江．美国西部农业开发的历程、经验及对我国的启示［J］．国际关系学院学报，2002（1）：29-33.

[328] 杨海霞．西部大开发紧抓"十二五"新机遇（专访国家发展改革委西部开发司司长秦玉才）［J］．中国投资，2011（1）：65-68.

[329] 杨洪波，郭彦堂．借鉴美国西部开发［J］．改革与理论，2001（4）：61-62.

[330] 杨露．论西部大开发中的政府与市场［D］．成都：西南财经大学，2005.

[331] 杨庆媛，王锡桐．中国西部城市土地市场建设初探［J］．地域研究与开发，2002，21（1）：13-17.

[332] 杨生茂．美国历史学家特纳及其学派［M］．北京：商务印书馆，1984.

[333] 杨生茂，林静芬．美国史论文选［M］．天津：天津人民出版社，1984.

[334] 杨生茂，刘绪贻．美国内战与镀金时代［M］．北京：人民出版社，1990.

[335] 杨嗣鼐．中国西部人口城市化水平与经济发展比较研究［D］．长春：吉林大学，2008.

[336] 杨素珍，梁红宇．中美西部开发中政府作用的比较［J］．经济问题探索，2008（1）：175-178.

[337] 杨艳．西部大开发与我国经济可持续发展问题研究［D］．武汉：武汉理工大学，2002.

[338] 杨云开．中国西部大开发的融资思考［D］．南宁：广西大学，2001.

[339] 杨桢．美国研究型大学社会捐赠研究［D］．长春：东北师范大学，2011.

[340] 姚慧琴. 试论西部大开发中的政府促动与企业发展 [J]. 管理世界, 2004 (8): 133-134.

[341] 姚润丰. 西部大开发 10 年中央水利投资达 1270 亿元 [N]. 人民日报 (海外版), 2009-12-10 (005).

[342] 姚艳梅. 美国西进运动与中国西部大开发的对比及启示 [J]. 河北学刊, 2011, 31 (1): 245-247.

[343] 叶裕民. 中国区域开发论 [M]. 北京: 中国轻工业出版社, 2000.

[344] 易诚. 美国西部开发对中国的启示 [J]. 金融研究, 1994 (12): 26-31.

[345] 尹宏祯, 艾郑义, 安岩. 以农业为基础促进西部经济繁荣——美国西部开发的成功经验对西部发展的启示 [A] //2005 年全国学术年会农业分会场论文专集 [C]. 北京: 中国农学通报期刊社, 2005: 248-250.

[346] 尹婷婷. 成都: 世界经济版图中不断升温的投资热土 [N]. 成都日报, 2014-01-14 (03).

[347] 尹秀芝. 联邦政府的土地政策与美国西部开发 [J]. 北方论丛, 2005 (1): 105-107.

[348] 余安娜. 美国西部开发的经验启示 [D]. 长沙: 湖南师范大学, 2006.

[349] 余永跃. 当代中国西部大开发的制度创新 [D]. 武汉: 武汉大学, 2003.

[350] 俞树毅, 柴晓宇. 西部内陆河流域管理法律制度研究 [M]. 北京: 科学出版社, 2012.

[351] 曾睿. 20 世纪六七十年代美国水污染控制的法治经验及启示 [J]. 重庆交通大学学报 (社会科学版), 2014, 14 (6): 40-44.

[352] 张柏山. 世界江河防洪与治理 [M]. 郑州: 黄河水利出版社, 2004.

[353] 张春芳. 美国西进运动中的农业开发及启示 [J]. 内蒙古民族大学学报, 2010, 36 (4): 90-93.

[354] 张敦富. 区域经济开发研究 [M]. 北京: 中国轻工业出版社, 1998.

[355] 张国安. 论美国的西部开发及其对我国的启示 [J]. 经济师, 2004 (5): 113-114.

[356] 张海丽. 城乡经济社会一体化背景下西部地区矿产资源产业发展模

式的研究——基于包容性增长的视角［D］．西安：西北大学，2013．

［357］张基尧．加强西部水利基础设施建设，开创西部水利建设新局面［J］．中国水利，2001（9）：11-15．

［358］张佳林．关于启动民间投资加快西部开发的思考［J］．湖南大学学报，2000，14（3）：91-94．

［359］张嘉卿．我国西部地区产业结构的优化发展［J］．经济师，2008（3）：170-172．

［360］张嘉选．关于西部的农业土地资源开发问题［J］．青海社会科学，1996（2）：113-116．

［361］张建斌．西部大开发中的人力资源战略［J］．理论导刊，2004（5）：57-59．

［362］张剑波．我国西部大开发中的城市化战略初探［D］．上海：复旦大学，2000．

［363］张婧．西部开发的美国经验及启示［J］．商业经济与管理，2000，107（9）：46-49．

［364］张礼萍．土地投机——美国西部开发的特别方式［J］．青海社会科学，2004（4）：101-103．

［365］张敏．美国横贯大陆铁路的铺设及影响［D］．长沙：湖南师范大学，2005．

［366］张萍．美国西部农业开发及启示［J］．渭南师范学院学报，2002，17（6）：10-13．

［367］张庆荣．立法对美国西部开发的推动作用［J］．漯河职业技术学院学报，2009，8（3）：51-52．

［368］张绍学．中美西部开发的六大不同——美国"西进运动"VS中国"西部大开发"［J］．中国西部，2001（8）：36-37．

［369］张文耀．西部高等教育与区域经济协调发展的关系分析［J］．财政研究，2013（5）：25-29．

［370］张玺，马学礼．优势特色产业：西部大开发的"火车头"［N］．工人日报，2010-01-18（04）．

［371］张鑫，蔡焕杰．西北生态环境建设的水问题［J］．西北林学院学报，2003，10（1）：42-45．

[372] 张艳辉. 西部开发的产业发展研究 [D]. 太原: 山西财经大学, 2000.

[373] 张义学. 农业部关于开展创建国家农产品质量安全监管示范县试点工作的意见 [J]. 农业技术与装备, 2013 (3): 40-44.

[374] 张永安. 在新一轮西部大开发中推进水利工作 [J]. 甘肃农业, 2013 (16): 88-90.

[375] 张永恒, 张娟. 美国西进运动立法与西部大开发立法之借鉴 [J]. 新疆师范大学学报 (哲学社会科学版), 2005 (2): 131-135.

[376] 张友伦. 美国农业革命 [M]. 天津: 天津人民出版社, 1983.

[377] 张友伦. 评价美国西进运动的几个问题 [J]. 历史研究, 1984 (3): 166-181.

[378] 张友伦. 关于美国 1787 年西北法令的评价问题 [J]. 历史研究, 1993 (4): 148-162.

[379] 张友伦. 美国的独立与初步繁荣 [M]. 北京: 人民出版社, 1993.

[380] 张友伦. 略论水利设施对美国西部开发的重大意义 [J]. 湛江师范学院学报, 2002 (4): 39-42.

[381] 张友伦. 美国西进运动探要 [M]. 北京: 人民出版社, 2005.

[382] 张云龙. 论中国区域经济发展战略模式的重新选择 [J]. 经济问题探索, 2000 (2): 19-23.

[383] 张飖. 中国西部人口素质评价及发展策略研究 [D]. 武汉: 武汉理工大学, 2012.

[384] 赵建中, 白福. 甘肃省地下水资源及其开发利用状况研究 [J]. 地下水, 2010, 32 (6): 65-67.

[385] 赵立. "三线建设"战略与"西部大开发"战略比较 [J]. 西安社会科学, 2011, 29 (5): 56-58.

[386] 赵美, 时建人. 边疆繁荣的有效途径——从美国西部开发看新疆发展 [J]. 干旱区地理, 1985, 8 (3): 57-62.

[387] 赵茂林. 论西部大开发中的生态环境保护和建设 [J]. 生态经济, 2006 (1): 59-62.

[388] 周彬. 浅议美国西部水资源的多目标综合开发 [J]. 中国水利, 1986 (7): 47-48.

[389] 周波, 刘乃瑞, 米磊磊. 西部大开发中水资源综合利用模式探讨 [A] //中国环境科学学会. 2010 中国环境科学学会学术年会论文集（第一卷）[C]. 北京: 中国环境科学出版社, 2010.

[390] 周军英. 美国控制大气污染的对策 [J]. 环境科学研究, 1998 (11): 55-58.

[391] 周一平. 美国《1972 年水资源治理法》25 年来的成果 [J]. 给水排水, 1999, 25 (9): 17-18.

[392] 周余华, 胡和平, 李赞堂. 美国加州水资源开发管理历史与现状的启示 [J]. 水利水电技术, 2001 (7): 51-55, 64.

[393] 周章森. 美国资产阶级革命和土地问题 [J]. 杭州大学学报, 1983 (3): 122-128.

[394] 朱宝琛. 姜洋: 采取有力措施支持西部地区大力发展资本市场 [N]. 证券日报, 2012-09-26 (A01).

[395] 祝慈寿. 现代中国工业史 [M]. 重庆: 重庆出版社, 1990.

[396] 祖波克. 美国史略 1877~1918（中译本）[M]. 北京: 生活·读书·新知三联书店, 1959.

[397] 朱承亮, 岳宏志, 李婷. 基于 TFP 视角的西部大开发战略实施绩效评价 [J]. 科学学研究, 2009 (11): 1662-1667.

[398] 庄建江. 西部欠发达地区人力资源开发 [D]. 天津: 天津大学, 2005.

[399] Abbott C. New Urban America: Growth and Political of Sun Belt Cities [M]. Chapel Hill: University of North Carolina Press, 1981.

[400] Abbott C. Portland: Politics, Planning, and Growth in a Twentieth-Century City [M]. Lincoln: University of Nebraska Press, 1983.

[401] Abbott C. Frontiers Past and Future: Science Fiction and the American West [M]. University Press of Kansas, 2006.

[402] Bailey T. A., Kennedy D. M. The American Pageant: A History of the Republic (Vol. I) [M]. Massachusetts, 1987.

[403] Bogue A. G. Land Policies and Sales [A]//Glenn Porter. Encyclopedia of American Economic History: Studies of the Principal Movements and Ideas [C]. New York: Charles Scribners Sons, 1980.

[404] Carr Childers L. A. The Size of the Risk: An Environmental History of the Nuclear Great Basin [D]. Dissertation Abstracts International, 2011.

[405] Commager H. S. Documents of American History: Vol. 1 [M]. New Jersey: Prentice Hall, Englewood Cliffs, 1988.

[406] Clair H. W. S. Mineral Industry in Early America [M]. Washington: Bureau of Mines, 1977.

[407] Coman K. Economic Beginnings of the Far West: How We Won the Land Beyond the Mississippi (Vol. 1) [M]. New York: The Macmillan Company, 1912.

[408] Cronon W. Uncommon Ground: Rethinking the Human Place in Nature [M]. W. W. Norton & Co. , 1996.

[409] Doppelt B. , Scurlock M. , Frissell C. , Karr J. Entering the Watershed, A New Approach to Save America's River Ecosystems [M]. Washington : Island Press, 1993.

[410] Dykstra R. R. The Cattle Towns [M]. Lincoln : University of Nebraska Press, 1983.

[411] Earl Pomeroy. The Pacific Slope: A History of California, Oregon, Washington, Idaho, Utah, and Nevada [M]. New York: Alfred A. Knopf, 1965.

[412] EL-Ashry M. T. , Gibbons D. C. Water and Arid Lands of the Western United States [M]. New York : Cambridge University Press, 1988.

[413] Ely J. W. Railroads and American Law [M]. Lawrence, Kansas: University Press of Kansas, 2002.

[414] Geraghty D. A. Emigrants, Exiles, Refugees, and Appeals for Land Grants in the American Public Lands, 1783-1852 [D]. Dissertation Abstracts International, 2009.

[415] Greever W. S . The Bonanza West: The Story of the Western Mining Rushes, 1848-1900 [M]. Norman: University of Oklahoma Press, 1963 : 1- 430.

[416] Gressley G. The American West: A Reorientation [M] W. Yoming University, 1996.

[417] Gould G. Water Rights Transfers and Third-party Effects [J]. Land and Water Law Review, 1989 (23): 1-41.

[418] Guinness P., Bradshaw M. North America: A Human Geography [M]. New Jersey Totowa: Barnes and Noble Books, 1985.

[419] Hibbard B. H. A History of the Public Land Polices [M]. University of Wisconsin Press, 1965.

[420] Hine R. V. The American West: A Interpretive History [M]. 130 Stone, 1973.

[421] Huffman R. E. Public Water Policy for the West [J]. Journal of Farm Economics, 1953, 35 (5): 719-727.

[422] Hundley N. Water and the West in Historical Imagination [J]. The Western Historical Quarterly, 1996, 27 (1): 5-31.

[423] Jawarneh R. N., Julian J. P., Lookingbill T. R. The Influence of Physiography on Historical and Future Land Development Changes: A Case Study of Central Arkansas (USA), 1857 – 2030 [J]. Landscape and Urban Planning, 2015, 143 (11): 76-89.

[424] Limerick P. N. The Legacy of Conquest: The Unbroken Past of the American West [M]. New York: W. W. Norton, 1987.

[425] Lucas R. E. Jr. On the Mechanics of Economic Development [J]. Journal of Monetary Economics, 1988, 22 (1): 3-42.

[426] Luckingham B. Phoenix: The History of a Southwestern Metropolis [M]. Tucson: University of Arizona Press, 1995.

[427] Mercer L. J. Railroad and Land Grants Policy [M]. New York: Academic Press, Inc., 1982.

[428] Miller C., Cioc M., Showers K. History in Dispute, Volume 7: Water and the Environment since 1945, Global Perspective [M]. St. James Press, 2001.

[429] Milner II C. A., O'Connor C. A., Sandweiss M. A. The Oxford History of the American West [M]. New York: Oxford University Press, 1994.

[430] Morison S. E., Commager H. S., Leuchtenburg W. E. The Gorwth of the American Repubic (Vol. II) [M]. New York: Oxford University, 1980a.

[431] Morison S. E., Commager H. S., Leuchtenburg W. E. The Gorwth of the American Repubic (Vol. 1) [M]. New York: Oxford University, 1980b.

[432] Nash G. D. The American West in the Twentieth Century: Short History

of an Urban Oasis [M]. Albuquerque: University of New Mexico Press, 1977.

[433] Nash G. D. The American West Transformed: The Impact of the Second World War [M]. Lincoln: University of Nebraska Press, 1985.

[434] Nash G. D. World War II and the West: Reshaping the Economy [M]. Lincoln: University of Nebraska Press, 1990.

[435] Owen O. S. Natural Resource Conservation, An Ecological Approach [M]. New York: Macmillan Publishing Co. Inc. , 1980.

[436] Paterson A. M. Land, Water and Power: A History of the Turlock Irrigation District 1887-1987 [M]. Glendale: Arthur H. Clark Co. , 1987.

[437] Paul R. W. Mining Frontier of the Far West, 1848-1880 [M]. University of New Mexico Press, 2001: 1-340.

[438] Pisani D. J. Enterprise and Equity: A Critique of Western Water Law in the Nineteenth Century [J]. The Western Historical Quarterly, 1987, 18 (1): 15-37.

[439] Pisani D. J. To Reclaim a Divided West: Water, Law, and Public Policy, 1848-1902 [M]. New Mexico University Press, 1992.

[440] Platt R. H. Land Use and Society, Revised Edition: Geography Law, and Public Policy [M]. Washington D. C. : Island Press, 2004.

[441] Raitz K. B. , Ulack R. Appalachia: A Regional Geography-land, People, and Development [M]. Colorado Boulder: Westview Press Inc. , 1984.

[442] Ray Allen B. Westward Expansion: A History of the American Frontier [M]. McClellan Publishing Company, 1974.

[443] Reps J. W. Cities of the American West: A History of Frontier Urban Planning [M]. Prineeton: Princeton University Press, 1979.

[444] Rogers P. America's Water, Federal Roles and Responsibilities [M]. Cambridge: The MIT Press, 1993.

[445] Romer P . Endogenous Technological Change [J]. Journal of Political Economy, 1990, 98 (5): 71-102.

[446] Slotkin R. The Fatal Environment: The Myth of the Frontier in the Age of Industrialization, 1800-1890 [M]. New York: Atheneum, 1985.

[447] Smith D. A. Rocky Mountain Mining Camps: The Urban Frontier [M].

Lincoln：University of Nebraska Press，1974.

[448] Smith D. A. Mining America：The Industry and the Environment，1800-1980 [M]. Lawrenee：University Press of Kansas，1987.

[449] Schoene S. W. The Economics of U. S. Public Land Policy Prior to 1860 [J]. The Journal of Economic History，1983，43（1）：279-281.

[450] Splawn W. M. W. Government Ownership and Operation of Railroads [M]. New York：The Macmillan Company，1928.

[451] Stoevener H. H. Estimating the Effects of Water Policies in the West [J]. American Journal of Agricultural Economics，1969，51（5）：1449-1454.

[452] Taylor G. R. The Transportation Revolution，1815-1860 [M]. Armonk. N. Y：M. E. Sharpe，1951.

[453] Teele R. P. Water Rights in the Arid West [J]. The Journal of Political Economy，1900，8（4）：524-534.

[454] Thomas-Van Gundy M. A. Restoration of Forested Ecosystems on the Monongahela National Forest，West Virginia [D]. Dissertation Abstracts International，2011.

[455] Trottier J. ，Slack P. Managing Water Resources Past and Present [M]. Oxford University Press，2004.

[456] Turner F. J. The Frontier in American History [M]. New York：Henry Holt and Co. ，1976.

[457] Viessman W. ，Welty C. Water Management，Technology and Institutions [M]. New York：Harper & Row Publishers，1985.

[458] Wade R. C. The Urban Frontier：The Rise of Western Cities，1790-1830 [M]. Cambridge：Harvard University Press，1959.

[459] Wilner F. Railroad Land Grants：Paid for in Full [M]. Association of American Railroads，1984.

[460] Worster D. Rivers of Empire：Water，Aridity，and the Growth of the American West [M]. New York：Pantheon Books，1985.

[461] Webb W. P. The Great Plains [M]. Lincoln：University of Nebraska Press，1931.

后　记

本书是海南省哲学社会科学 2010 年规划课题（HNSK 10-94）的直接研究成果，我们也有幸得到了国家自然科学基金资助项目（41461024）及其配套资助项目、海南师范大学学术著作出版资助项目、海南师范大学经济与管理学院理论经济学重点学科资助项目、海南师范大学教授（博士）科研启动资助项目的资助。借本书即将出版的之即，衷心感谢海南省哲学社会科学规划办、海南师范大学科研管理与学科建设处和海南师范大学经济与管理学院等部门的大力支持。

本书在写作过程中，我们参阅了许多专家、学者的著作和论文等科研成果，吸收、借鉴了他们的某些研究内容、数据和图表，在此特向他们表示崇高的敬意和衷心的感谢。本书的出版得到了经济管理出版社和申桂萍编辑的大力支持与帮助。在此，我们也深表谢意。

本书作者分工如下：李敏纳，负责本书各项工作的策划和组织实施、本书写作提纲的拟定、统稿和审定工作与本书摘要、第一章、第三章、第四章、第七章内容的写作；蔡舒，负责本书参考文献与资料和数据的收集整体工作及第二章、第五章和第六章内容的写作；张慧蓉，参与本书写作所需资料和数据的收集工作、相关法律法规条文的解读及全书文字校对和审核工作。

中美西部开发是庞大的系统工程，涉及方方面面。限于篇幅，加之笔者自身研究能力和水平有限，本书基于资源和产业开发视角开展中美西部开发比较研究，对中美西部土地资源开发、人口资源开发、水资源开发和产业开发进行了较为系统的比较分析，但并没有对中美西部开发的政府行为和中美西部空间开发等进行专门的比较分析，虽然在研究中涉及政府行为和空间开发的一些内容，对资源开发与产业开发的比较分析可能也不够深入，缺憾在所难免，恳请广大读者和专家学者批评指正。

笔　者
2018 年 10 月 9 日